DARK MATTER

Thomas Ruff James Welling

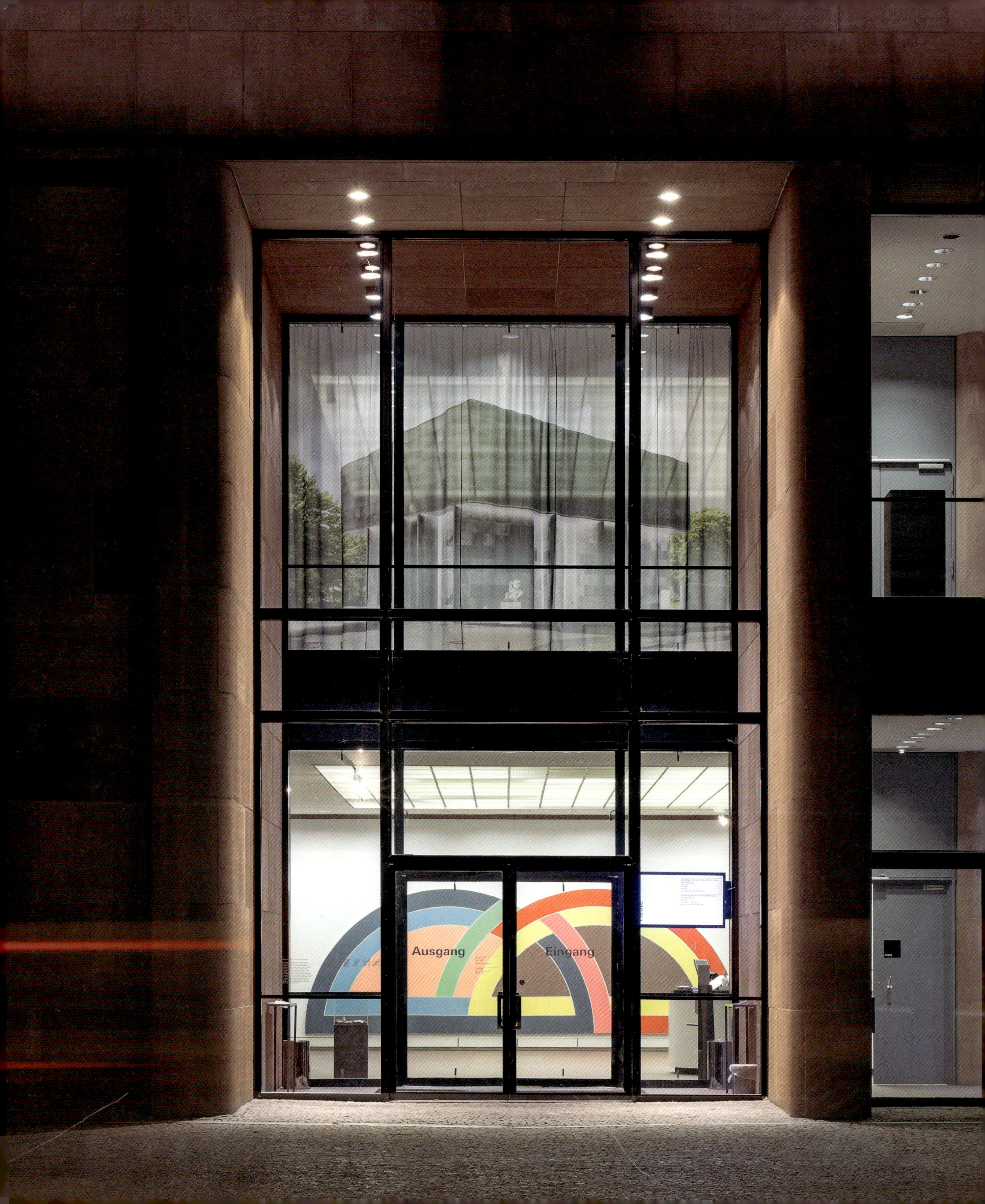
Ausgang
Eingang

DARK MATTER
THOMAS RUFF, JAMES WELLING
EINE EINFÜHRUNG

Christina Végh

Photography has to be created in darkness. It is as though a dark curtain is pulled around the act of making the work. Photography has to be created in darkness both literally and figuratively. It is a very special and unpredictable medium.

James Welling[1]

Kein Abbild, sondern ein Bild. (...) Man muss die Bedingungen eines Fotos kennen, um es richtig zu verstehen.

Thomas Ruff[2]

„Statt über das zu schreiben, was ihr wisst, hast du zu uns gesagt, schreibt über das, was ihr seht. Geht davon aus, dass ihr sehr wenig wisst und nie viel wissen werdet, außer ihr lernt, zu sehen“, erinnert sich die Ich-Erzählerin im Roman *The Friend* von Sigrid Nunez an den eben verstorbenen und mit ihr befreundeten Literaturprofessor.[3] Thomas Ruff und James Welling sind bildende Künstler und nicht Literaten, aber natürlich steht auch bei ihrer Arbeit am Anfang ihre stark ausgeprägte, zuweilen analytisch durchdringende Beobachtungsgabe. Allerdings sind es nicht Worte, sondern selbst geschaffene, gefundene, beauftragte oder gekaufte fotografische Bilder, die sie weiterbearbeiten. Die Syntax ihrer Werke wird von fotografischen und digitalen Techniken bestimmt, ihre jeweilige Semantik gründet in den den früheren und den aktuellen Umgangsweisen mit dem fotografischen Bild und, damit einhergehend, unseren davon geprägten Sehgewohnheiten. Am Ende unterscheiden sich die beiden Künstler gar nicht so sehr von den Literaten, denn auch sie beschäftigen sich mit dem Genre der Fiktion, das immer verbunden ist mit dem eingangs proklamierten „Lernen zu sehen“. So erheben denn auch Welling wie Ruff den Anspruch, mittels fotografischer Bilder Bilder und nicht Abbilder zu schaffen.

Der Ausstellungstitel *DARK MATTER* (Dunkle Materie), ein Begriff aus der Astrophysik, impliziert die Frage nach der Sichtbarkeit respektive Unsichtbarkeit des Wirklichen. Rund 90% der Materie im Universum ist dunkel, womit gemeint ist, dass ihre Existenz zwar (theoretisch) postuliert werden muss, sie aber bislang nicht registriert werden konnte. Thomas Ruff und James Welling verfechten eine Werkauffassung, die mit den Mitteln des Fotografischen die Anteile von Wirklichkeit fokussieren, die wir nicht sehen können. Dass sie hierfür ausgerechnet das fotografische Bild nutzen, erscheint zunächst paradox. Denn obschon wir spätestens seit der Digitalisierung keinem fotografischen Bild seine Abbildfunktion unbesehen zugestehen, hält sich die Vorstellung seiner irgendwie vorhandenen Bindung an einen Referenten hartnäckig. Doch entspricht eine solche Erwartungshaltung eben zugleich auch dem das Medium und die Technik auszeichnenden Potenzial, reale Dinge sichtbar zu machen, die wir mit bloßem Auge nicht sehen können. Der Bildausschnitt durch eine Kamera unterscheidet sich erheblich von unserem Gesichtsfeld, die Kameralinse ermöglicht Nahaufnahmen, die zeigen, was dem menschlichen Auge ansonsten verborgen bliebe, die Positionierung und Ausrichtung der Kamera ist erheblich variabler als unser eigener, immerfort an unseren Körper gefesselter Blickwinkel.

Die Geschichte der Fotografie kann als Abfolge von Argumenten und Debatten über unterschiedliche Spannungsverhältnisse zwischen Bild und Referent betrachtet werden. Thomas Ruff (*1958, lebt und arbeitet in Düsseldorf) und James Welling (*1951, lebt und arbeitet in New York) entstammen derselben Generation und traten beide zu einer Zeit (in den späten 1970er Jahren) in diese Geschichte ein, als das fotografische Bild seine Anerkennung als eigenständige Gattung der Kunst gerade erst zu erlangen im Begriff stand. Ruff tat dies in Deutschland und insbesondere im Umfeld der Düsseldorfer Kunstakademie, wo mit Bernd Becher erstmals 1976 eine Fotoprofessur eingerichtet worden war. In diesem Kreis galt es, in der Nachfolge von Fotografen wie August Sander oder Karl Blossfeldt einen möglichst sachlichen Zugriff auf die Wirklichkeit zu verfolgen, womit die Entwicklung einer seriellen Werkkonzeption Hand in Hand ging. James Welling hingegen fasste zunächst primär mit den Medien Video und Film in der Kunst Fuß. Nachdem er an der US-amerikanischen Ostküste an der Kunsthochschule Carnegie Mellon University (Pittsburgh) Malerei studiert hatte, immatrikulierte er sich 1971 an der damals neu gegründeten Kunsthochschule California Institute of Arts (Los Angeles), die über ein Jahrzehnt hinweg im Lehrbetrieb mit Künstlern wie John Baldessari, Allan Kaprow oder Michael Asher das sogenannte Post Studio betreiben und damit die Konzeptkunst und Institutionskritik etablieren sollte.[4] Die klassische Geschichte und Anwendung der Fotografie spielte in diesem Kontext keine Rolle. Fotografische Bilder fanden allerdings appropriiert ihren Nutzen und gerieten so schließlich doch ins Visier der künstlerischen Überlegungen. Im damals noch relativ neu anmutenden Medienzeitalter rückte dann die Frage nach der gesellschaftlichen Wirksamkeit des fotografischen Bildes, nach seiner Distribution und Zirkulation in der Massengesellschaft, ins Zentrum des Interesses der sogenannten Pictures Generation, einer Reihe von Künstlern, zu denen auch Welling anfangs gezählt wurde.[5]

Während Welling erst nach seinem Studium zur Kamera greift und sich dem Medium autodidaktisch nähert[6], wobei er sich neben der Fotografie auch weiterhin noch einigen (wenigen) filmischen und skulpturalen Arbeiten widmet, legt Ruff nach Abschluss seines Studiums relativ schnell sein fototechnisches Rüstzeug beiseite und wendet sich den digitalen Techniken zu, mit denen er retuschiert, montiert, collagiert – kurz: mit Datensätzen statt mit Objektiven hantiert. Sozusagen unter umgekehrten Vorzeichen – fotografische versus digitale Apparatur und Technik – interessieren sich indes beide Künstler in ihrem Schaffen für das fotografische Bild, für den kulturhistorischen Umgang mit fotografischen Bildern und ihre Geschichte, für die aktuellen Möglichkeiten der Fotografie und ihre Zirkulation in den heutigen Kanälen; und schließlich steht über all diesen verbindenden Aspekten ihre gemeinsam geteilte, bereits angesprochene Skepsis gegenüber der Abbildfunktion der Fotografie. Beide Künstler, die auf ihrer jeweiligen Suche nach neuen Bildern ein jeweils außergewöhnlich heterogenes Werk entwickeln, interessieren sich also, generell gesagt, für das fotografische Bild als etwas „Gestaltetes“ oder „Geformtes“ – mehr als genug Anlass für uns, sie in der Kunsthalle Bielefeld in einer Gegenüberstellung zu präsentieren.
Mit der Ausstellung und dem begleitenden Katalog möchten wir keinen Überblick über die zwei Œuvres geben, vielmehr liegt der Fokus auf der besagten Heterogenität beider Werke mit einem Schwerpunkt auf deren Auseinandersetzung mit der Architektur. Entsprechend ist die Auslese und Präsentation nicht chronologisch angelegt; vielmehr haben wir gemeinsam mit den Künstlern unterschiedliche Werkreihen aus der Zeitspanne von 1975 bis 2022 zueinander in unterschiedliche Bezugsformen gesetzt, um angesichts der Affinitäten gerade auch die Unterschiede besser hervortreten zu lassen.

Die von Felicitas von Richthofen und Benedikt Fahrnschon verfassten Kurztexte führen Aspekte und Themen auf, die in der Zusammenschau der Werkreihen von Ruff und Welling aufblitzen. Auch die weiteren Texte im vorliegenden Band folgen dem Prinzip des vergleichenden Sehens. Während Stefan Gronert die beiden Werkansätze vor dem Hintergrund der Fototheorie umreißt, lässt Robert Slifkin im Interview beide Künstler selbst zu Wort kommen. Die Werke von Ruff und Welling gleichen sich strukturell nicht nur darin, dass sie in sich heterogen sind, sondern zeichnen sich auch durch ihre jeweilige Auseinandersetzung mit Architektur aus, insbesondere mit der der

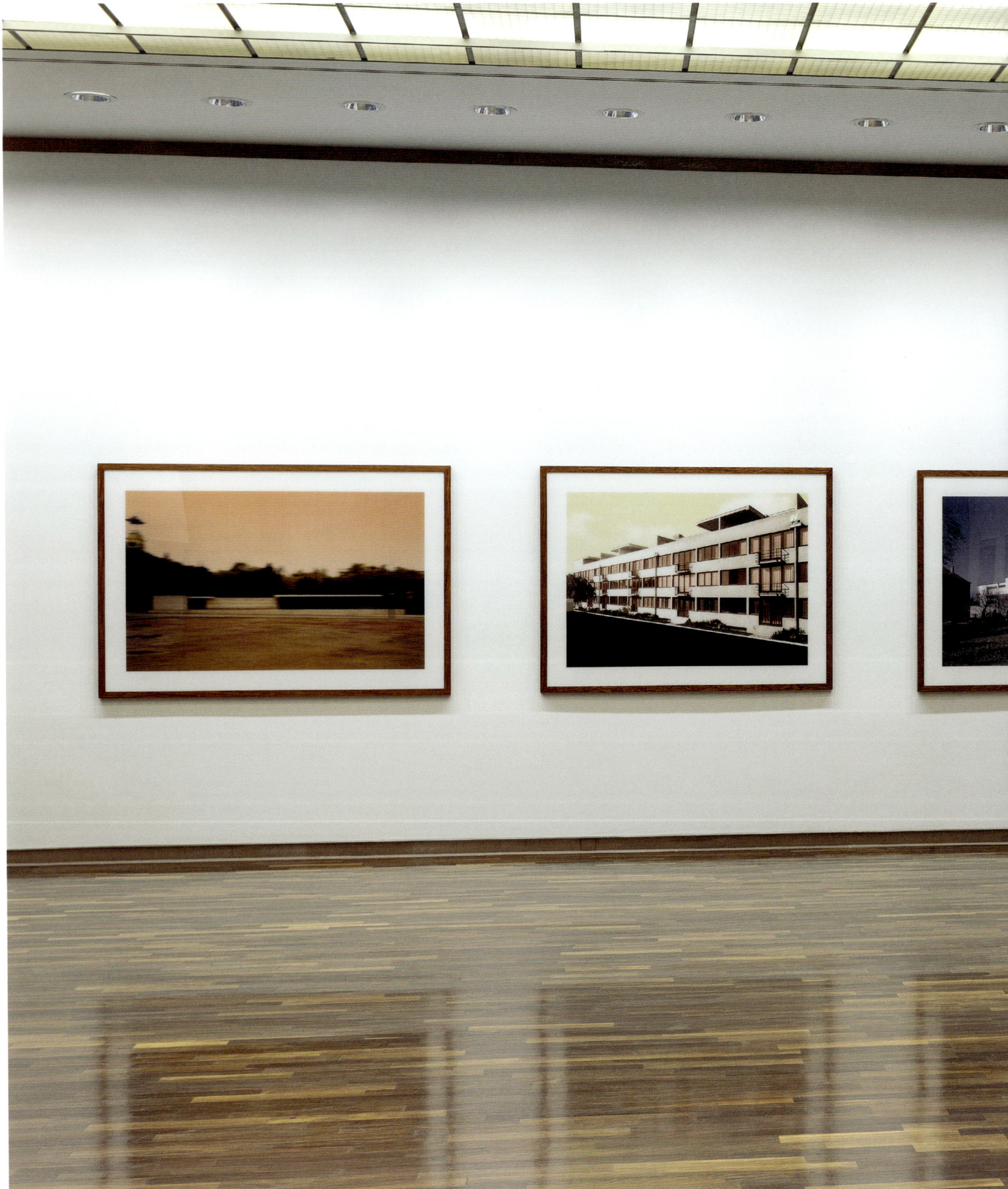

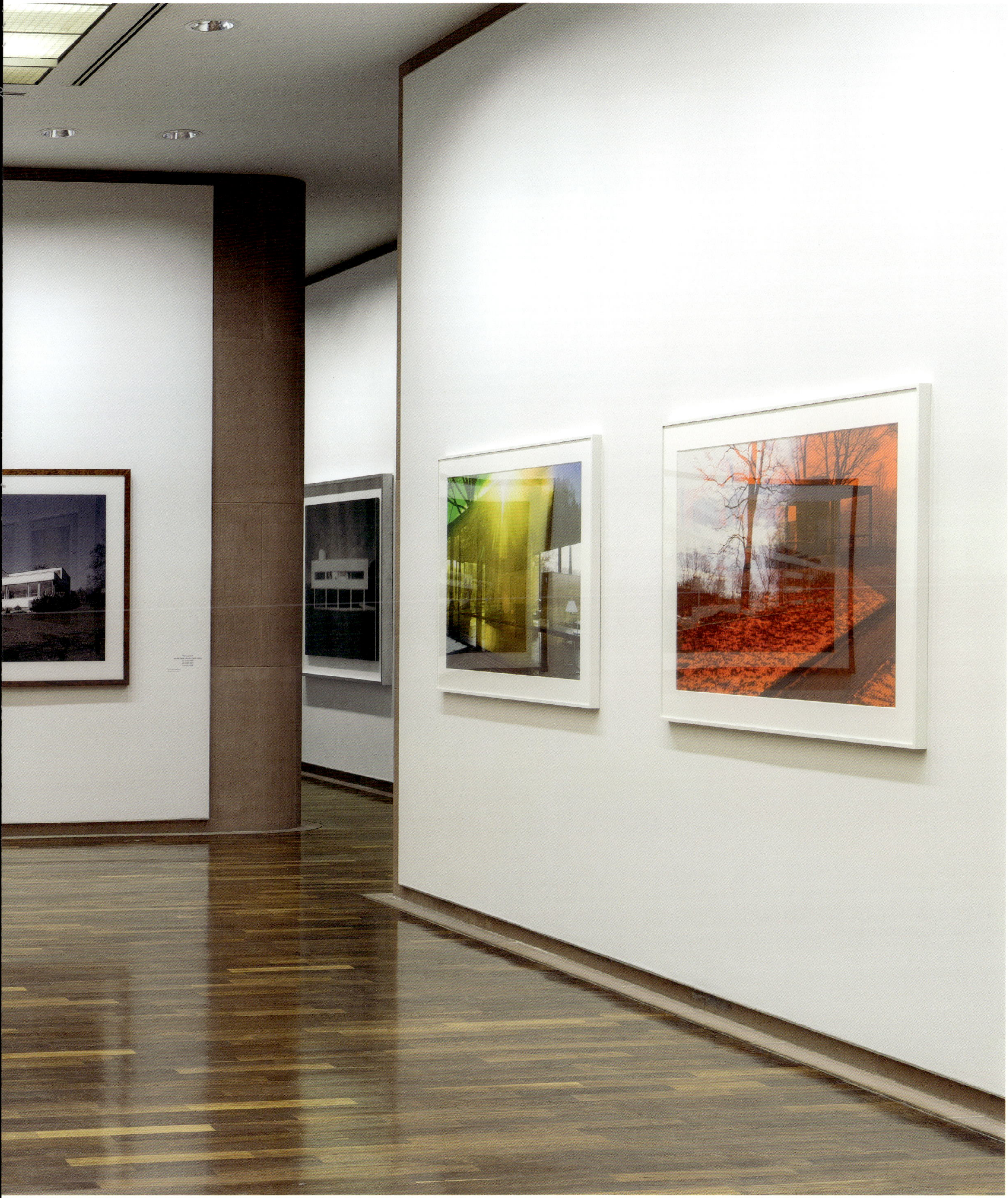

Moderne, worauf sich mein Textbeitrag konzentriert. Vor dem Hintergrund, dass die Kunsthalle Bielefeld seit 1968 selbst in einem exemplarischen Gebäude der Spätmoderne ihren Sitz hat – bei unserem Museumsbau handelt es sich um den einzigen in Europa realisierten Entwurf des bekannten US-amerikanischen Architekten Philip Johnson –, wird daher ein besonderes Augenmerk auf Werkreihen gelegt, in denen die gebaute Wirklichkeit eine Rolle spielt.

Beide Künstler haben eigens für die Ausstellung eine jeweils im Format eines Vorhangs direkt mit der Architektur vor Ort interagierende Arbeit entworfen. Diese Architektur zeichnet sich durch große Fensterfronten aus, die dem Medium Fotografie nicht zuträglich sind. Als Quelle nutzte Thomas Ruff ein Bild der Kunsthalle Bielefeld, das er im Internet gefunden und digital weiter bearbeitet hat. Er isolierte das Gebäude aus seiner Umgebung, verkehrte es in der Tradition seiner Werkreihe *Negative* (2014) in sein Negativ, um sich dann in einem zweiten Schritt der Technik der Pseudosolarisation zu bedienen. Selbstredend ist die Herstellung eines Negativs durch die digitale Bilderzeugung obsolet geworden, und auch die bildnerische Anmutung der Pseudosolarisation, die Objekte scheinbar von innen zum Glühen bringt – bekannt geworden besonders durch die surrealistischen Werke von Man Ray –, erzeugt Ruff mit digitalen Mitteln. Auf dem leicht transparenten Vorhang schwebt die Kunsthalle in farblicher Verkehrung als ein dunkelgrauer, unheimlich aus sich heraus leuchtender Kubus: eine Erscheinungsweise, die bei der Eröffnung des Gebäudes 1968 vonseiten der deutschen Architekturkritik durchaus moniert wurde, wirkte die Architektursprache Johnsons doch für viele befremdlich, schien aus damaliger bundesrepublikanischer Sicht zu monumental.

James Wellings Vorhang wiederum zeigt die Fassade eines Hochhauses, welche Anlehnungen an unsere Museumsarchitektur aufweist. Von unten in Schwarz-Weiß aufgenommen, erscheint das Gebäude dramatisch verkürzt und monumental zugleich. Es handelt sich um die Bobst Library der New York University, die Philip Johnson und Richard Foster 1972 nur wenige Jahre nach der Kunsthalle entworfen haben. Nicht nur die Fassadengliederung in Form der Andeutung von Säulen, sondern auch die Auskleidung der Fassade durch den roten Sandstein erinnern an unser Haus. Wellings künstlerische Intervention verbindet zwei realisierte Entwürfe Johnsons miteinander, die in kurzem zeitlichen Abstand zueinander dessen Aufbruch in die Postmoderne markieren und vor Ort unserem Haus ein „doppeltes Gesicht“ verpassten. Nähert man sich unserem Museum von außen, so scheint sich ein Gebäude aus dem anderen zu schachteln, es entsteht ein visuelles Spiel zwischen ähnlichen Formen, unterschiedlicher Farbigkeit und zeitlichem Entstehungskontext.

Nur wenige Architekten haben so lange und so vielfältig gewirkt wie Philip Johnson, und kaum ein anderer Architekt wurde zu Lebzeiten und heute erneut so kontrovers diskutiert. Zum einen wegen seines undogmatischen Ansatzes, der ihn einerseits veranlasste, gemeinsam mit Russell Henry Hitchcock den Begriff des „International Style“ einzuführen, der ihn aber andererseits den damit verbundenen Pfad der Moderne als einer der Ersten wieder verlassen ließ und früh schon, mit dem Einstand in Bielefeld und dann auch der Bibliothek in New York, auf den Weg in die Postmoderne führte.[7] Zum zweiten wegen seiner Sympathien für den Nationalsozialismus in den 1930er Jahren, die ihn veranlasste, sich politisch für eine faschistische Partei in den Vereinigten Staaten zu engagieren und seine Stelle als Kurator am MoMA 1934 zu kündigen; wenige Jahre später revidierte er indessen seine politische Haltung, distanzierte sich generell von der Politik und richtete sein Interesse erneut auf die Architektur.[8] Die als transparent durchscheinende Vorhänge ausgeführten Interventionen von Thomas Ruff und James Welling laden ein, sich mit der Architektur von Philip Johnson, wie wir sie auch vor Ort erleben, und mit der Geschichte ihrer Rezeption auseinanderzusetzen.

An dieser Stelle gilt mein Dank an erster Stelle Thomas Ruff und James Welling, die begeistert und engagiert über eine lange Phase hinweg die Ausstellung gemeinsam mit Felicitas von Richthofen und mir entwickelt haben. Ich danke beiden Künstlern für zahlreiche interessante Gespräche und ihre Neugierde und Offenheit, sich gegenseitig aufeinander einzulassen; ebenso für ihre Geduld, ging der eigentlichen Projektphase, die schließlich über manche Umwege und zeitliche Verschiebungen hinweg reichte, zudem eine außergewöhnlich lange Vorgeschichte voraus.

Die Ausstellung hätte ohne den kenntnisreichen und verantwortungsbewussten Einsatz von Felicitas von Richthofen nie realisiert werden können, die bei allen Abläufen und Inhalten die Koordination fest in den

Händen hielt und zahlreiche wichtige Aspekte der Ausstellung mit entwickelte. Dem Engagement von Benedikt Fahrnschon ist es zu verdanken, dass die einführenden Texte geschärft und präzisiert worden sind. Mit Julian von Klier und Matthias Friederich von stobo B M für unsere Gestaltung im Haus und mit Magnus Neumeyer von stijl, Köln, für den Katalog haben wir Grafiker gewinnen können, welche Ruffs und Wellings experimentierfreudige Herangehensweise in ihre jeweiligen Medien perfekt zu übertragen wussten. Eine Ausstellung setzt immer gutes Teamwork voraus, weshalb der Dank an das gesamte Team der Kunsthalle geht, insbesondere auch an Elena Süllwald für die hervorragende Betreuung der Presse- und Drucksachen sowie der Filmbeiträge, die sie gemeinsam mit Roman Schauerte und Benjamin Kuschnik für die Ausstellung organisiert hat.

Zu danken ist selbstverständlich den Galerien beider Künstler für ihr außergewöhnliches Engagement, insbesondere David Zwirner New York, Marian Goodman Paris und Sprüth Magers, Berlin, die tatkräftige Unterstützung leisteten, sowie Nächst St. Stephan. Rosemarie Schwarzwälder, Wien, und Galerie Mai 36, Zürich.
Grundlegend für eine so ambitionierte Ausstellung ist natürlich die finanzielle Unterstützung durch zwei wichtige Förderer: Mein ausdrücklicher Dank geht an Michael Fröhlich und die Stiftung der Sparkasse Bielefeld, die stets verlässliche Partner für die Kunsthalle sind und uns damit ein unverzichtbares Fundament geben. Es freut mich auch besonders, dass wir als weiteren wichtigen Partner die LWL-Kulturstiftung für unser Vorhaben gewinnen konnten, ohne deren Förderung wir das Projekt nicht hätten stemmen können.

Schließlich möchte ich mich an dieser Stelle zu guter Letzt – und dies ist so ungewöhnlich wie das gesamte Projekt, bei dem sich zwei Künstler mit großer Neugierde aufeinander eingelassen haben und uns großzügige Einblicke in ihr Denken und Schaffen gegeben haben – bei den beiden Katalogautoren auf eine ganz persönliche Weise bedanken: bei Robert Slifkin, der trotz Widrigkeiten andernorts am Auftrag festhielt, und bei Stefan Gronert, meinem Ehemann, mit dem ich selten professionell zusammenarbeite, aber tagtäglich das Leben und die Einsichten in die Kunst teile, was sicherlich auch mit zur Projektierung dieser Ausstellung beigetragen hat.

1 James Welling, zit. n. „On Photography and Influence. James Welling in Conversation with Eva Respini", in: *James Welling. Monograph*, hg. v. James Crump, Kat. Ausst. Cincinnati Art Museum, New York 2013, S. 122.

2 Thomas Ruff, zit. n. Philip Pocock, „Thomas Ruff, interview", in: *Journal of Contemporary Art*, n°6.1, 1993, S.78-86

3 Sigrid Nunez, *The Friend*, London 2018, S. 54.

4 Das California Institute of the Arts, initiiert von Walt Disney, wurde 1970 eröffnet. James Welling gehörte zu den ersten Studenten, neben John Baldessari war der Film- und Videokünstler Wolfgang Stoerchle ein bedeutsamer Lehrer für ihn. Baldessari fasste seinen Lehrgang unter dem Namen Post Studio zusammen, wobei er die Stundent*innen anwies, den Alltag und die Welt draußen als eigentliches Atelier zu begreifen. Die damals neueste und den Student*innen frei zur Verfügung gestellte Technik – etwa Portomak-Videokameras – spielte dabei eine wichtige Rolle. Neben der ersten Institutionalisierung von Konzeptkunst und Institutionskritik, die in der Folge von Lehrern wie u. a. Michael Asher oder Douglas Huebler vertreten wurden, hat die Hochschule mit dem zeitgleich begründeten Feminist Art Program von Miriam Schapiro und Judy Chicago auch eine Vorreiterrolle bei der Entwicklung des und im Feminismus in der Kunst eingenommen. Vgl. *Where Art might Happen. The early years of CalArts*, hg. v. Philipp Kaiser u. Christina Végh, Kat. Ausst. Kestner Gesellschaft Hannover, München 2019.

5 1977 fand im Artist's Space in New York eine von Douglas Crimp konzipierte Ausstellung unter dem Titel *Pictures* statt, die retrospektiv namensgebend für eine lose Reihe von Künstler*innen werden sollte, darunter Troy Brauntuch, Sherrie Levine, Cindy Sherman, Louise Lawler oder Richard Prince. Die Bezeichnung Pictures Generation zielt auf eine künstlerische Haltung, die Fragen nach der Wirksamkeit der in den Medien zirkulierenden Bilder aufwirft und hierzu bevorzugt auf bereits existierende Bilder zurückgreift.

6 Erst nach dem Studium hat Welling sich dem Medium der Fotografie gewidmet. Auf Anraten seines Studienfreundes Matt Mullicans kaufte er sich eine 4x5-Kamera, wie sie Anselm Adams benutzt hat. Hinsichtlich seines Ausbildungswegs lag diese Entscheidung nicht auf der Hand, beinhaltete sie doch einen historischen Rückgriff und besaß insofern eine konservative Komponente. Vgl. „In the Studio. James Welling with Steel Stillman", in: *Art in America*, Februar 2011, S. 57.

7 Sein gemeinsam mit Henry-Russell Hitchcock verfasster Essay *The International Style: Architecture Since 1922* (1932) wirkte begriffsbildend. Als Architekt hat er wie wenige andere mehrere epochale Wechsel nicht nur mitgemacht, sondern maßgeblich mitbestimmt; er spielte sowohl im Diskurs der Moderne und Spätmoderne wie auch in der Postmoderne eine der Hauptrollen. Mit seinem Glass House (1947–49) in New Canaan gelang ihm der internationale Durchbruch, 1953 war er für den Sculpture Garden des MoMA verantwortlich, mit dem AT&T Building, New York (1980–84), und dem Lipstick Building, New York (1986), hat er ikonische Werke der Postmoderne geschaffen.

8 Beeindruckt vom nationalsozialistischen Regime Deutschlands, welches er auf mehreren Reisen durch Europa in Form von Paraden und Aufmärschen miterlebt hatte, kündigte Johnson 1934 seine Anstellung im MoMA mit dem Plan, selbst Kultusminister in einer von US-amerikanischen Populisten angeführten Regierung unter Huey Long zu werden. Johnson suchte mit seinen Publikationen faschistische Entwicklungen in den USA voranzutreiben. Auch lieferte er noch 1938 dem Deutschen Reich während einer Polenreise Informationen über den Zustand der polnischen Armee. Sein Wechsel von der Kunst zur Politik wurde in der Öffentlichkeit notiert, so wurde etwa 1940 seine Präsenz im Umfeld US-amerikanischer Faschisten in einem langen Artikel in *Harper's Magazine* illustriert, während er im 1941 erschienenen Bestseller Berlin Diary von William Shirer als „American fascist" und Kollaborateur gebrandmarkt wurde. Er wurde vom FBI überwacht und befragt, im Gegensatz zu damaligen Weggefährten wurde Johnson jedoch nie festgenommen oder angeklagt.
In der Folge wechselte Johnson abrupt seinen Kurs und widmete sich dem vertieften Studium der Architektur an der Graduate School of Design, Harvard University. 1947 kehrte er an die Architekturabteilung des MoMA zurück. Seine politische Vergangenheit hat ihn zeitlebens verfolgt, in den 1990er Jahren bezeichnete er sie in einem Radiointerview als einen „unverzeihlichen persönlichen Fehltritt". Nach der neuerlichen Aufarbeitung von Johnsons politischer Vergangenheit durch Marc Wortman (2016) formierte sich im Umfeld von Black Lives Matter die „Johnson Study Group", ein Zusammenschluss von Architekten und Kulturschaffenden, die das MoMA aufforderten, die 1984 eingeführte Benennung einiger Galerien nach Philip Johnson zu revidieren. Seither wird über den richtigen Umgang mit dem Vermächtnis von Philip Johnson diskutiert. Die Harvard University hat das „Philip Johnson Thesis House", ein von Johnson während seines Studiums errichtetes Gebäude, zu „9 Ash Street" unbenannt.

Als Mies' Deutscher Pavillon für die Weltausstellung 1929 gebaut wurde, muss er ausgesehen haben, als sei ein UFO in Barcelona gelandet. Geschwindigkeit in der Fotografie ist immer unscharf, und mein Bild des deutschen Pavillons sieht aus wie eine Hochgeschwindigkeitslokomotive – die Moderne kommt im Bahnhof der Gegenwart an.

Thomas Ruff

Als ich erkannte, dass ich das Glas rot färben oder der Fassade dieses vermeintlich transparenten Hauses Spiegelungen hinzufügen konnte, wurde mein Projekt zu einem Labor für Ideen über Transparenz, Reflexion und Farbe.

James Welling

Das *Glass House* (1949) des Architekten Philip Johnson (1906–2005), der 1968 auch die Kunsthalle Bielefeld entworfen hat, und Ludwig Mies van der Rohes (1886–1969) *Barcelona Pavillon* (1929), dessen Beitrag für die Stuttgarter *Weißenhofsiedlung* (1927) oder die *Villa Tugendhat* (1929–1930) sind Ikonen der Architektur der Moderne. Der vielfachen fotografischen Dokumentation verdanken diese Bauten maßgeblich ihren Status in der Architekturgeschichte. Dieser Umstand bildet den Ausgangspunkt für Thomas Ruff und James Welling, die beide ihre Werkreihen als Auftragsarbeiten entwickelt haben und den Erwartungen der dokumentarischen Architekturfotografie widersprechen.

Ruff widmet sich in *l.m.v.d.r.* (1999–2001) Bauten Ludwig Mies van der Rohes in Europa aus der Zeit vor dessen Emigration in die USA. Er bearbeitet eigene Fotos oder Archivaufnahmen der Gebäude digital nach, sodass sie durch Verzerrungen, Überlagerungen oder Einfärbungen den Eindruck von Geschwindigkeit, Transparenz und Abstraktion vermitteln. Diese Eingriffe sind künstlerische Antworten auf Fragen wie: Wofür stand die Architektur der Moderne? Was hat sie zu ihrer Zeit verkörpert? Für welche Grundsätze ist sie eingestanden? Wird sie heute anders als damals wahrgenommen?

Während Ruff mit digitalen Mitteln arbeitet, reagiert Welling auf die scheinbare Auflösung des *Glass House* performativ. Er begegnet der Architektur, welche Transparenz, Spiegelungen und Durchlässigkeit zur Umgebung thematisiert, indem er mit analogen Farbfiltern oder spiegelnden Objekten vor der Kamera zu unterschiedlichen Tages- und Jahreszeiten und Witterungsverhältnissen fotografiert. Die sich im Gebäude spiegelnde Natur und das sich verändernde Licht mutieren abwechselnd zu kaleidoskopischen Farbaufsplitterungen, zu Pastellverläufen oder zu psychedelischen Farbexplosionen.

In ihren jeweiligen Auseinandersetzungen mit Architektur nehmen Welling und Ruff immer auch Bezug auf die modernistische Formensprache ihrer Motive, wie die Auflösung der Grenze zwischen dem Inneren und dem Äußeren des Gebäudes durch große Glasflächen

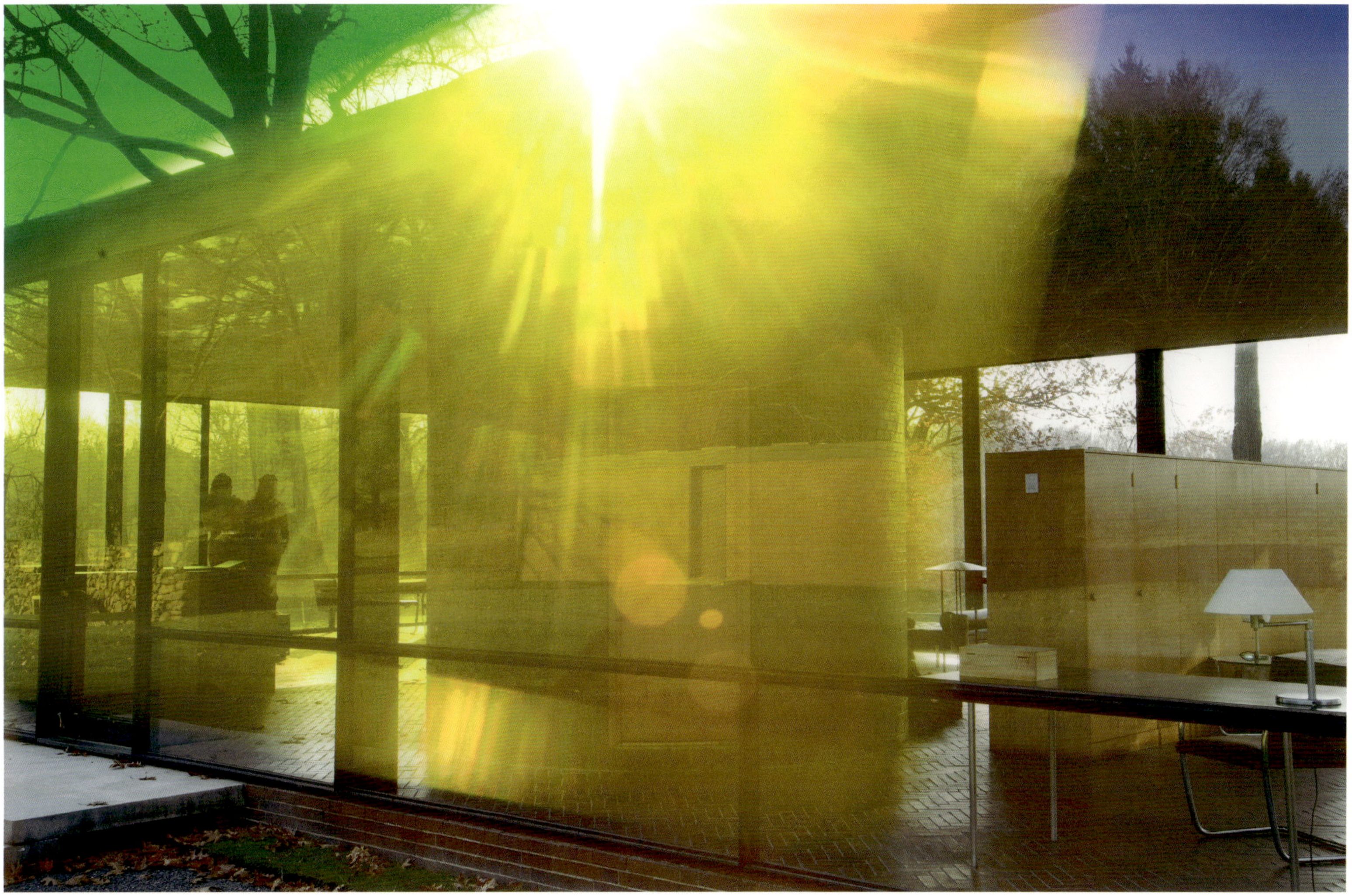

James Welling, *0818*, 2006

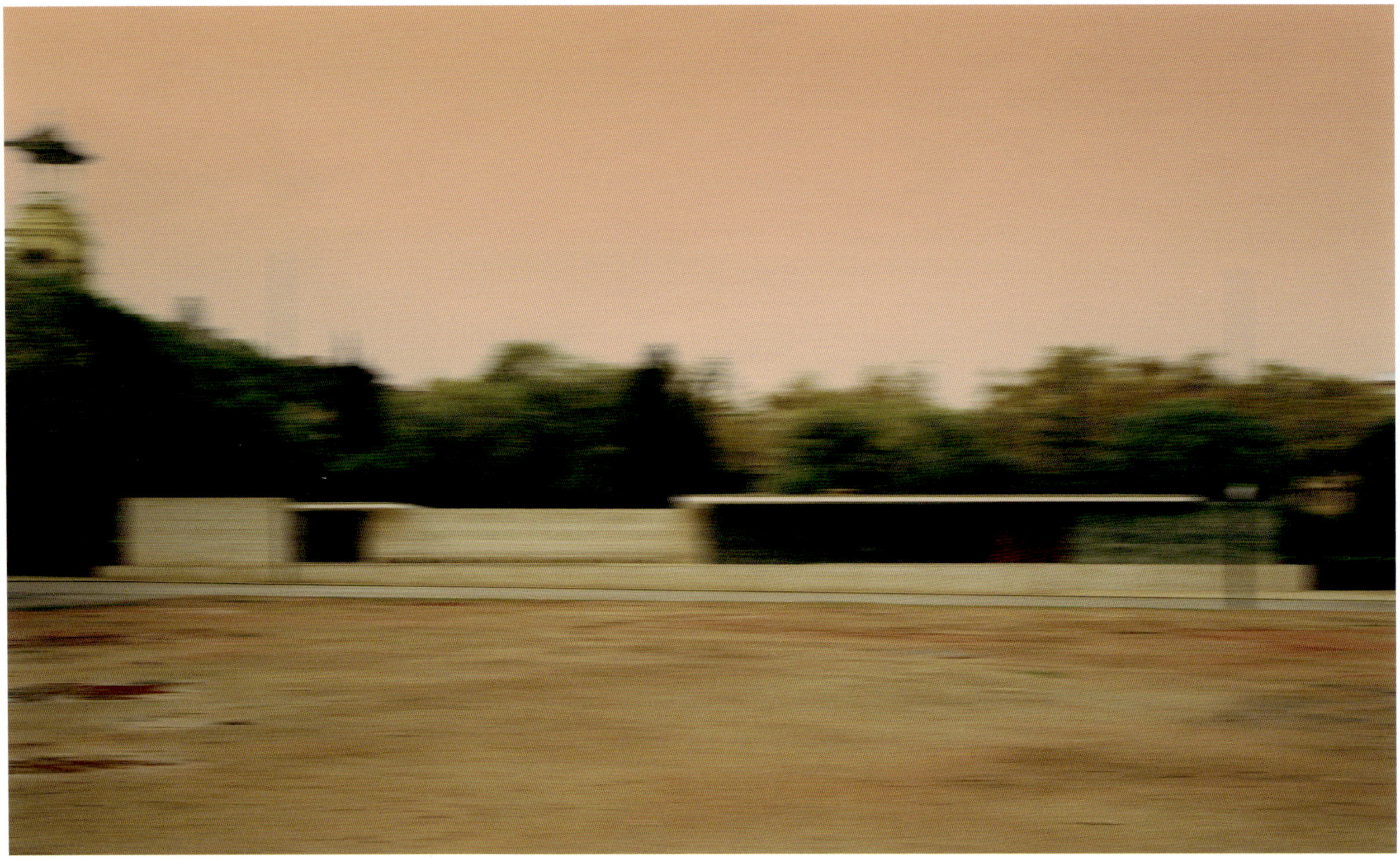

Thomas Ruff, *d.p.b.02*, 1999

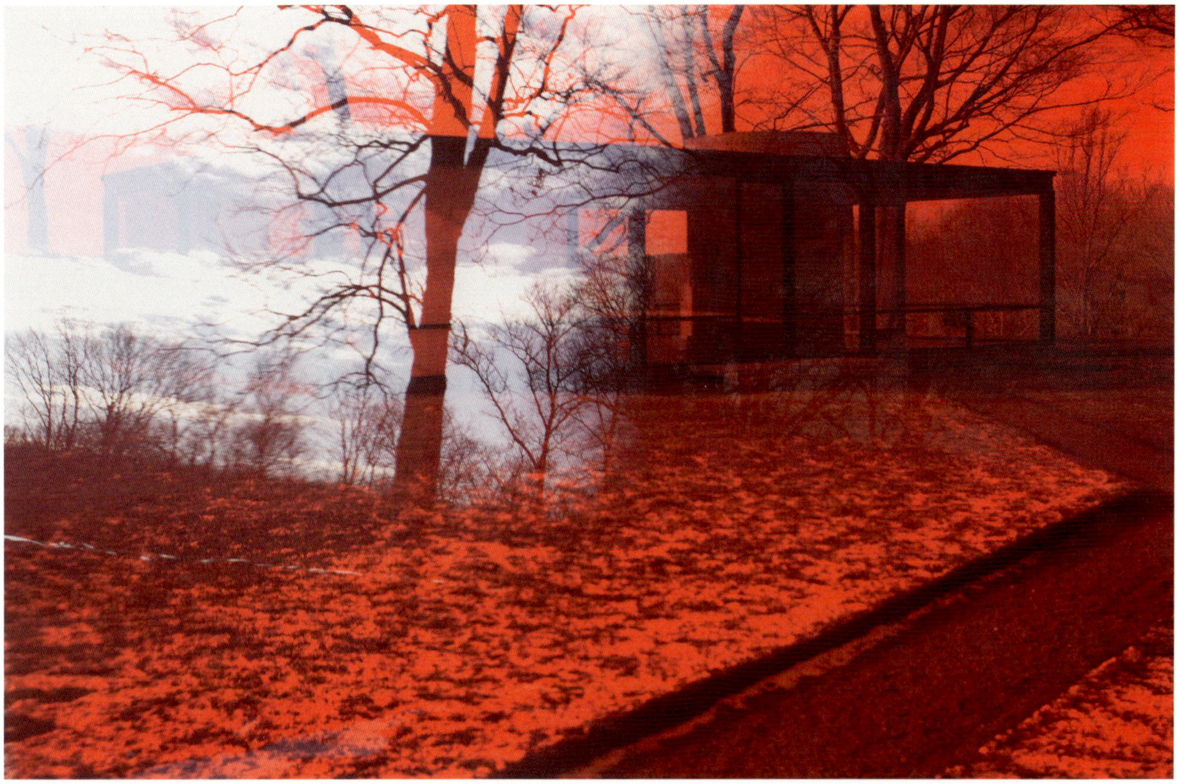

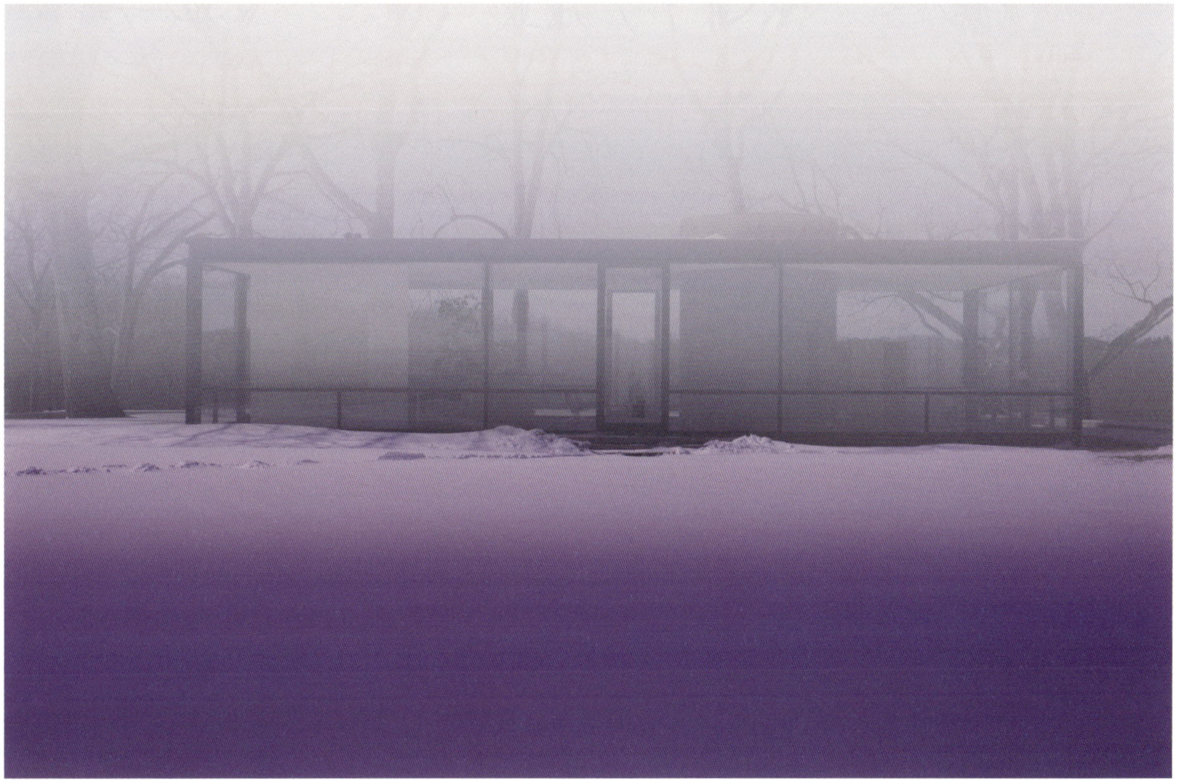

James Welling, *8067*, 2008
James Welling, *Lavender Mist*, 2014

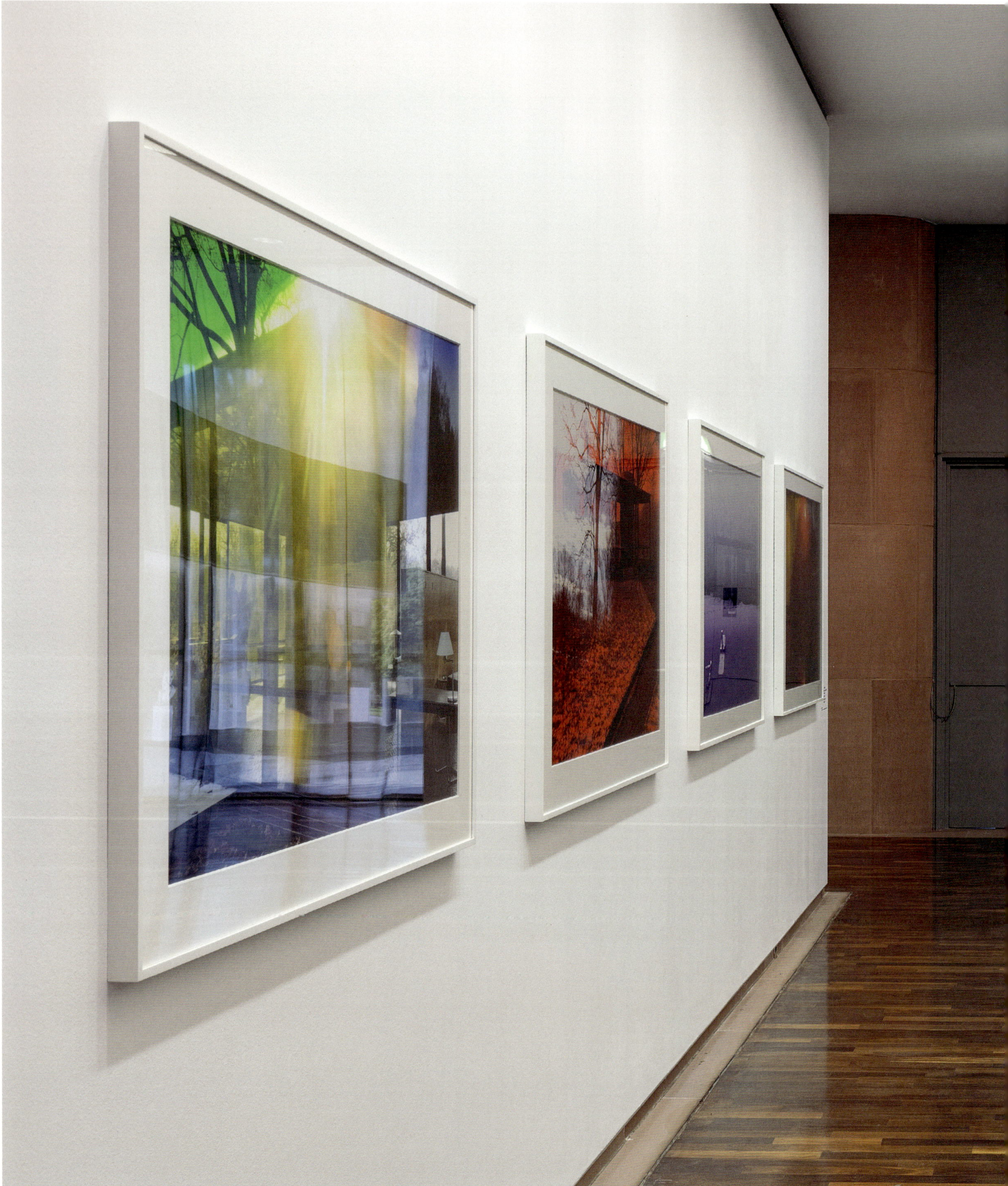

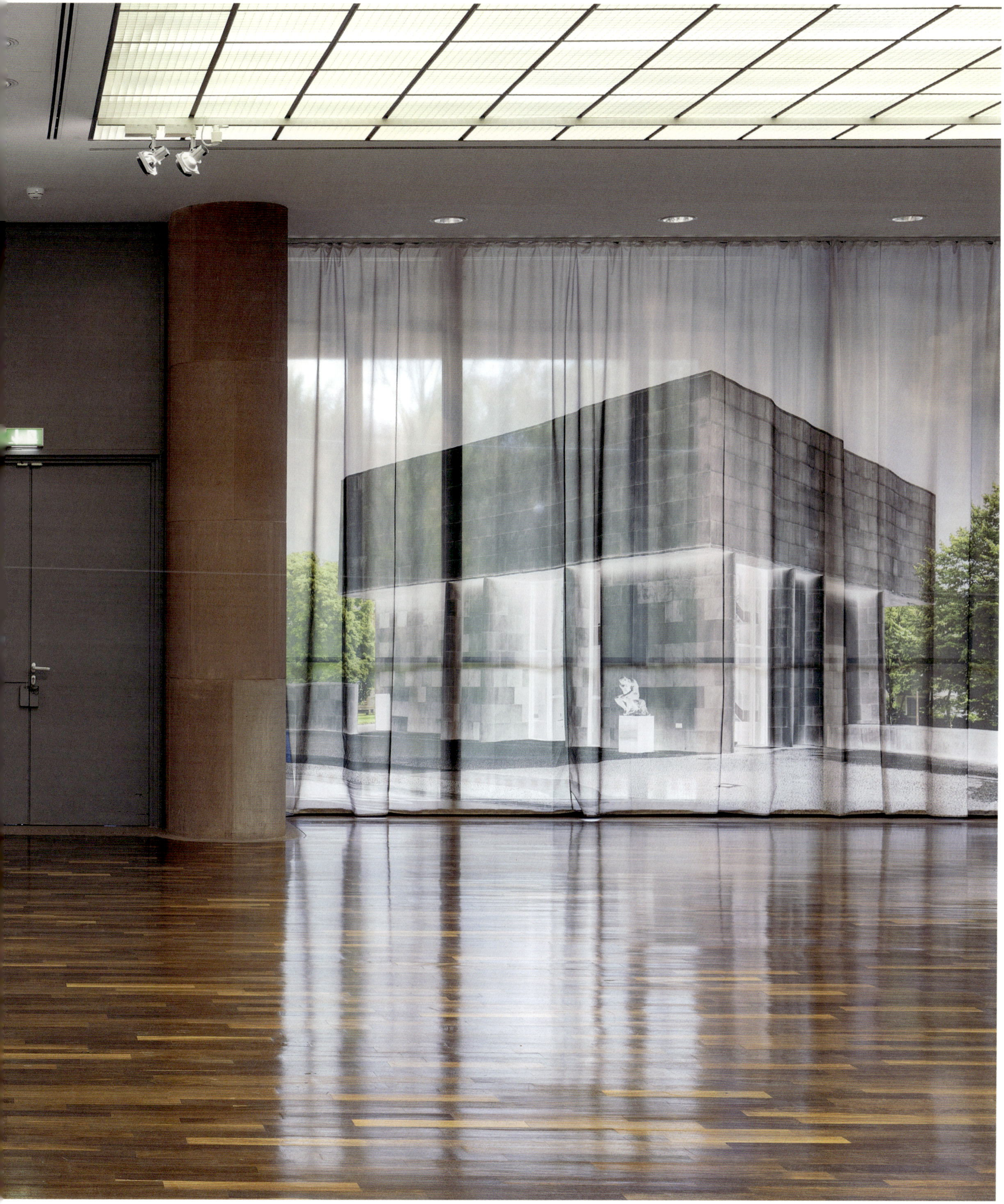

Wie wird unser Blick geleitet, wie werden unsere Vorstellungen geprägt und wie wird Vergange-
nes erinnert? Räume – im Besonderen Ausstellungsräume – sind darauf angelegt, uns anzuleiten. Inwiefern beinhaltet unser Blick eine historische Dimension? Warum erinnern wir heute so und gestern anders, und was macht unsere heutigen Sehkonventionen aus?

Bei der 15-teiligen Reihe *Maison de Verre* (2009) von James Welling steht ein eigenwilliger Entwurf des Architekten Pierre Chareau (1883-1950) für ein Gebäude in Paris im Zentrum. In eine metallene Rahmenkonstruktion sind Glasplatten und -blöcke eingelassen.
Der Lichtführung im Raum wird eine wesentliche Rolle zugesprochen. Im Gegensatz zu Philip Johnsons *Glass House* (1949), das mit seiner Umgebung verschmilzt, veranlasst der ungleich früher entworfene Pariser Bau (1931) Welling zu Innenansichten. Durch nachträgliche digitale Eingriffe erzeugt er Spiegelungen, Schattenwürfe, Transparenzen, Farbigkeit, indem er Farben und Verzerrung verstärkt und überhöht: Die Architektur und ihre Materialität verselbstständigen sich zu abstrakten Formen; Lichtreflexe und Schatten bekommen durch die Bearbeitung ein Eigenleben. Der Bau der Moderne präsentiert sich in Bildern, in denen eine emotionale Erfahrung von Raum im Fokus steht.

Auch Thomas Ruff koloriert in seinen Serien *m.n.o.p.* (2013) und *w.g.l.* (2017) Innenansichten. Er wählt eine Reihe gedämpfter Pastelltöne, die er digital mit historischem Archivmaterial verbindet. Die Farbskala erinnert an die 1950er Jahre, die Zeit, aus der die Aufnahmen stammen. Zu sehen sind Ausstellungsräume in New York und London, in denen die gegenstandslose Kunst gefeiert wurde. Bei *m.n.o.p.* handelt es sich um bearbeitete Installationsansichten der Sammlungspräsentation des Museum of Non-Objective Painting (heute Guggenheim Museum, New York) mit Werken von Wassily Kandinsky, Rudolf Bauer und weiteren Künstler*innen der Sammlung. Die Motive von *w.g.l.* (2017) stammen von der Ausstellung *Jackson Pollock 1912–1956*, die 1958 in der Whitechapel Galerie in London präsentiert wurde.

Koloriert wird die damalige Dramaturgie der Inszenierung, also die Architektur, die den Blick lenkt, in den Farben, die wir in unserer Vorstellung heute mit dieser Zeit verbinden. Die Malerei der gestischen Abstraktion, die essenziell ihren Ausdruck in Farbe suchte, bleibt in der Welt des historischen Schwarz-Weiß verhaftet, wohingegen die Elemente der Dramaturgie des Sehens farbig markiert ins Auge fallen. In der Verkehrung der Sehgewohnheiten unterschiedlicher Zeitlichkeit schält sich eine leise Komik heraus, die zugleich entblößend wirkt.

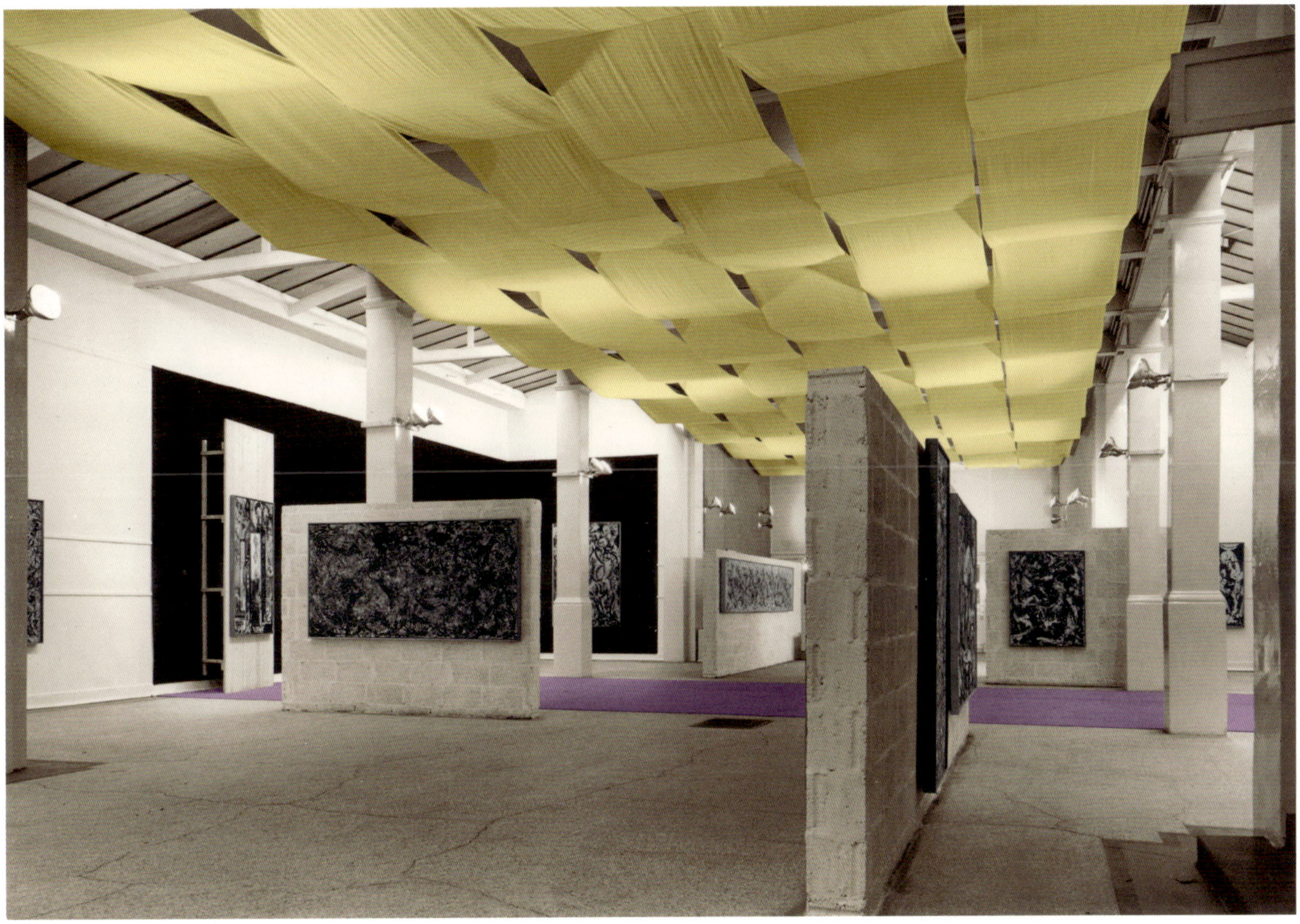

Thomas Ruff, *w.g.l.04*, 2017

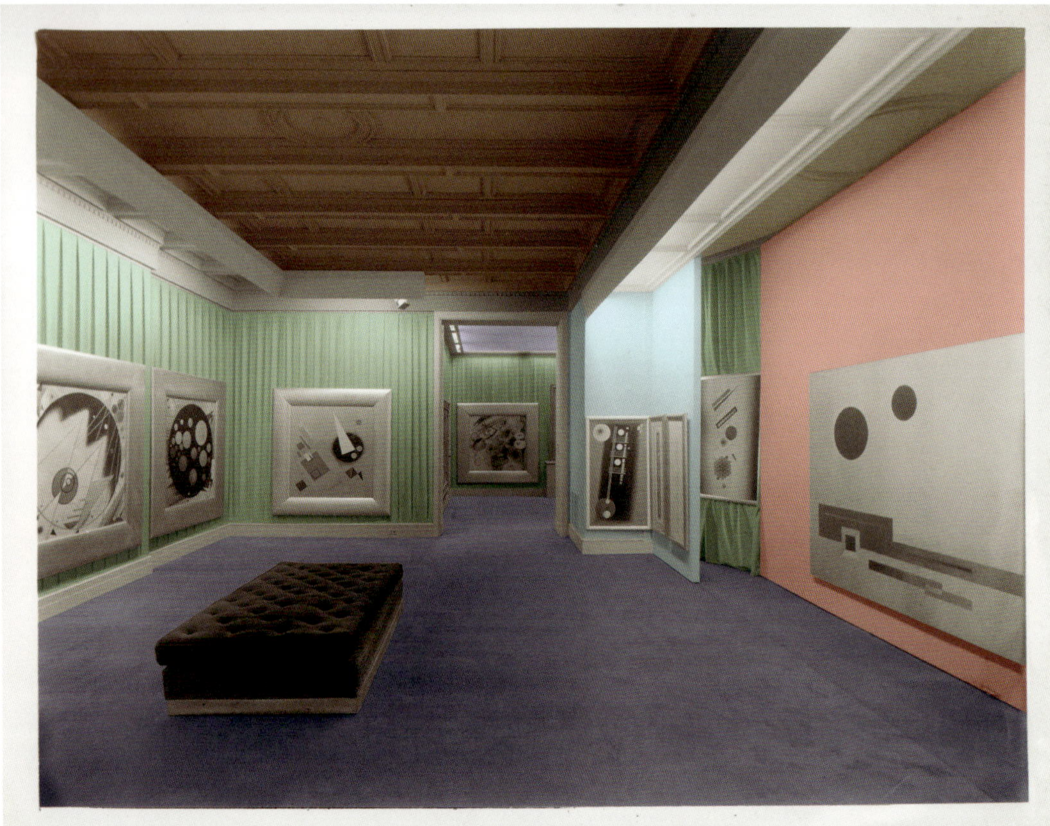

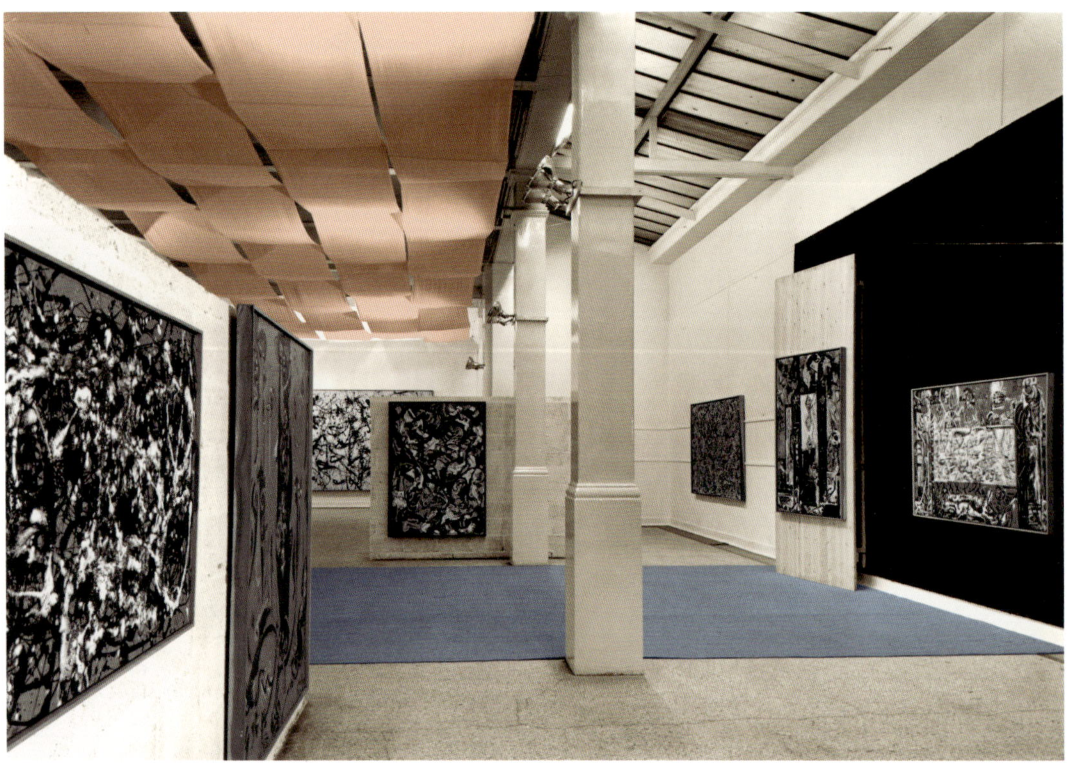

Thomas Ruff, *m.n.o.p.09*, 2013
Thomas Ruff, *w.g.l.07*, 2017

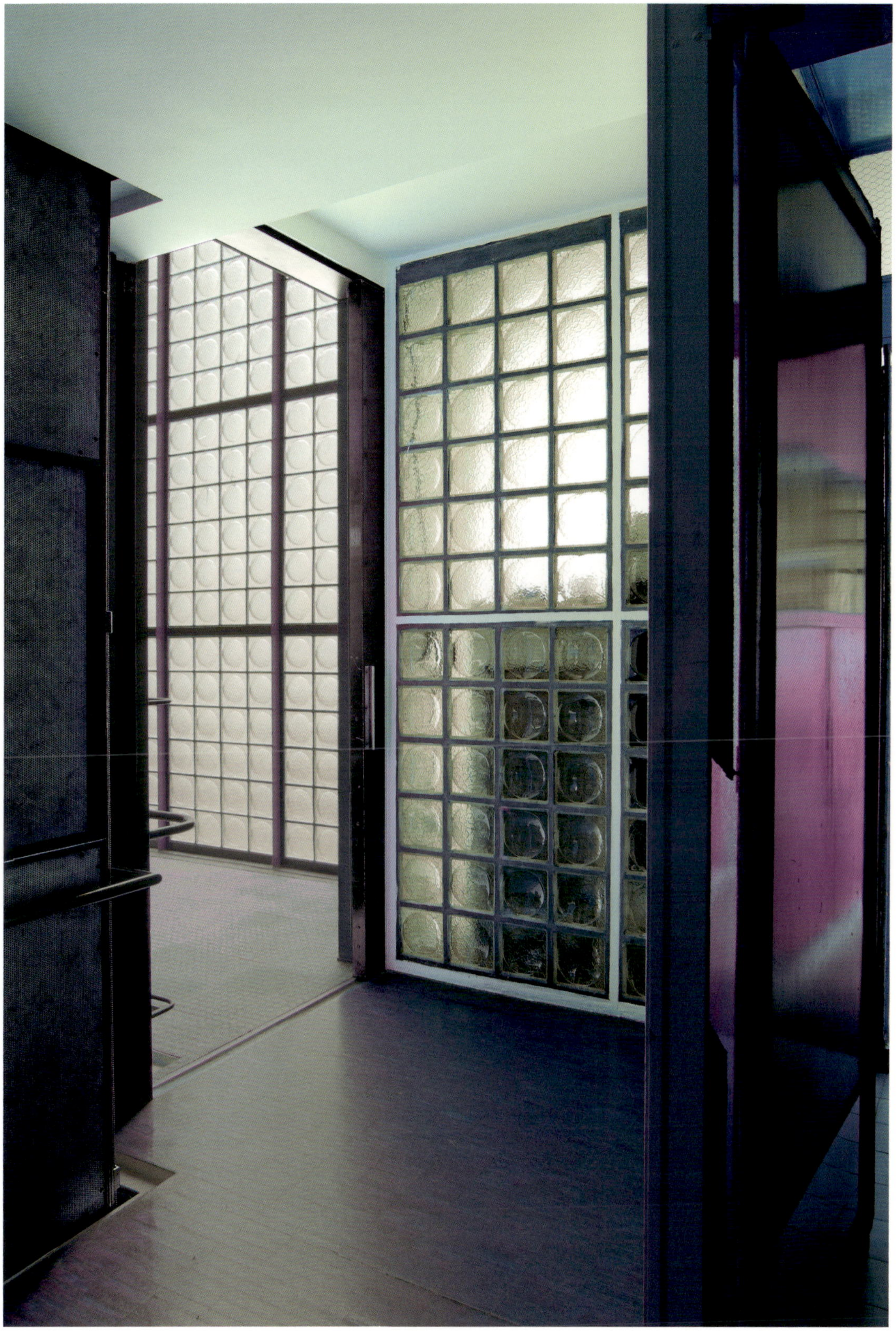

James Welling, *9771*, 2009

Mit The Earth, the Temple and the Gods *hoffe ich, den Geist der antiken Welt in einer Auswahl von materiellen Fragmenten wiederherzustellen. (...) Ich hatte das Gefühl, dass ich die Fotografie in eine wahrhaftige Zeitmaschine verwandelte.*

James Welling

Bei Tripe *geht es um die Geschichte, die verschiedenen Verfahren, Techniken und Technologien der Fotografie und darum, wie reich die Welt der Fotografie wirklich ist. In der Serie geht es um Neugier, um die Entdeckung von etwas Neuem und Schönem und um den Wunsch, es mit der Welt zu teilen.*

Thomas Ruff

Fotografien sind Momentaufnahmen. Wie aber können fotografische Bilder Momente aus verschiedenen Zeiten verbinden und mehr als einen Moment festhalten? Gibt es mehr als eine Zeit im Bild?

2019 unternimmt James Welling eine Reise nach Griechenland. Die meisten Fotografien, die vor Ort entstehen, nimmt er in und um Athen auf: Akropolis, alte Agora, römische Agora oder Eleusis. Mit seiner Serie *The Earth, the Temple and the Gods* (2018–2019) sucht Welling ein Wechselspiel von Gegenwart und Geschichte, indem er oftmals nachträglich digital Farbschichten in das Bild integriert und die aktuelle Farblosigkeit der Skulpturen und Gebäude in Rückbezug auf ihre farbprächtige Vergangenheit setzt. Damit verweist er auf den Stellenwert fotografischer Dokumentationen aus dem 19. Jahrhundert, allerdings ist der gesuchte Eindruck von Farbe ein gegenwärtiger und keinesfalls eine historische Rekonstruktion. Es handelt sich um heutige digitale Bildgebungsverfahren, künstlich anmutende Farben, die in der Geschichte zu schillern beginnen und Vergangenheit und Gegenwart sinnlich verbinden.

Ein Jahr vor Wellings Griechenlandreise entsteht Ruffs Serie *Tripe* (2018). Ausgangspunkt sind großformatige Papiernegative, die Captain Linnaeus Tripe (1822–1902) im Auftrag der britischen Regierung zwischen 1856 und 1862 in Südindien und Burma (dem heutigen Myanmar) aufnahm. Die Negative zeigen teilweise heute nicht mehr existente Tempel, Paläste oder Monumente und verweisen somit auf Vergangenes. Die malerischen Retuschen, die Tripe auf der Rückseite der Negative durchführte, zeigen sich in der digitalen Reinterpretation dieser Bearbeitungsmöglichkeiten. Ruff wandelt die gescannten Papiernegative Tripes am Computer in Positivbilder um und überlagert farblich veränderte Duplikate. Im vergrößerten Abzug werden die Textur des Papiers sowie alle historischen Bearbeitungen, Veränderungen und Beschädigungen der Negative sichtbar und Geschichte durch materielle Einschreibungen visuell erfahrbar gemacht.

Bei seinem Besuch des New Yorker Metropolitan Museum of Art 2018 stößt James Welling auf eine römische Porträtbüste aus dem dritten Jahrhundert nach Christus. Dargestellt ist Julia Mamaea (180–235 n. Chr.), römische Regentin und Mutter des Kaisers Severus Alexander. Für die Herstellung seiner Serie *Julia Mamaea* (2018–2021) stellt Welling zweihundert farbige Variationen eines Negativs von einer einzigen digitalen Aufnahme her. Die mit Anilinfarben und Tusche in verschiedenen Variationen vom Künstler handgefertigten Gelatinereliefdrucke - Ergebnis seiner Auseinandersetzung mit Drucktechniken des 19. und 20. Jahrhunderts - erzeugen einen leicht bis radikal veränderten Ausdruck auf Julias Gesicht. Obwohl vom selben Negativ ausgehend, suggeriert jede gedruckte Version einen anderen emotionalen Zustand, ein anderes Geschlecht, eine andere Zeitepoche. Der serielle Werkzyklus bewegt sich zwischen Repräsentation und Abstraktion und untergräbt gleichzeitig die vermeintliche Fähigkeit der Fotografie zur dokumentarischen Abbildhaftigkeit.

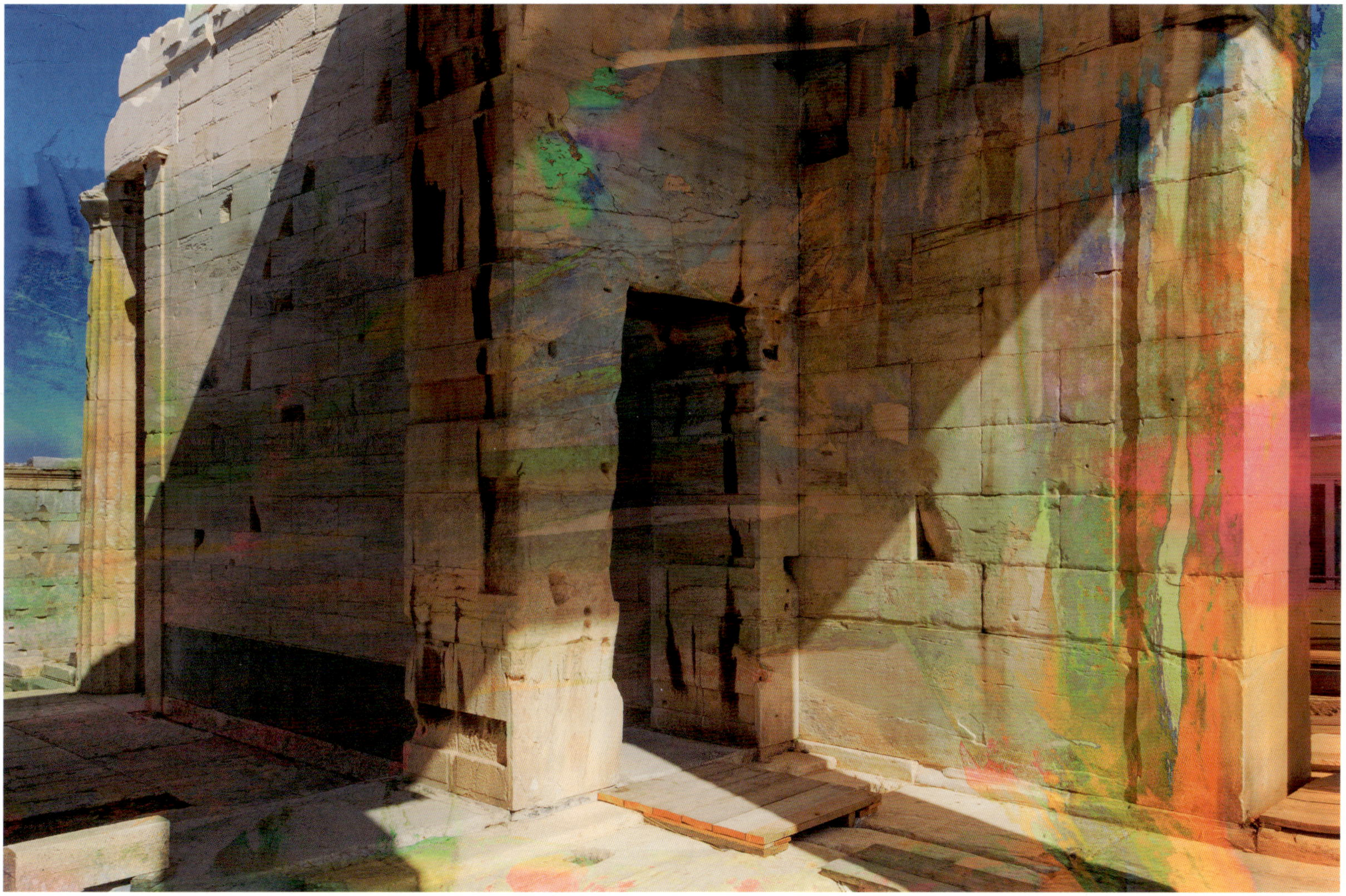

James Welling, *Propylaia. Cistern entrance*, 2020

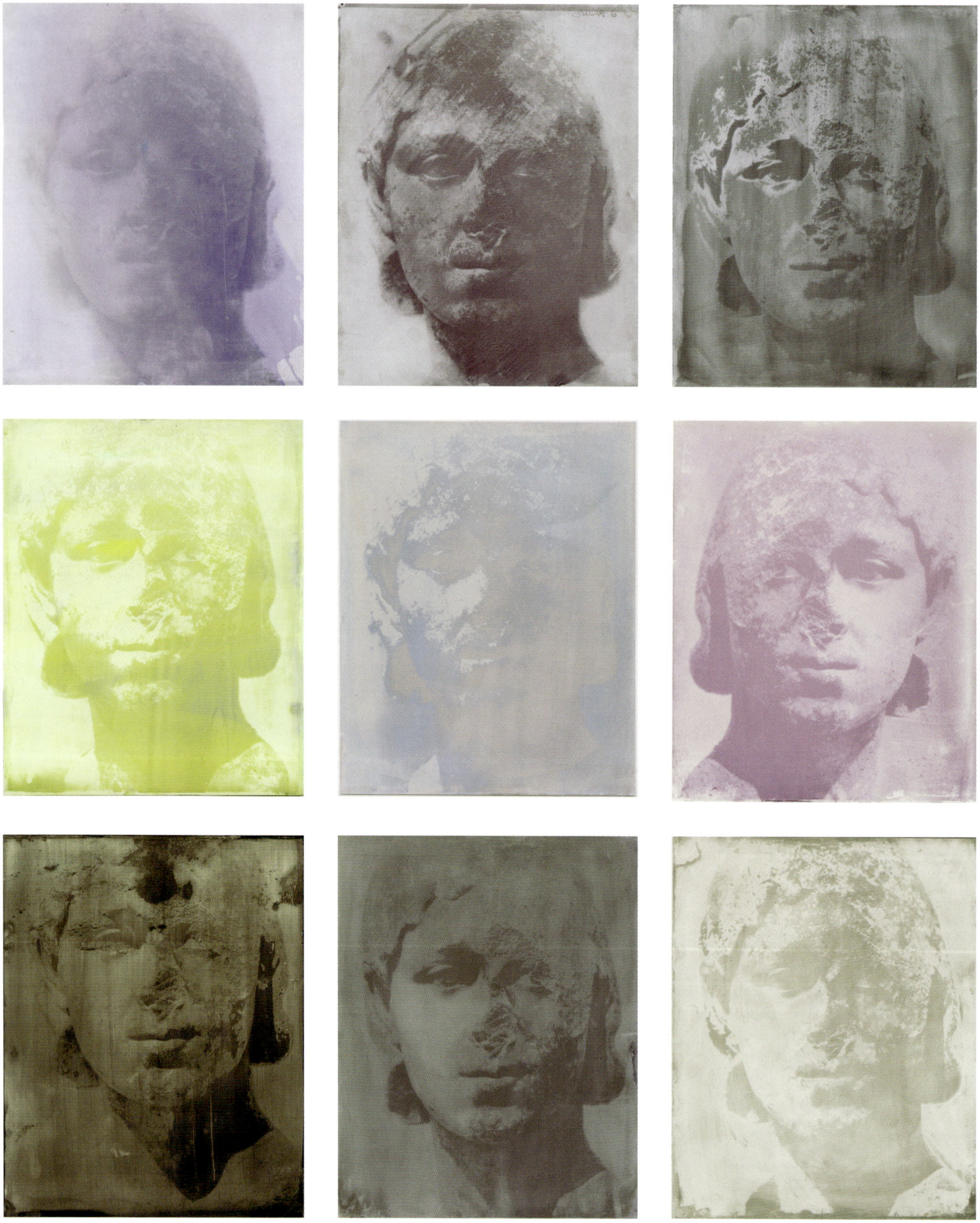

James Welling, *Julia Mamaea*, 2018

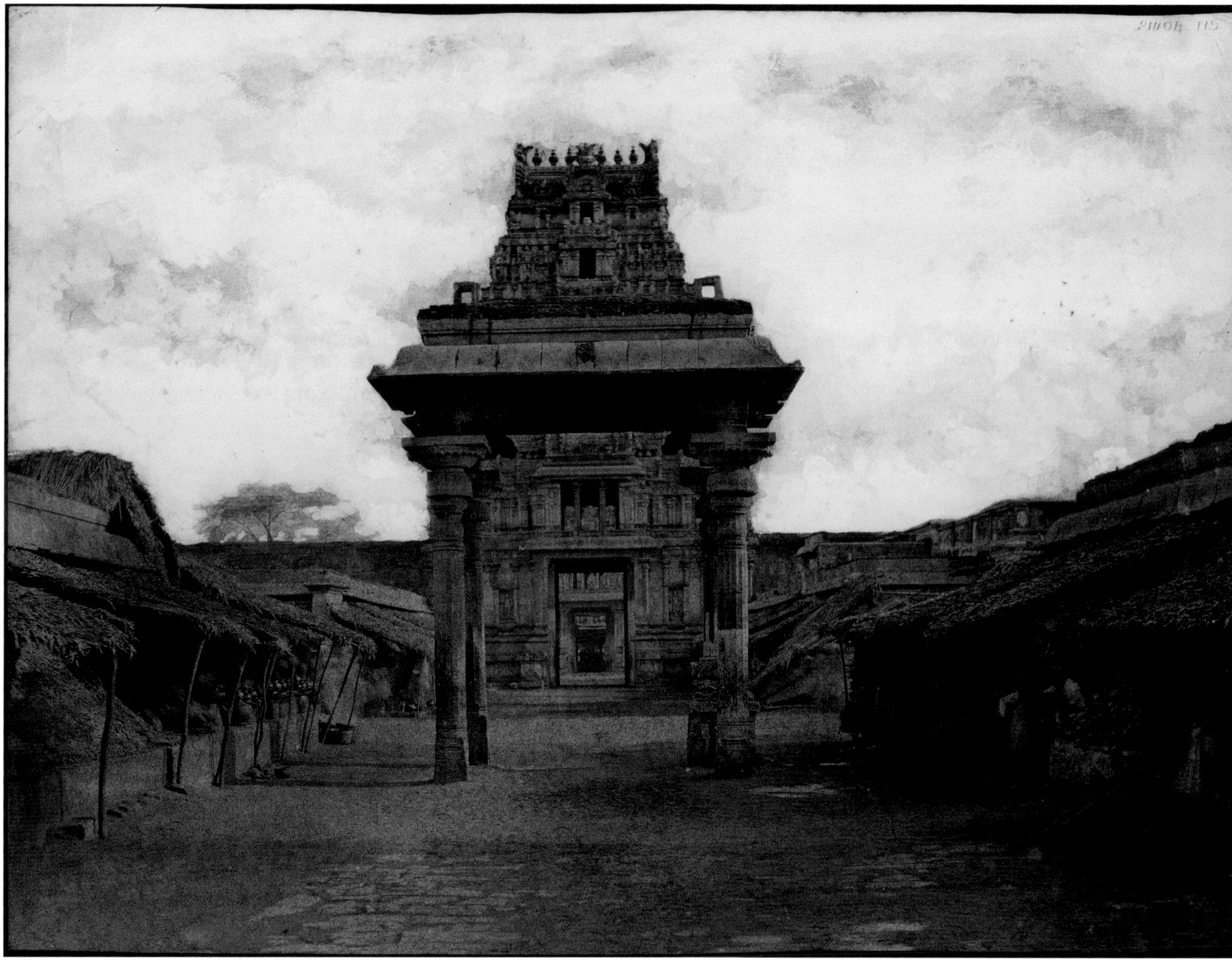

Thomas Ruff, *tripe_12 Seeringham. Munduppum inside gateway*, 2018

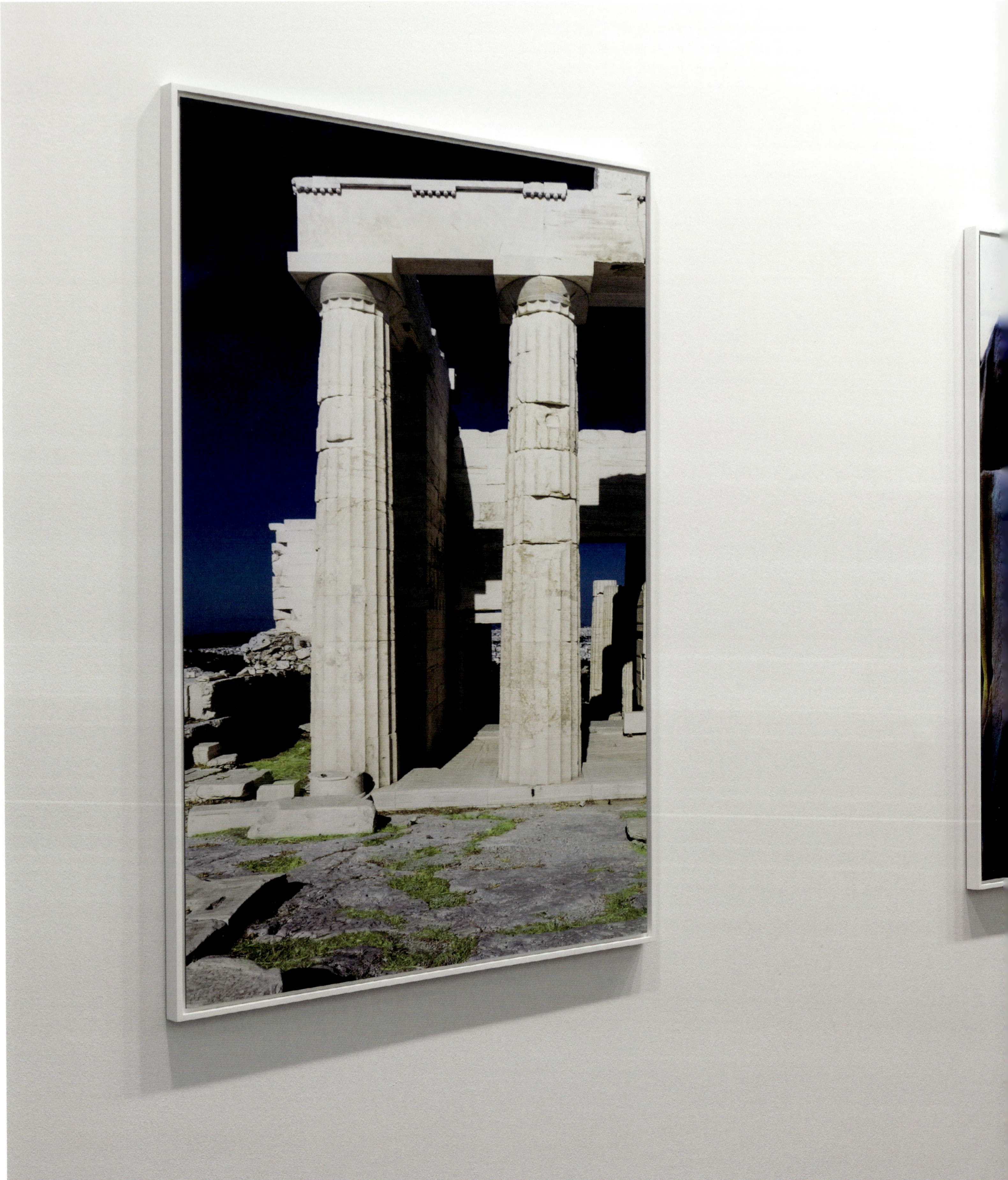

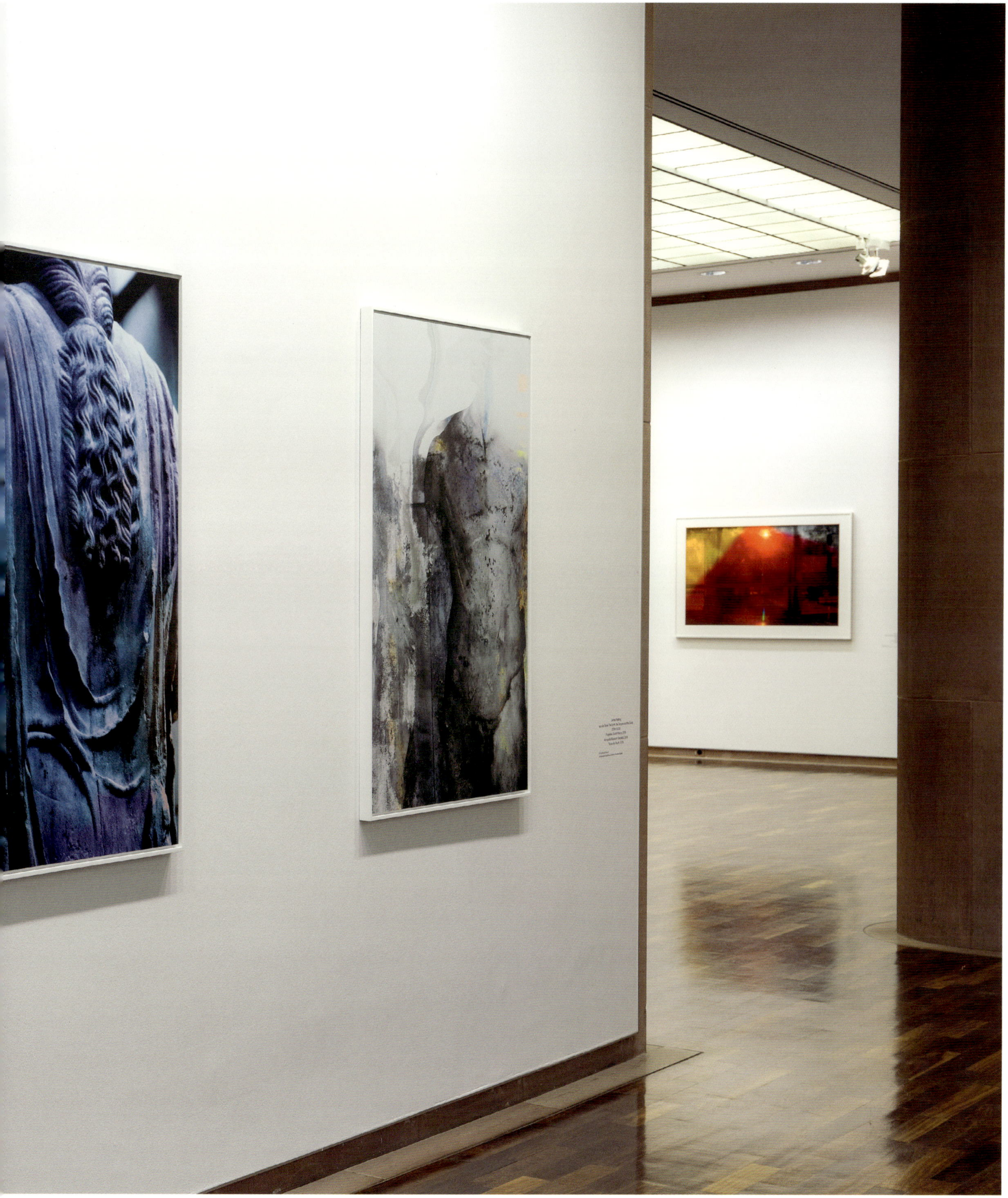

Der Computer ist für die Fotografie ein großartiges neues Werkzeug, eine Erweiterung der Dunkelkammer.

Thomas Ruff

Ein großer Teil meiner Arbeit ist intuitiv und entsteht durch das Ausprobieren verschiedener Dinge . (...) Ich genieße es, zwischen Darstellung und Abstraktion zu agieren und Bedingungen zu schaffen, bei denen man nicht wirklich weiß, was man sieht.

James Welling

Wie konstituiert sich das fotografische Bild? Was ist gewissermaßen die minimale Bedingung, die für eine Fotografie erfüllt sein muss? Oder gibt es so etwas wie ein visuelles Nichts bei fotografischen Bildern?

In einer Abfolge von fünf Bildern zeigen zwei Hände Gesten der Berührung. Es handelt sich bei *Hands* (1974–1975) um Fotogramme, in denen James Welling seine eigenen Hände in einem Bewegungsablauf in Szene setzt. Das Fotogramm führt die Fotografie auf ihre wesentlichen Grundbedingungen zurück – auf das Gestalten mit Licht auf lichtempfindlichem Papier ohne die Verwendung einer externen Kamera. Statt Objekte, wie sie in zahlreichen Fotogrammen der Moderne genutzt wurden, setzt Welling seine eigenen Hände ein. Entsteht Fotografie durch Berührung (von physikalischen und chemischen Prozessen)? Gerne halten wir das fotografische Bild für „objektiv", schließlich entsteht es durch eine Apparatur. Welling setzt dieser Vorstellung von Fotografie die Hände des Künstlers entgegen, dessen Gesten wie durch Licht gemalt zufällig, in der Dunkelkammer auf dem Fotopapier festgehalten werden. Seine Hände, die üblicherweise zur Betätigung des Auslösers notwendig sind, werden zum Inhalt des (Schatten-)Bildes und einem Experimentieren mit dem Verhältnis von Figur und Grund, Positiv und Negativ.

Welling setzt seine Experimente Mitte der 1980er Jahre fort. Seine Werkreihe *Degradés* (1986–2006) entsteht in der Dunkelkammer durch Belichtung von Farbfotopapier in bestimmten, durch Filter und Vergrößerungsgeräte gesteuerten Farben und Tonintensitäten, wobei jeweils die eine Hälfte des Fotopapiers verdeckt wird, um die andere zu bearbeiten. Eine weiche horizontale Linie zwischen den belichteten Farbflächen wird durch leichtes Verrücken des Kartons erzielt und erzeugt den Eindruck einer imaginären unendlichen Landschaft.

Ebenfalls fasziniert von historischen Fotogrammen der 1920er Jahre, entwickelt Ruff mit seiner Serie *Fotogramme* (seit 2012) eine zeitgenössische, digitale Version dieser kameralosen Technik. Ruff simuliert die Belichtung von lichtempfindlichem Papier in einer virtuellen Dunkelkammer mit Einsatz von Objekten, die er zuvor mithilfe eines 3D-Programms erstellt. Bei der Herstellung der Arbeiten spielt Ruff mit den Möglichkeiten der digitalen Bilderzeugung, die es ihm erlaubt, außerhalb der Begrenzungen haptischer Objekte und analoger Fotogramme zu agieren.

Digitale Bilder und ein kameraloses Arbeiten spielen auch bei einer Serie eine entscheidende Rolle, an der Ruff seit 2001 arbeitet. Bilder japanischer Anime- und Manga-Comics, die Ruff aus dem Internet herunterlädt, dienen ihm als Ausgangspunkt seiner *Substrate* (seit 2001). Ruff bearbeitet und überlagert in Bildbearbeitungsprogrammen eine Vielzahl von Bildern zu einem Einzelbild, sodass formlose, psychedelisch anmutende Farbfelder entstehen, die keine Gegenständlichkeit mehr erkennen lassen.

James Welling, # 11, 2001

James Welling, # 6, 2001

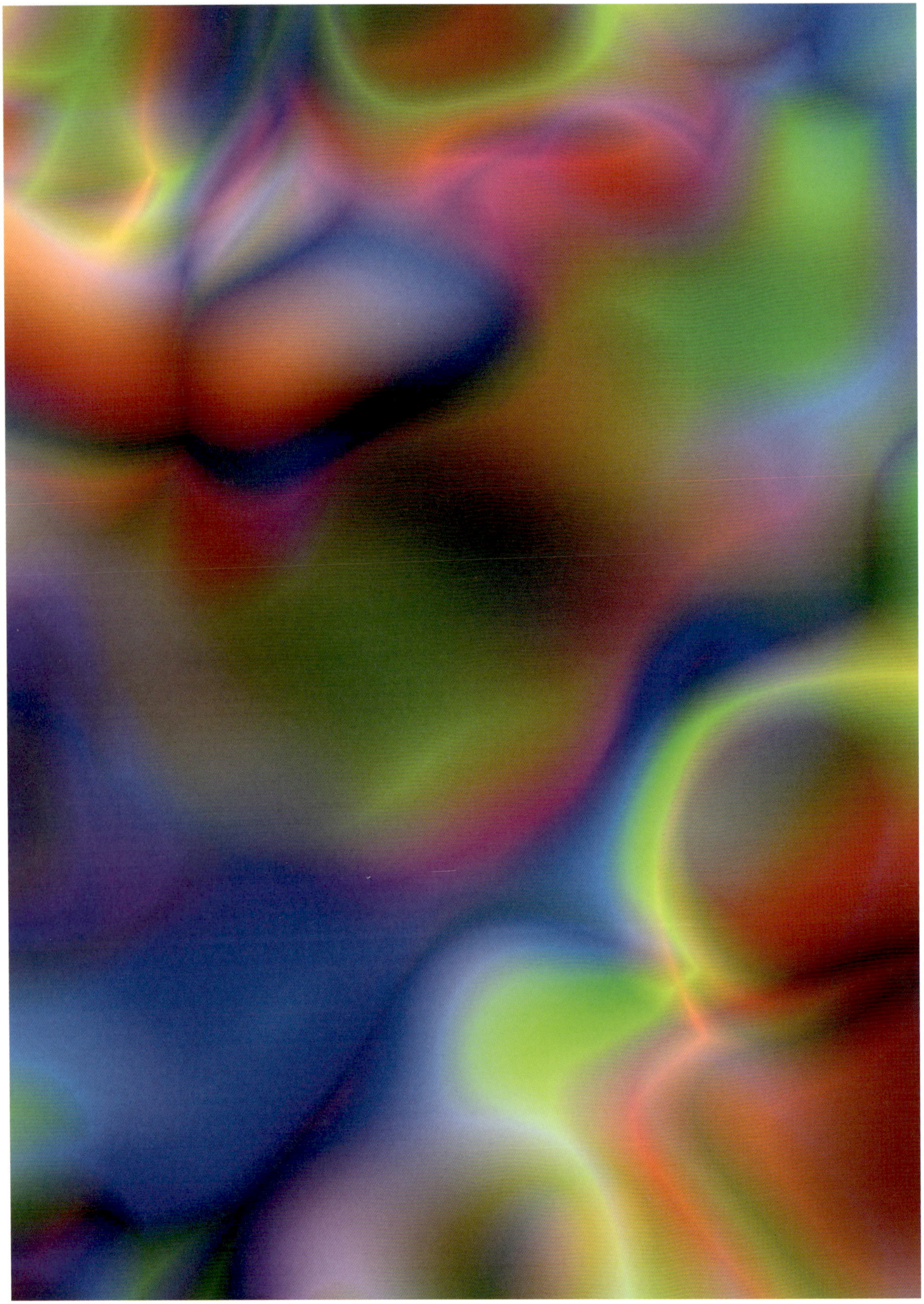

Thomas Ruff, *Substrat 38 II*, 2008

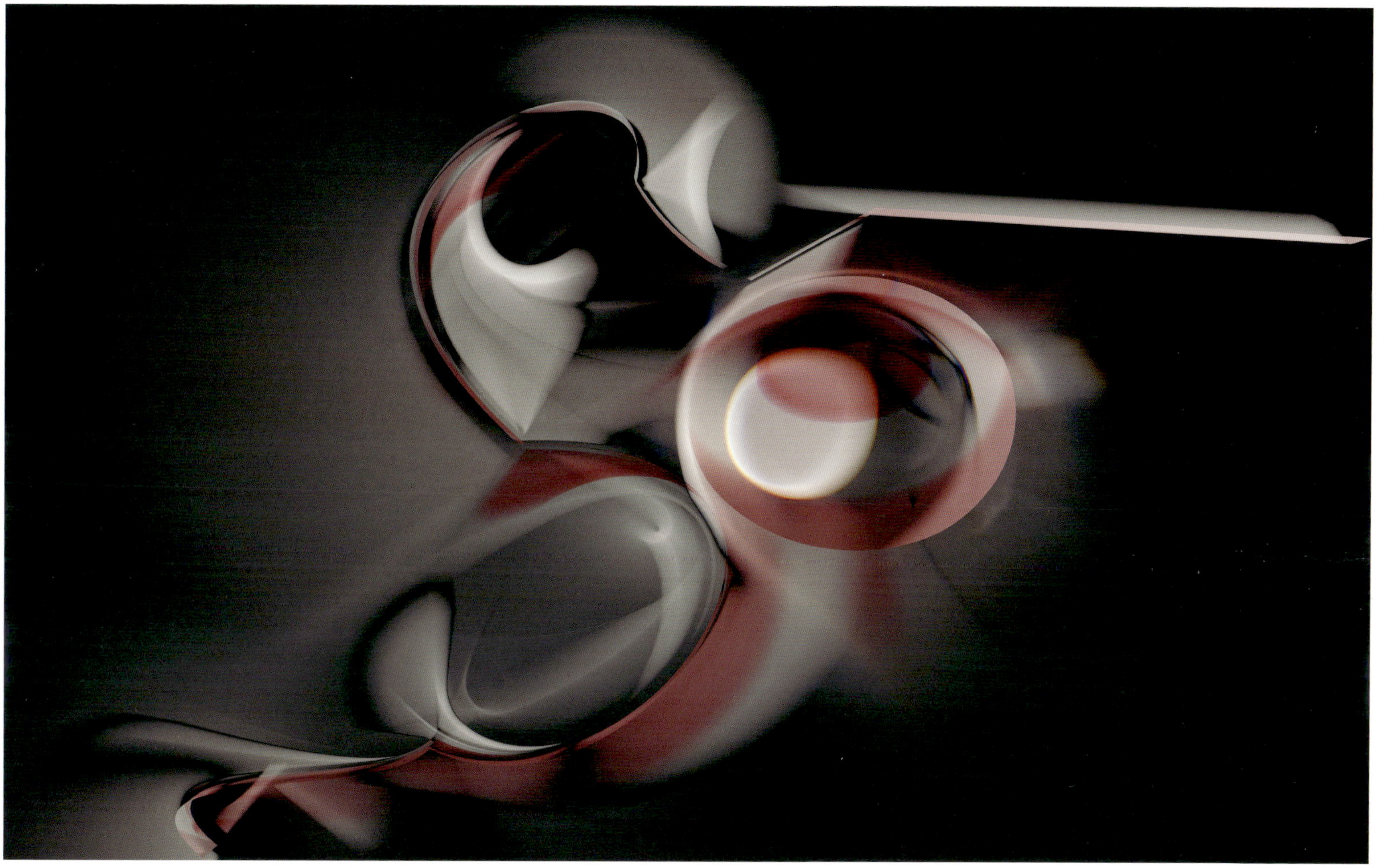

Thomas Ruff, *r.phg.08_II*, 2015

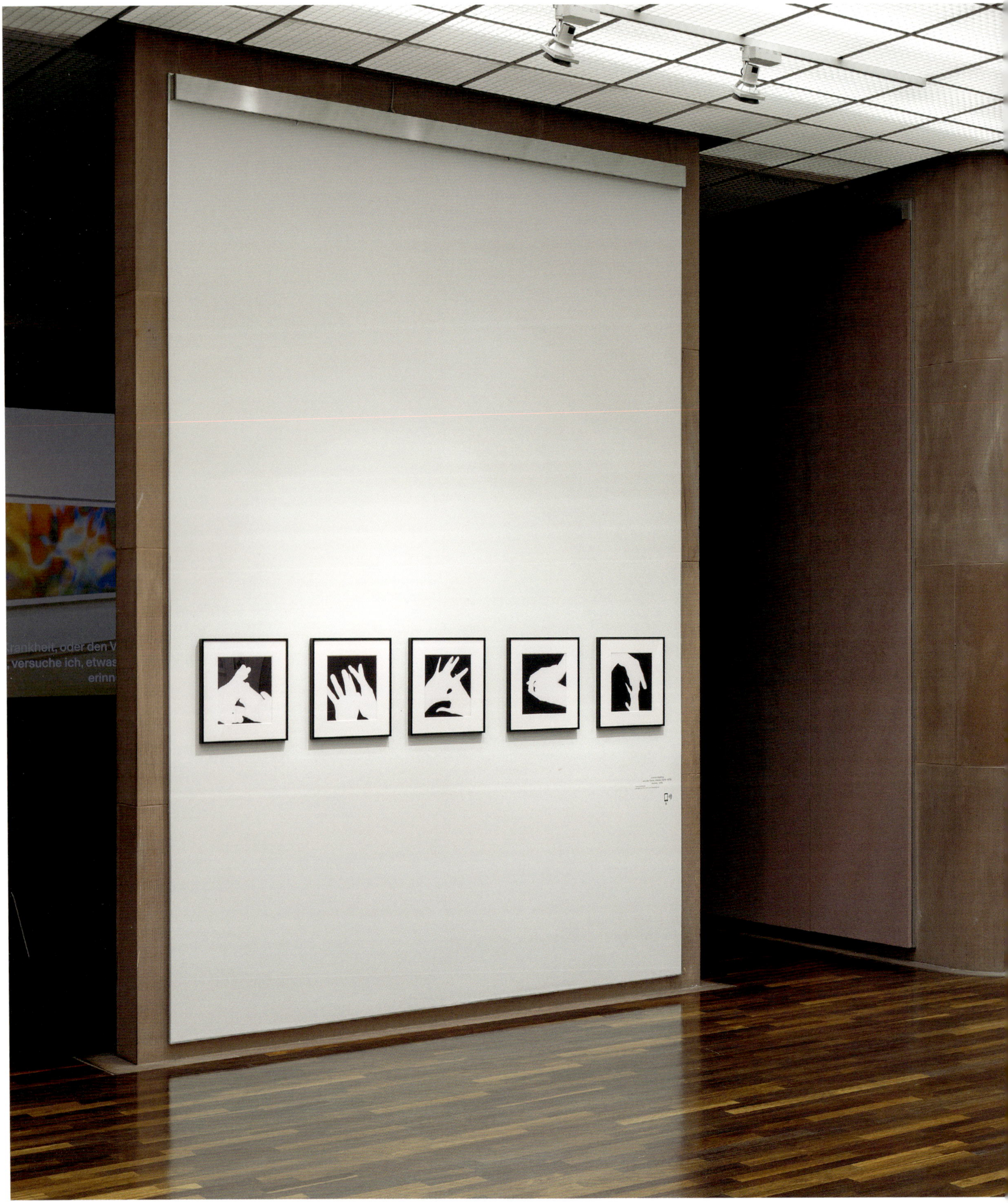
rankheit, oder den
versuche ich, etwas

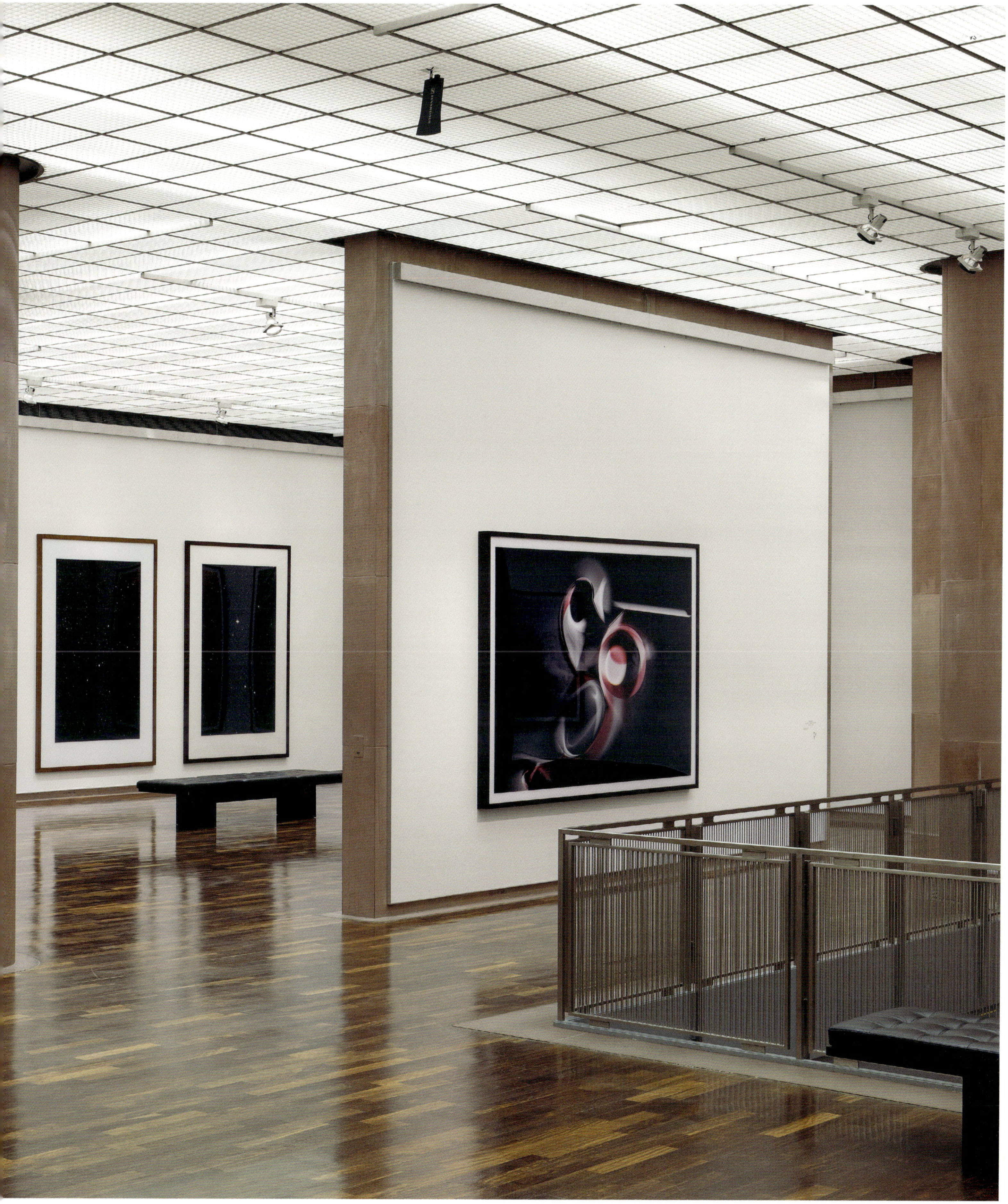

Was man sieht, ist nicht das, was man wirklich bekommt. Es gibt noch etwas anderes – den Effekt der Fotografie.

James Welling

Wenn man ein Foto anschaut, schaut man in die Vergangenheit. Bei den Sternenbildern blickt man nicht auf eine Vergangenheit, sondern mehrere Vergangenheiten.

Thomas Ruff

Können wir durch das fotografische Bild Neues entdecken? Welche Eigenschaften der Fotografie verhelfen uns zu bisher unbekannten Sichtweisen oder neuen Erfahrungen? Das fotografische Bild suggeriert immer abzubilden. Was, wenn es mehr oder anderes zeigt, als der Fall ist?

Mit seinen frühen Serien stellt James Welling die Konventionen des Mediums und dessen tradierte dokumentarische Funktion infrage. Er vollzieht einen konzeptuellen Bruch mit den traditionellen Vorstellungen von Fotografie, indem er Objekte und Bilder explizit für die Kamera konstruiert, anstatt sie in der Welt bereits vorzufinden. *Aluminum Foil* (1980–1981) besteht aus schwarz-weißen Nahaufnahmen zerknitterter Aluminiumfolie. Die Bilder können als Abstraktionen ohne erkennbaren Gegenstand betrachtet werden, aber auch andere Lesarten drängen sich auf: Sternenhimmel, reißende Flüsse, unwirtliche Landschaften oder geologische Schichten. Die große Illusionskraft fotografischer Bilder wird beschworen und zugleich parodiert durch die Entzauberung, wenn wir erkennen, dass es am Ende doch nur zerknüllte Aluminiumfolie ist.

Wie nun ist so etwas wie ein Sternenhimmel, die jede Vorstellungskraft sprengende Anzahl Sterne in unfassbarer Ferne, in ein fotografisches Bild zu bekommen?
Thomas Ruff setzt an diesem Paradox an und nutzt wissenschaftliche Aufnahmen, die mit einem Spezialteleskop des La-Silla-Observatoriums in den Anden gemacht wurden und aus dem Archiv des European Southern Observatory stammen, für seine Serie *Sterne* (1989–1992), da herkömmliche Kameras nur unbefriedigende Aufzeichnungen liefern. Aus ausgewählten Ausschnitten der Negative fertigt er stark vergrößerte Abzüge, die in ihrer Anmutung zwischen einer Kartierung des Himmels und einer ungegenständlichen Verteilung weißer Punkte vor schwarzem Grund changieren. Auch für weitere Expeditionen ins Weltall greift Ruff auf Quellenmaterial von Hochleistungskameras zurück. Den Bildern von *ma.r.s.* (2010–2014) liegen Aufnahmen unseres Nachbarplaneten der NASA zugrunde, die er digital bearbeitete. Die ursprünglich senkrecht von oben aufgenommenen Schwarz-Weiß-Ansichten überführt er in eine kolorierte Schrägansicht. Die Marsoberfläche suggeriert auf diese Weise eine Nahbarkeit, obgleich das fotografische Bild Ruffs keinerlei Wirklichkeit besitzt.

Wie Satellitenaufnahmen von planetaren Oberflächen, sogenannte Falschfarbenbilder, erscheinen auch Wellings *Fluid Dynamics* (2009–2012). Die Strukturen, Farbflächen, -inseln und -verläufe sind allerdings keine visualisierten Geodaten, sondern entstammen Wellings Dunkelkammer: Aus gewässertem Filmmaterial entstehen unter dem Licht eines Farbvergrößerungsgeräts gestische Fotogramme, die Farbschlieren und Fließspuren aufweisen. In der Nachbearbeitung am Computer koloriert Welling die digitalen Dateien der Fotogramme mit ausgewählten Farbtönen, sodass die Werke zwischen gestischen Spuren der Malerei, abstrakter Fotografie und Wissenschaftsaufnahmen changieren.

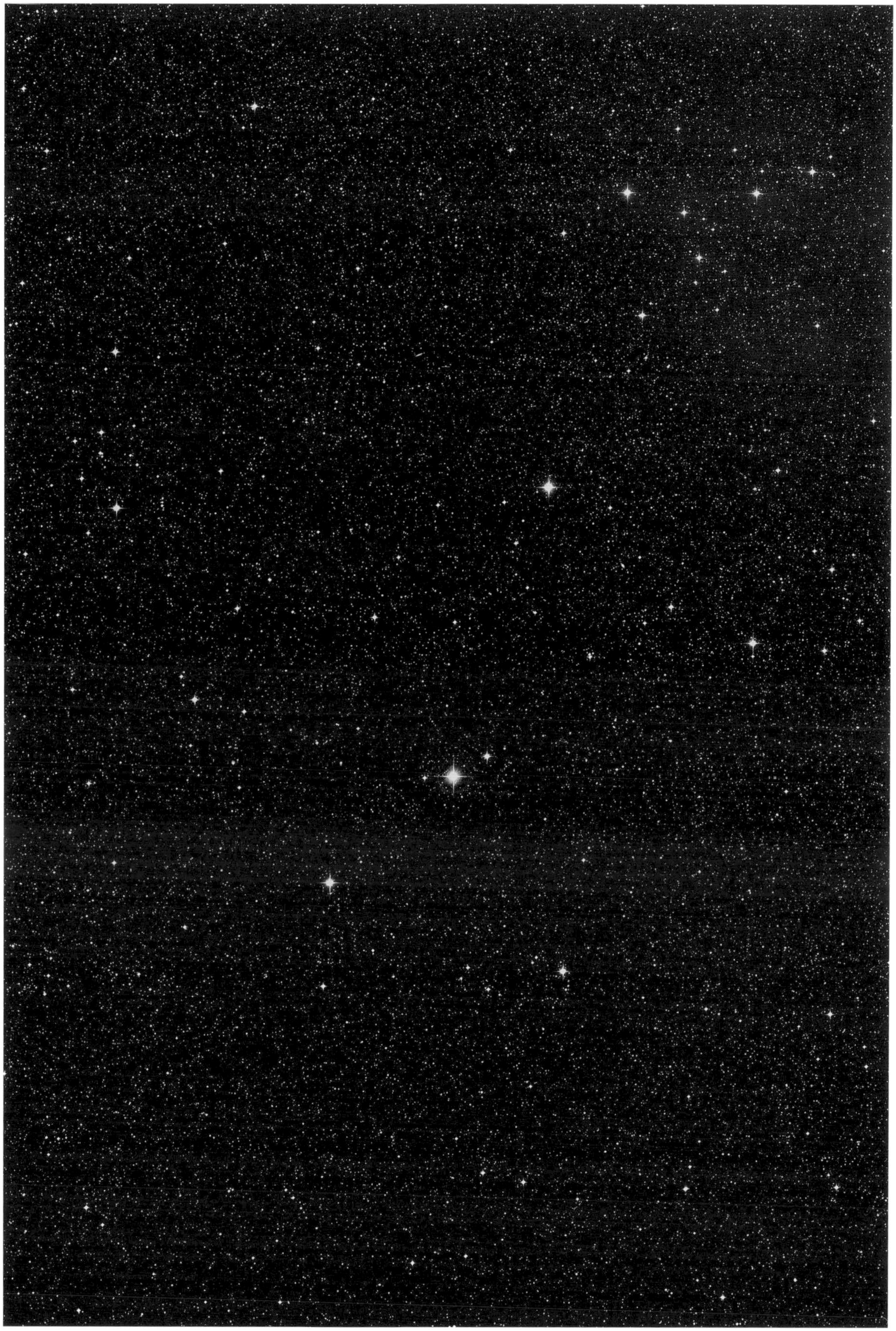

Thomas Ruff, *15h 24m/-25°*, 1992

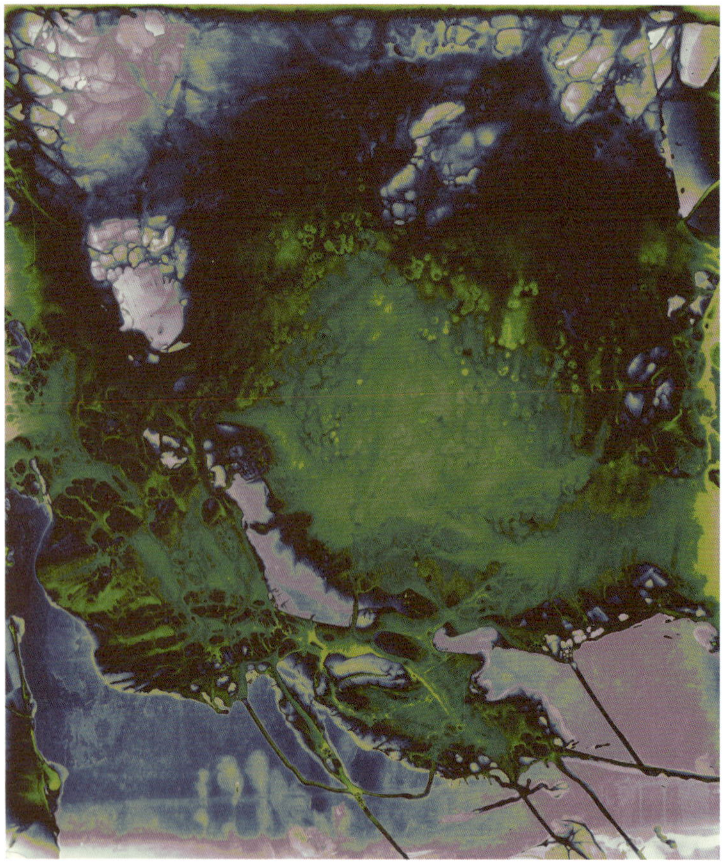

James Welling, *FD1M*, 2012

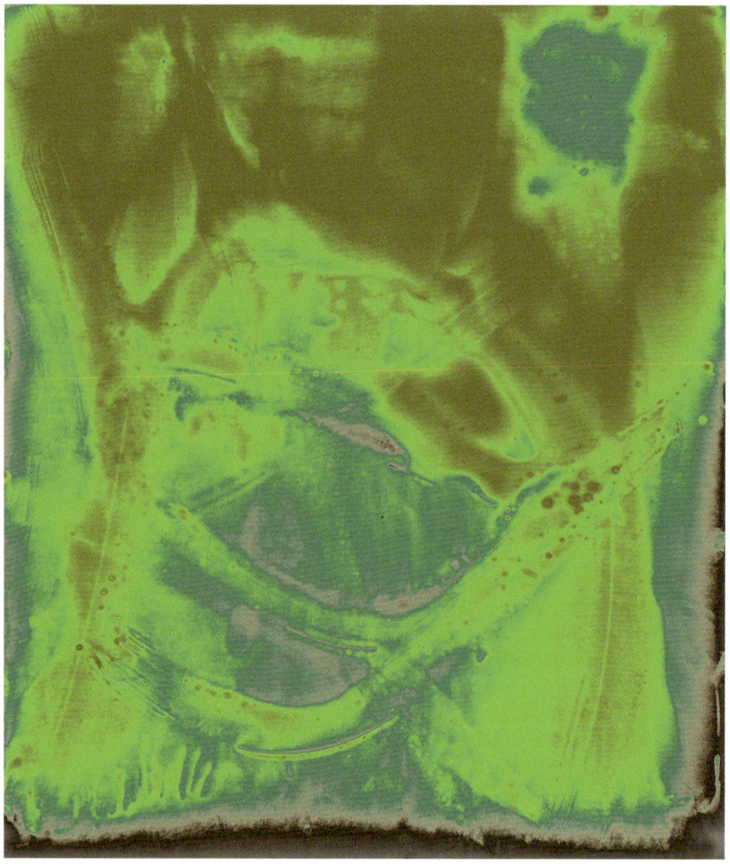

James Welling, *FD4F*, 2012

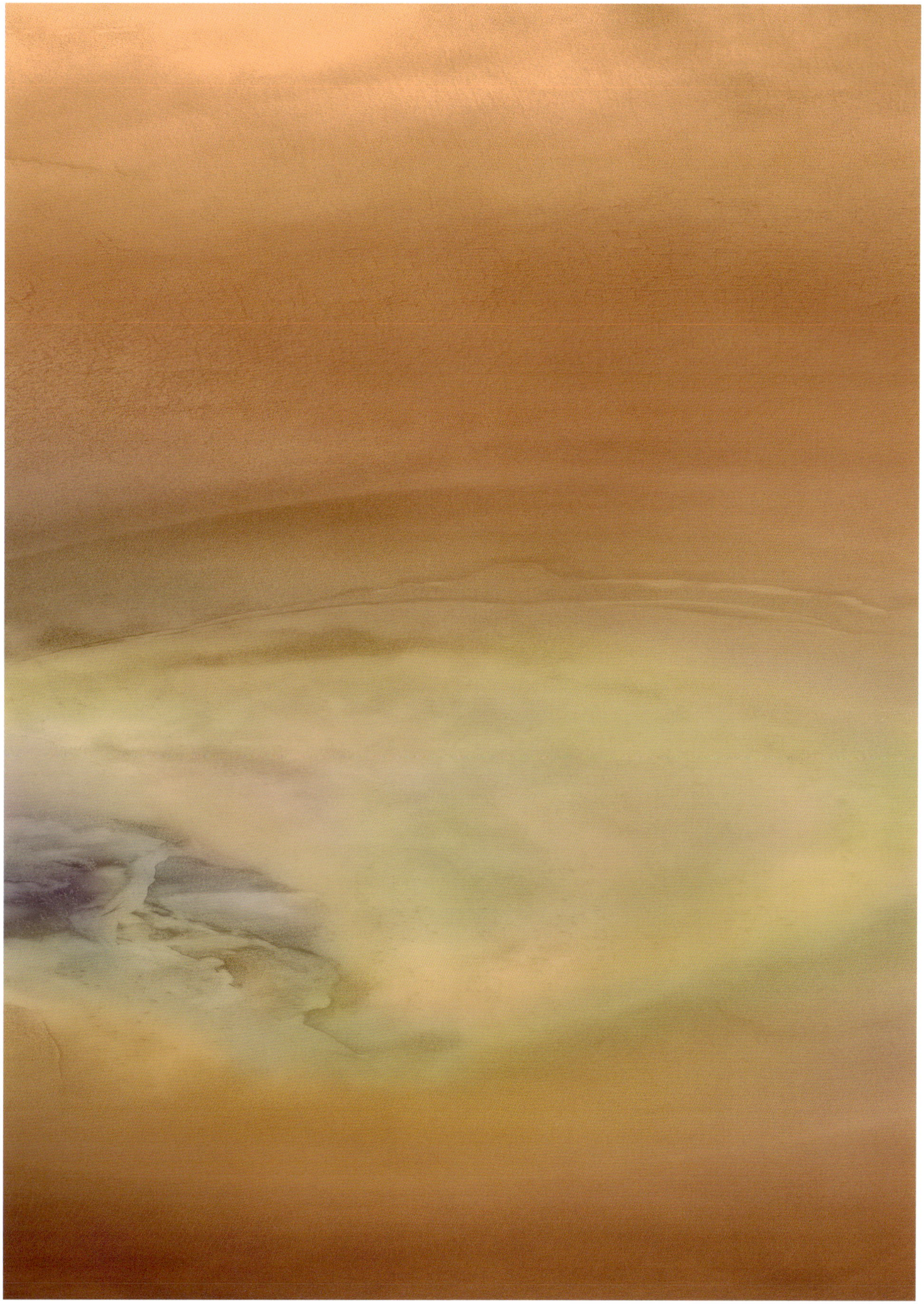

Thomas Ruff, *ma.r.s.01_III*, 2011

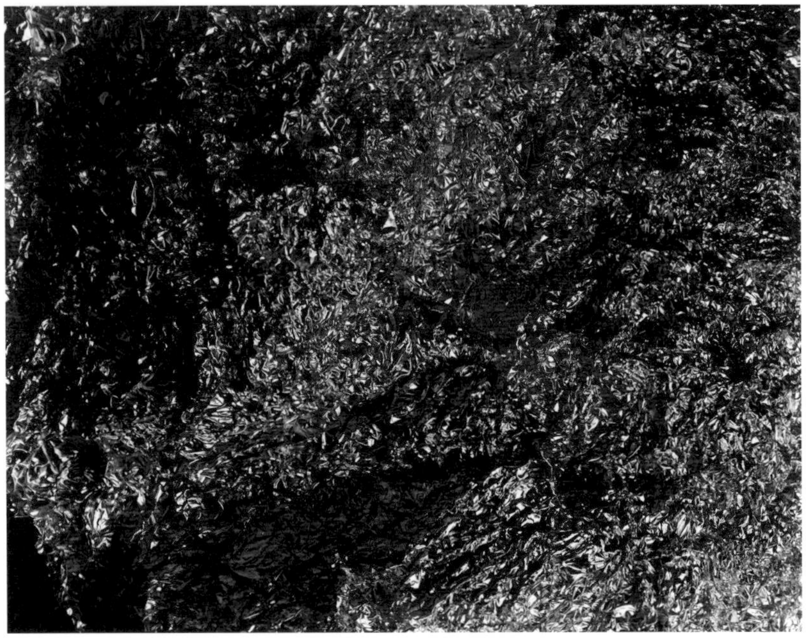

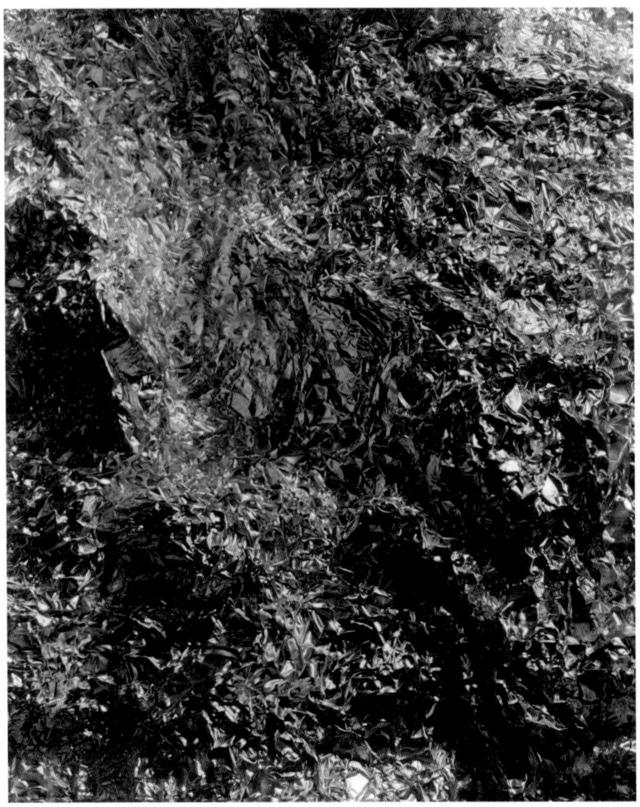

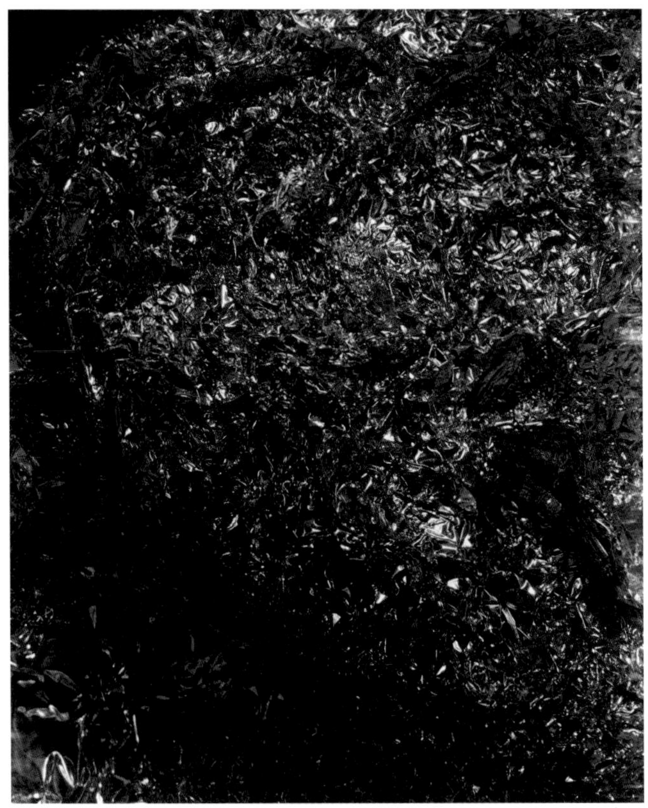

James Welling, *The Wayfarer*, 1980
James Welling, *August 16B*, 1980

James Welling, *Spiral*, 1980

WOZU ABBILDER? THOMAS RUFF UND JAMES WELLING IM KONTEXT DER FOTOTHEORIE

Stefan Gronert

Das Fotografische ist eine *umfassende* Kategorie des alltäglichen Lebens, sodass man bei einer Diskussion über sie gezwungen ist, die Art und Weise ihres jeweiligen Einsatzes möglichst klar zu differenzieren. Es macht einen Unterschied, ob wir über die Verwendung der Fotografie im Kontext der sozialen Medien, des Journalismus, der Wissenschaft, der Forensik oder gar der bildenden Kunst – ein vergleichsweise exotisches, kleines Feld – sprechen. Hinzu kommt die historische Dimension, denn nicht allein im Zeitalter der Digitalisierung hat sich unser Begriff und der Einsatz von Fotografie in kurzer Zeit erheblich gewandelt. Im Zusammenhang der Kunst haben wir es (bereits vor dem digitalen Bild) mit einer überaus diskontinuierlichen Geschichte zu tun, die selbst in der vermeintlich harmonischen westlichen Sphäre erhebliche kontinentale Unterschiede aufweist – aber dies kann im Folgenden nicht wirklich eingehend verfolgt werden. Was also sollen oder, besser gesagt, vermögen fotografische Bilder, wenn sie im Kontext der Kunst auftauchen? Diese allgemeine Frage, die sich im weiteren Verlauf spezifizieren lässt, markiert den Arbeitsbereich der Fototheorie. Eben diese will die Einsicht dafür vermitteln, wie Bilder angemessen zu sehen sind bzw. was sie selbst für einen Erkenntnisgewinn leisten können – konkrete Beispiele, die sie heranzieht, veranschaulichen dies.

Es mag daher besonders interessant sein, zwei scheinbar extrem unterschiedliche Positionen miteinander zu vergleichen, die trotz aller Distanz zueinander – so meine zentrale Thesen – von der *Infragestellung* der konventionellen Erwartung an Fotografie ausgehen. Das tertium comparationis, welches das Werk des deutschen Künstlers Thomas Ruff mit dem des amerikanischen Künstlers James Welling auf einer theoretischen Ebene verbindet, zeigt sich in der Abweichung vom Verständnis eines fotografischen Bildes als „Spiegel“, „Spur“ oder „Dokument“ der Wirklichkeit. Gerade unter dem Eindruck der viel zitierten „Bilderflut“ ist dabei von besonderem Interesse, inwiefern die Fotografie hier eine Haltung einnehmen kann, die selbst über den *Sinn* von Bildern nachdenkt und sich dergestalt als eine *kritische* Form im Verhältnis zur fotografischen Überfülle des Lebens versteht.

AUSGANGSPUNKTE

Ein erster Ausstellungsrundgang oder ein Blättern durch die vorliegende Publikation offenbart recht schnell, dass sich beide Ansätze jenen geläufigen Stilbegriffen oder Etikettierungen entziehen, die zwischen „sachlich-dokumentarischer“ einerseits oder „abstrakt-experimenteller“ Fotografie andererseits unterscheiden. Wer so verfährt, wird vielmehr beide, eigentlich doch unvereinbare Extreme jeweils innerhalb der zwei hier diskutierten Positionen erkennen: Bei Ruff sind es die *Interiors*, die *Sterne* und die *Porträts*, bei Welling die *Aluminum Foils*, *Railroad Photographs* oder die *Meridian*-Reihe, welche auf den ersten Blick eine jeweils (unschuldig) dokumentarische Anmutung besitzen. Andererseits aber zeigt sich auch eine experimentelle Haltung in Ruffs

Substraten, den *Fotogrammen* oder der *l.m.v.d.r.*-Reihe ebenso wie in Wellings Serien *Degradés*, *Glass House* oder *Choreograph*. Der schweifende Überblick über das Gesamtwerk beider Fotografen offenbart demnach eine derartige Vielfalt, dass man versucht sein könnte, von einer uneinheitlichen Autorschaft bei jedem der beiden zu sprechen. Visuelle Heterogenität scheint hier ein Bestandteil künstlerischer Identität zu sein. Und so drängt sich dem subjektzentrierten Denken die Frage auf: Handelt es sich um „Krisen", radikale Entwicklungen des jeweiligen Ansatzes, oder wie kann man so verschiedene Formen des Bildes mit einem Subjekt in Verbindung bringen? Oder aber artikuliert sich darin (lediglich) der technische Wandel von der analogen zur digitalen Fotografie?

Ist schon der Glaube an eine unveränderliche künstlerische Identität eine unangemessene Vereinfachung, so wird sich im Verlauf dieses Beitrags offenbaren, dass sich die soeben formulierten Fragen vor allem einem Blick auf das abgebildete Motiv verdanken. Genau diese Wahrnehmung der Bilder führt jedoch in die Irre. Gezeigt werden soll stattdessen, dass es sowohl Ruff als auch Welling vielmehr um eine *analytische* Auseinandersetzung mit Fotografie selbst geht. Damit befinden sie sich in einem grundlegenden Widerspruch zu jenem bildnerischen Konzept des gelungenen Schnappschusses, das Henri Cartier-Bresson 1952 in die legendäre Wendung „The Decisive Moment" gefasst hat. Um meine oben formulierte Ausgangsthese weiter zu differenzieren: Ruff wie auch Welling geht es unter einem gewandelten historischen Horizont um „reflexive" Bilder.

UNTERSCHIEDE

Vor aller sich hier bereits ankündigenden Vereinheitlichung der beiden künstlerischen Positionen sei mit wenigen Worten zunächst deren sehr disparate biografischen und kulturellen Kontexte skizziert.

Der ältere der beiden Fotografen, der 1951 geborene James Welling, hat seine künstlerische Ausbildung (im Anschluss an ein erstes Studium der Malerei und anschließend des Modern Dance) vor allem zwischen 1971 und 1974 in der multimedial ausgerichteten Klasse von John Baldessari am California Institute of the Arts in Los Angeles erhalten. Nach ersten Arbeiten im Bereich des Videos[1] hat Welling sich ab 1975 der Fotografie zugewandt. Historisch gesehen, versteht sich von selbst, dass der Kontext seiner frühen Werke im Umfeld der Post-Studio-Klasse konzeptuell angelegt war: "It was a sly comment on conceptual art."[2] Neben der seit 1977 entstehenden dokumentarischen Arbeit *Diary of Elizabeth and James Dixon (1840–41) / Connecticut Landscapes* und der Serie *Los Angeles Architecture & Portraits* (1976–78) entstehen bereits 1974/75 die abstrahierenden Fotogramme *Hands* sowie die gegenständlich noch stärker reduzierte Reihe *Aluminum Foil* (1980/81). Der hier schon früh erkennbare experimentelle Zug im Schaffen von Welling wurde in der Literatur schon bald als eine kritische Auseinandersetzung mit dem Medium der Malerei erkannt.[3] Dem entspricht der Sachverhalt, dass Welling in dieser Zeit gelegentlich auch abstrakte Aquarelle produziert hat.[4]

Etwa sieben Jahre später setzt das Werk des 1958 geborenen und im Schwarzwald aufgewachsenen Thomas Ruff ein, der 1978 zum Studium an die Kunstakademie Düsseldorf kommt. Er zählt somit zur ersten Generation der Schüler von Bernd Becher, der an der Düsseldorfer Kunstakademie die erste Professur für künstlerische Fotografie an einer westdeutschen Kunsthochschule einnahm. Durch diesen Lehrer ist die Verbindung zur dokumentarisch-sachlichen Tradition der Fotografie für Ruff vorgeprägt, selbst wenn er sich rasch ganz entscheidend davon entfernen wird. Die Genese seines Werkes lässt sich vergleichsweise einfach erzählen,[5] weist sie doch nach den dokumentarischen Anfängen (*Interieurs*, 1979–1983) bereits 1989 mit den *Sternen* die ersten nicht selbst fotografierten Motive, also Appropriationen, auf. Den nächsten entscheidenden Einschnitt markieren wenig später digitale Bearbeitungen (*blaue Augen*, 1991) sowie seit 1999 weitergehende Bearbeitungen von Bildvorlagen (*l.m.d.v.r.*) sowie die Nutzung von Internetbildern (*Nudes*), wozu in allen Fällen kein Einsatz der Kamera mehr erforderlich ist: Der Fotograf hat sich von seinem traditionellen Instrument verabschiedet. Im Zusammenhang mit dieser logisch konsequenten medienreflexiven Entwicklung von Ruffs Werk wurde denn auch von einer analytischen, ja sogar wissenschaftlichen Vorgehensweise gesprochen.[6]

VERBINDUNGEN

Ein größerer Unterschied, was Herkunft und Genese der Werke zweier Künstler betrifft, ist in der westlichen Hemisphäre kaum denkbar. Selbst wenn man die Bedeutung des Künstlersubjekts auf theoretischer Ebene nicht überschätzen sollte, kann ein sachlich angemessener Vergleich beider Positionen aber mit der Frage starten, ob zwischen ihnen eine wechselseitige künstlerische Rezeption stattgefunden habe.

Noch vor dem Zeitalter der Digitalisierung und der damit einhergehenden Informationsflut hatte Welling 1987 seine erste europäische Galerie-Ausstellung in Paris, wo auch Ruff (wenngleich in einer anderen Galerie) ausstellte. Welling war überdies (wie auch Ruff) 1992 prominent auf der *documenta* in Kassel vertreten, verzeichnete 1999 eine Einzelausstellung im Sprengel Museum Hannover und 2000 eine im Kölnischen Kunstverein – und umgekehrt war es in den USA durchaus möglich, mit Ruffs Werk in Berührung zu kommen.[7] So hatte dieser seit 1989 regelmäßig Einzelausstellungen in der Galerie 303 in New York, wo Welling seit 1978 lebte. Und seit 2000 arbeitet Ruff mit der Galerie David Zwirner zusammen, die auch Welling seit 2005 vertritt. Es ist also nur schwer vorstellbar, dass beide Künstler das Werk des jeweils anderen – ob bewusst oder unbewusst – nicht wahrgenommen haben sollten.

Aus diesen Möglichkeiten einer wechselseitigen Rezeption muss man zweifellos nicht zwingend auf inhaltliche Verbindungen schließen. Insofern geben die Einschätzungen der beteiligten Personen weiteren Aufschluss. Eigenen Angaben zufolge lernte Welling den Ansatz der Bechers bereits während seines Studiums kennen und erlebte eine Lehrveranstaltung von Hilla Becher in Los Angeles. Doch scheint ihn dies relativ unberührt gelassen zu haben.[8] Noch unlängst bemerkte er: "I am much closer to my New York Peers than to the Düsseldorf school. Thomas Ruff's work has an anarchic touch that I can identify with."[9] Stillschweigend knüpfte der Kurator Martin Germann an genau diese Aussage an, als er Wellings Schaffen wie folgt charakterisierte: „Als reiches Biotop voller Widersprüche hat sich die Fotografie als ideales Arbeitsterrain für Welling angeboten, dessen künstlerische Praxis seit beinahe vierzig Jahren einer Aufspreizung von Sprachen, Stilen und Narrativen widmet. Das autodidaktisch geprägte Vorgehen ist weniger rigoros als die ‚wissenschaftliche' Methode seines geschätzten Düsseldorfer Kollegen Thomas Ruff, eher ist es als anarchisches wie elegantes Freiklettern im Steinbruch einer erweiterten Geschichte des Fotografischen begreifbar."[10]

Ruff wiederum hat nach eigenem Bekunden das Werk Wellings in Deutschlang erstmals um 2000 kennengelernt und sieht trotz der dessen Verschiedenheit von seinen Arbeiten auch Verbindendes: „James ist ähnlich neugierig wie ich – auch er akzeptiert die fotografischen Konventionen nicht und macht sich deswegen auf die Suche nach neuen Bildern."[11]

ÄHNLICHKEITEN

Trotz ihres hohen Informationsgehalts ist die Bedeutung von Künstlerselbstaussagen im Hinblick auf das Verständnis ihres Werkes zumindest zu relativieren. Versuchen wir deshalb die beiden Ansätze auf einer allgemeinen, kategorialen Ebene genauer zu fassen. In dieser Hinsicht bietet es sich an, einen Vorschlag von Markus Kramer aufzugreifen. Er hat 2012 das Werk von Ruff mit folgenden Eigenschaften charakterisiert: 1. visuelle Heterogenität, 2. malerische Optik, 3. eine serielle Vorgehensweise, 4. Appropriation.[12] Mit Ausnahme des letzten Punktes kann man diese Eigenschaften auch für die Charakterisierung des Werkes von Welling anwenden. Das gilt es kurz zu erläutern.

Im Unterschied zu Künstlern wie z. B. Andreas Gurksy oder Jeff Wall, die das Einzelbild respektive Meisterwerk zelebrieren und dementsprechend (vergleichsweise) wenig Arbeiten entwickeln, arbeiten Ruff und Welling in Serien bzw. Reihen, die durch die jeweiligen technischen Verfahrensweisen, Motive und Formate bzw. Displays definiert sind. Sie umfassen bei Ruff eher kürzere Zeitspannen (z. B. *Zeitungsfotos*, 1990–1991; *ma.r.s.*, 2011–2013), während Welling sich manchen Reihen auch über eine längere Zeit hinweg widmet (*Light Sources*, 1977–2005; *Glass House*, 2006–2014). Die Bildmotive der Serien unterscheiden sich innerhalb der Werke beider Künstler ziemlich stark. Lässt sich aber im Fall von Welling noch davon sprechen, dass manches um die wiederkehrenden Themengebiete Natur, Abstraktion und Figur kreise, so ist die Wahl der Motive bei Ruff kaum auf einen Nenner zu bringen – was ihre Bedeutung auch stark relativiert.[13] Im Vergleich der beiden Werke miteinander fällt allerdings auf, dass sich beide Künstler mit Architektur und technischen Geräten auseinandergesetzt haben.

Wenn man diesbezüglich die den beiden Werken zugeschriebene Eigenschaft der „malerischen Optik" einer vergleichenden Überprüfung unterzieht, offenbaren sich jedoch bei näherer Betrachtung entscheidende Unterschiede beider Verfahrensweisen. Während Welling etwa in seinen *Glass House*-Bildern mit Spiegelungen und Filtern das empirische Aussehen des Philip-Johnson-Gebäudes farbig stark verfremdet und damit zugleich die vermeintliche Transparenz des Fotos durchstreicht, erzielt Ruff einen vergleichbaren Verfremdungseffekt in seiner *l.m.v.d.r.*- oder der *m.n.o.p.*-Serie mit erkennbar digitalen Hilfsmitteln. Insofern werden dann auch unterschiedliche Traditionslinien erkennbar – die Anknüpfung an eine Bildgeschichte des Gemäldes einerseits und an die digitale Bildwelt andererseits. Während Welling die Fotografie als Material befragt, großen Wert auf das verwendete Fotopapier legt[14] und dementsprechend oftmals konventionelle Techniken der Fotografie anwendet, wobei er ab 2009 auch digitale Verfahren miteinbezieht, verzichtet Ruff seit 1990 weitgehend auf die Kamera und bearbeitet das gefundene, nicht selbst fotografierte Material am Computer.

DIFFERENZEN

Spätestens an dieser Stelle sind wir an der Grenze der Ähnlichkeitsschnittmenge angelangt, haben sie bereits überschritten. Obgleich Welling eine lose, vor allem biografisch bedingte Affinität zum Kreis der Pictures Generation besaß und 1981 eine erste Ausstellung in der Metro Pictures Gallery mit seinen *Aluminum Foils* hatte,[15] ist sein fotografischer Skeptizismus[16], sieht man von seinen frühsten Arbeiten unmittelbar nach dem Studium einmal ab, nicht mit dem Appropriationsverfahren im engeren Sinne (wie etwa bei Sherrie Levine, Louise Lawler oder Richard Prince) zu verwechseln. Er verwendet zwar ab und an fremdes Bildmaterial, macht dies allerdings nicht direkt zum Thema. Das unterscheidet ihn fundamental von Ruff mit seiner „weitestgehend ohne Einwirkung der künstlerischen Hand[.] durch eine Abfolge vom Künstler definierter indexikalisch-technologischer Transformationsschritte erzeugte[n] Arbeit“[17]. Insofern offenbart Ruffs Ansatz eine Infragestellung von Autorschaft – gleichfalls aber ohne diese *vollständig* zu negieren. Er tritt, wie es Kramer formuliert, „nicht länger als Urheber einer Form, sondern als Urheber einer technologischen Transformationsidee“[18] auf.

Die soeben angeführte Metapher der künstlerischen Hand ist nun im Hinblick auf den künstlerischen Vergleich insofern besonders interessant, weil sie tatsächlich als Motiv im Frühwerk Wellings auftaucht – und dort ebenfalls eine gebrochene Form von Individualität anzeigt. Denn die Hand des Künstlers erscheint hier allein als Kontur, da sich Welling in *Hands* (1974/75) der Technik des Fotogramms bedient und in der Weiterführung dieses Abstraktionsschrittes in einigen Fällen das Ergebnis sogar noch einmal umgekehrt hat.[19]

Ruffs gut vierzig Jahre später entstandene Serie der *Fotogramme* (seit 2012) sind Bilder des digitalen Zeitalters. Gerade vor dem Hintergrund der alten Fototechnik sind sie radikal, insofern hier auf ein reales Objekt, auf Licht sowie lichtempfindliches Material (Papier) verzichtet wird. In einem Computer – die Bilder sind tatsächlich in Kooperation mit dem Jülicher Supercomputing Centre entstanden – installierte Ruff eine virtuelle Dunkelkammer, in die virtuelle Objekte projiziert, bewegt und mit mehreren ebenfalls virtuellen Lichtquellen beschienen wurden, sodass sie visuelle Abdrücke erzeugen konnten, die anschließend auf das reale Fotopapier übertragen wurden. Mit diesem rein digitalen Entstehungsprozess umgeht Ruff die Nachteile des überlieferten manuellen Verfahrens, insofern die Bildgröße nun flexibel ist, die Bilder generell farbig sein können und zudem nicht mehr im (analogen) Unikatzustand verharren müssen. Was sich in seinem Werk schon früher in den *Cycles* und den *Substraten* ankündigte, wird in den *Fotogrammen* noch einmal forciert, denn durch die Anspielung des Titels auf die traditionelle Technik wird der Übergang zum *virtuellen* Bild manifest, welches keinerlei Referenz zur sichtbaren realen Welt besitzt und allein aufgrund einer traditionellen Vorstellung von der Abbildfunktion des Fotos noch Stimulans entsprechender Imagination zu sein vermag. Die optische Nähe eines solchen digitalen Bildes zu Erscheinungsformen der abstrakten Malerei ist dabei kaum zu leugnen, wird aber spätestens im Zuge der Betrachtung des Originals und dessen spiegelnder Plexiglasoberfläche relativiert.

SCHLUSSFOLGERUNGEN

Beide Künstler sind sich darüber im Klaren, dass die Fotografie im Kontext der Kunst keine bildliche Verdopplung oder Dokumentationsfunktion erfüllen muss – das mag Aufgabe der Fotografie diesseits der Kunst bleiben. Ihre Bilder lassen zwar mitunter etwas erkennen, sind also in den seltensten Fällen *vollkommen* abstrakt, bilden aber eben auch nichts ab. Bezeichnenderweise legen beide Künstler Wert darauf, in ihren Monografien die Entstehungsweise und technischen Besonderheiten ihrer Werkgruppen (selbst) zu kommentieren.[20]

Wie die bisherigen Ausführungen zeigten, verhalten sich die Bilder von Ruff und Welling *reflexiv* zur außerästhetischen Wirklichkeit, vor allem zur fotografischen Bild-Welt: Sie spiegeln diese nicht, sondern reflektieren die Möglichkeiten und Grenzen der Fotografie in unterschiedlicher Weise. Bei Welling handelt es sich schwerpunktmäßig um eine bildliche Selbstreferenz mit besonderer Berücksichtigung der Materialität des Fotos. In der Vermittlung von fotografischem und malerischem Diskurs[21] stellt er die ästhetische Form des Bildes nicht grundsätzlich infrage, sondern untersucht sie in immer neuen Anläufen. In dieser Hinsicht besonders interessant ist die 2015 entstandene Serie *Choreograph,* in der Welling erstmals digitale Techniken bei der Kolorierung von überlagerten Schwarz-Weiß-Fotos einsetzt und damit einen hohen Abstraktionsgrad erzielt. Ruff hingegen ist die fotografische Selbstreferenzialität ein inhaltlich weniger wichtiges Anliegen. Ihm geht es im digitalen Zeitalter vielmehr um eine radikale Medienreflexion qua Fotografie. Mit verblüffender Konsequenz dekliniert er im innerästhetischen Bereich die technischen Formen und Verwendungsweisen des Fotografischen im Allgemeinen durch. Er geht dabei in den *Fotogrammen* sogar so weit, die virtuelle, das heißt nicht mehr „wirklich" fotografische, sondern ausschließlich digital generierte, Form des Fotos zu thematisieren. Dabei überschreitet Ruff jedoch nicht die Grenze der Kunst, sondern hält an der Objekthaftigkeit des fotografischen Bildes und damit zugleich an der Distributionsform von „Kunst" fest, wobei er die hohe optische Dichte in großen, die Betrachtenden mitunter überwältigenden Formaten sucht. Wer nun aber meint, darin dennoch nach Abbildungen von Wirklichem suchen müssen, wird nicht fündig werden.

1 Vgl. *James Welling. Metamorphosis*, hg. v. Heike Eipeldauer u. Martin Germann, Kat. Ausst. S.M.A.K., Ghent; Bank Austria Kunstforum Wien, München u. a. O. 2017, S. 185.

2 James Welling, „CalArts in the Early 1970s", in: Philipp Kaiser u. Christina Vegh (Hg.), *Where Art Might Happen. The Early Years of CalArts*, München/London/New York 2020, S. 292–299, hier: S. 299.

3 Vgl. Alain Cueff, in: *James Welling. New Abstractions. DG BANK-Förderpreis Fotografie*, Kat. Ausst. Sprengel Museum Hannover, Hannover 1999, S. 5.

4 Vgl. *Welling. Metamorphosis* 2017 (wie Anm. 1), S. 28, 94.

5 Vgl. grundlegend: Matthias Winzen (Hg.), *Thomas Ruff: Fotografien 1979 – heute*, Köln 2001; Markus Kramer, *Modernism*, Heidelberg/Berlin 2011; Markus Kramer, *The Technological Hand*, Heidelberg/Berlin 2018; Claus Gunti, *Digital Image Systems. Photography and New Technologies at the Düsseldorf School*, Bielefeld 2019.

6 Vgl. Thomas Weski, „Der wissenschaftliche Künstler", in: *Thomas Ruff. Works 1979–2011*, München 2012, S. 21ff.

7 Selbst wenn das Werk von Ruff bisher in den USA bislang mit keiner größeren Museumsausstellung gewürdigt wurde.

8 Vgl. Welling 2020 (wie Anm. 2), S. 296.

9 Hal Foster, „A Conversation with James Welling", in: *Welling. Metamorphosis* 2017 (wie Anm. 1), S. 136–175, hier S. 153.

10 Martin Germann, „Von der Berührung. Zur Kunst von James Welling", in: *Welling. Metamorphosis* 2017 (wie Anm. 1), S. 84–133, hier: S. 87.

11 Thomas Ruff in einer E-Mail an den Autor vom 29.8.2022.

12 Vgl. Markus Kramer, *Photographic Objects: Thomas Ruff, Wade Guyton, Seth Price, Kelley Walker, Spiros Hadjidanos*, Heidelberg/Berlin 2012, S. 44.

13 Vgl. die Aussage ebd., S. 45.

14 Vgl. *Welling. Metamorphosis* 2017 (wie Anm. 1), S. 183; vgl. zur Entstehung der *Glass House*-Serie auch: „A Conversation with Sylvia Lavin", in: *James Welling. Glass House*, Bologna 2010, S. 21–40.

15 Vgl. zum Kontext: *Douglas Eklund, The Pictures Generation 1974–1984*, New York 2009.

16 Vgl. ebd., S. 226 (mit einem interessanten Hinweis auf eine Parallele zu Gerhard Richter).

17 Kramer 2018 (wie Anm. 5), S. 151.

18 Ebd., S. 144.

19 Vgl. *Welling. Metamorphosis* 2017 (wie Anm. 1), S. 183.

20 Vgl. zu *Welling: Welling. Metamorphosis* 2017 (wie Anm. 1) 2017; Germann hat diese Haltung als „Hypertransparenz" charakterisiert: vgl. ebd., S. 181ff.; vgl. zu Ruff: *Thomas Ruff*, Kat. Ausst. Whitechapel Art Gallery, London 2018.

21 Vgl. Eipeldauer, in: *Welling. Metamorphosis 2017* (wie Anm. 1), S. 37, die bei Welling eine mediale Selbstreflexion des Fotografischen am Leitfaden eines modernistischen Malereidiskurses erkennt.

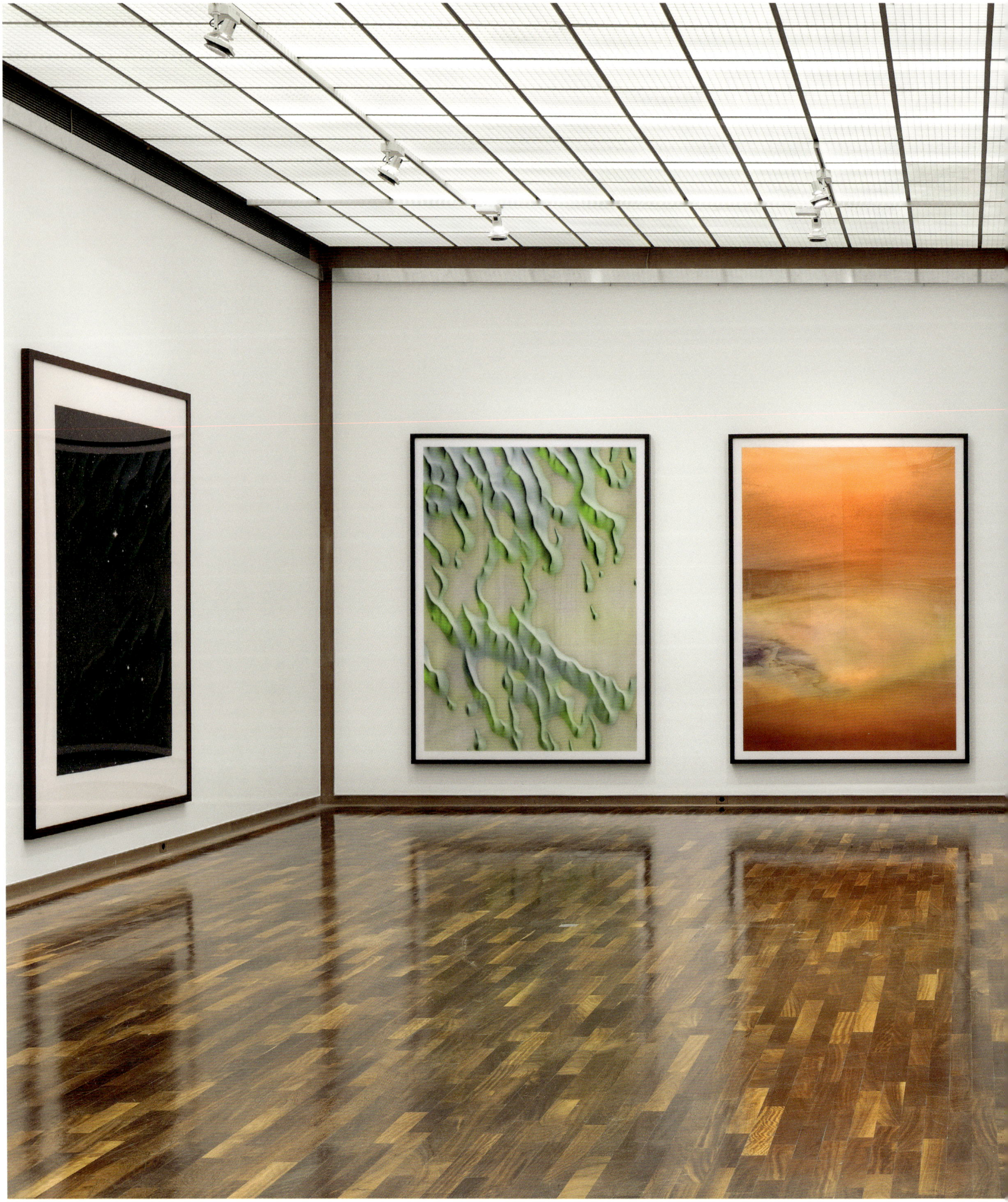

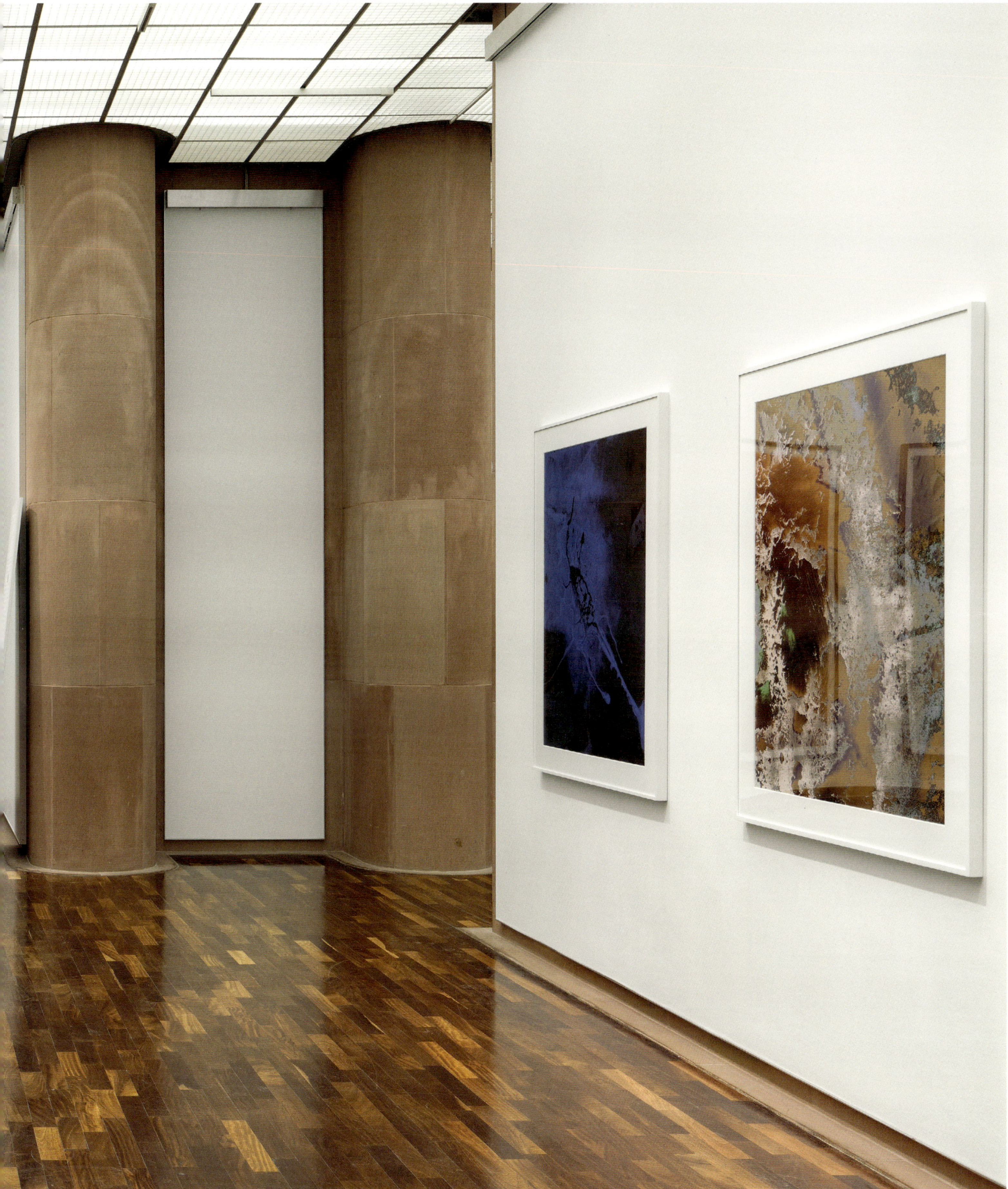

Zwischen Bild und Betrachter spielt sich sehr viel mehr ab, als man denkt. (...) Es ist eine Frage der Auflösung. Man kann es mit Heisenbergs Unschärferelation vergleichen, je genauer man hinsehen will, desto weniger erkennt man.

Thomas Ruff

Ich möchte Dinge auf dem Foto festhalten, die sich im Laufe der Zeit entfalten. Das ideale Werk ist für mich eine Fotografie, die den Betrachter durch mehrere Stufen des Verstehens führt, bis er sie entschlüsselt hat. Erfahrung ist vielschichtig, also ist das Ziel eine vielschichtige Fotografie, die auf mehreren Bedeutungsebenen funktioniert, nicht gleichzeitig, sondern nacheinander.

James Welling

Wie gehen wir mit der schieren Anzahl an fotografischen Bildern um, die uns umgeben? Werden Bilder durch massenmediale Zirkulation irgendwann beliebig?

Ausgehend von der Erkenntnis, dass bei der Entwicklung eines Films von zehn Aufnahmen immer nur neun auf einen Kontaktbogen passen, wird die zehnte Aufnahme für James Welling zu einem eigenen „Wegwerfbild“. Im Spiel mit der Beliebigkeit avanciert auf diese Weise jedes zehnte Bild zur Hommage an die Befreiung der Fotografie vom Motiv, deren Verbindung allein durch die Abhängigkeit vom Licht begründet liegt. Auf diese Weise entstehen die 70 Schwarz-Weiß-Aufnahmen der Serie *Light Sources* (1992–2001). Die Bandbreite der Motive und Formen der gewählten Bildkonventionen reicht von der Anmutung eines pittoresken Postkartenbilds hin zu Aufnahmen im Duktus der objektiven Sachlichkeit oder dem persönlich gefärbten Reportagebild – Welling führt die Vielfalt fotografischer Motive und ihre ästhetischen Formhülsen vor Augen. Verbindend ist allein die Beobachtung unterschiedlichsten Ausdrucks von Licht. Schließlich ist die Fotografie technisch, chemisch und auch motivisch im höchsten Maß vom Licht abhängig. Ohne Licht kann die Kamera keine erkennbaren Motive festhalten, und jeder fototechnische Prozess unterliegt der Zufuhr von Licht.

Ausgangspunkt für Ruffs Serie *jpeg* (seit 2004) sind weltweit durch das Internet verbreitete Bilder sowie gescannte Postkarten oder Abbildungen aus Bildbänden, die Teil eines medial vermittelten Bildgedächtnisses geworden sind. In den frühen 2000er Jahren sind die Übertragungsraten des Internets noch relativ niedrig und die Verbreitung von digitalen, auf Pixeln basierenden Bildern nur durch starke Komprimierung im JPEG-Format möglich. Ruff vergrößert die kleingerechneten Dateien am Computer um ein Vielfaches.
Die durch die Komprimierung entstandene Rasterstruktur wird dadurch deutlich. Es entsteht ein neues, mosaikartiges Bild – ähnlich impressionistischer Gemälde –, das aus der Nähe betrachtet einem abstrakten geometrischen Farbmuster gleicht, sich mit entsprechendem Abstand jedoch zu einem gegenständlichen Bild zusammenfügt. Er legt die Strukturen der Vorbilder bewusst offen und lenkt mit den verkürzten Titeln die Aufmerksamkeit auf die Art und Weise, wie digitale Bilder konstruiert, verbreitet und wahrgenommen werden.

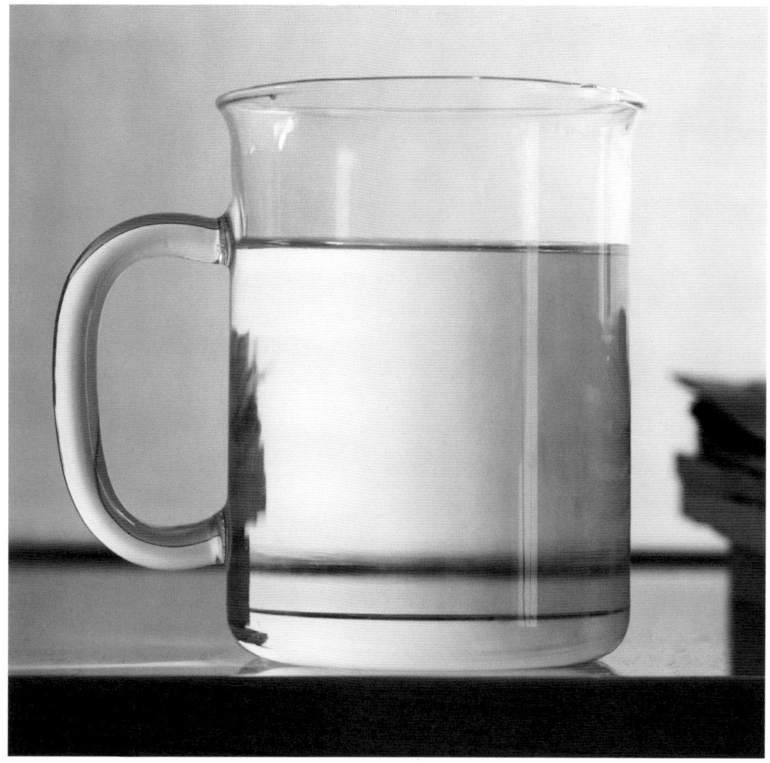

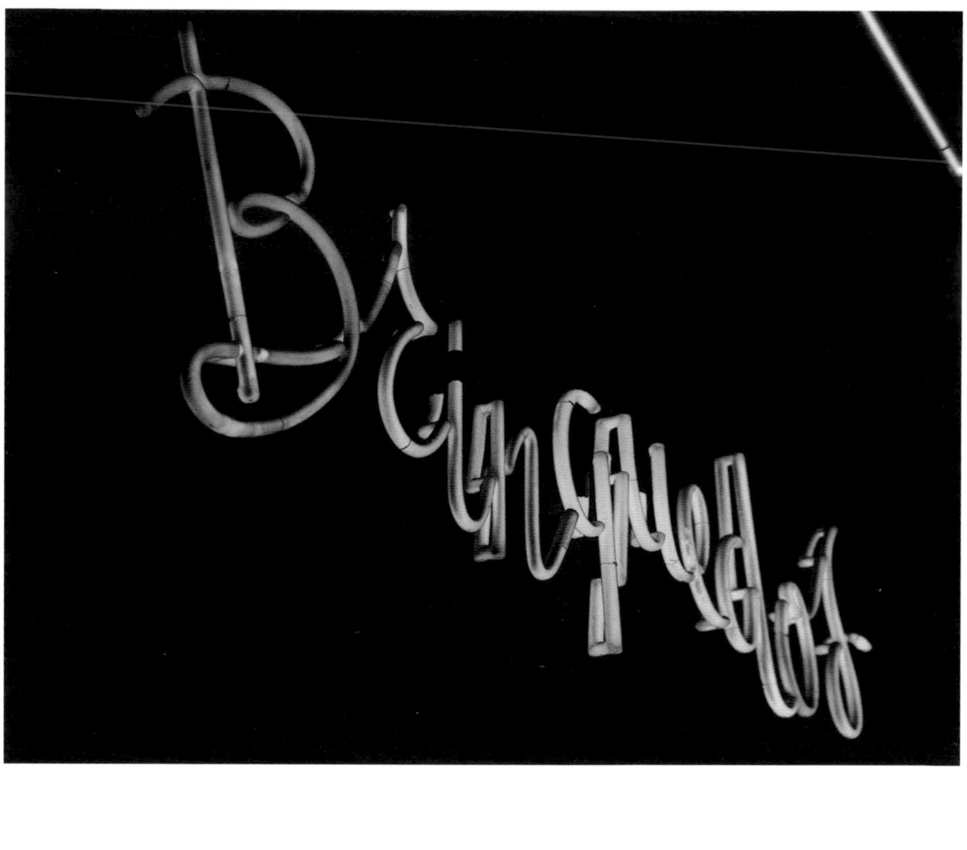

James Welling, *September 10*, 2001
James Welling, *Lisbon*, 1995

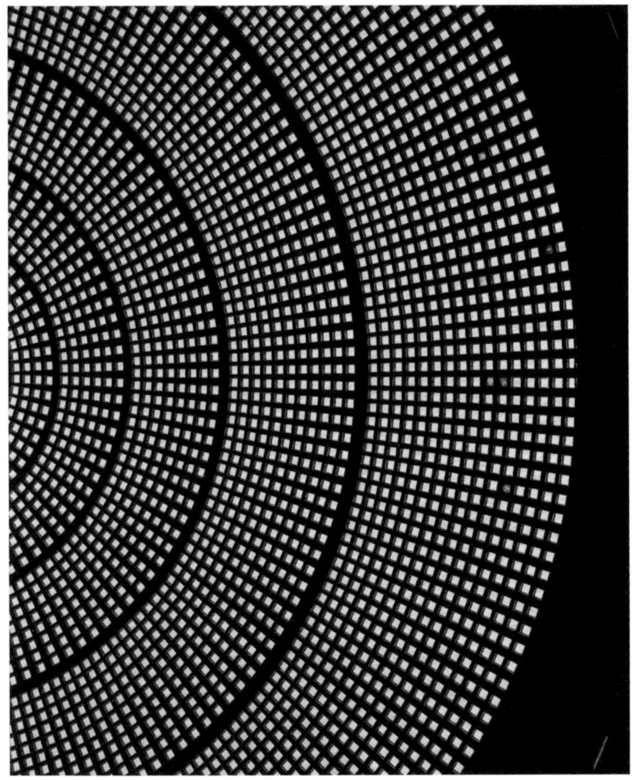

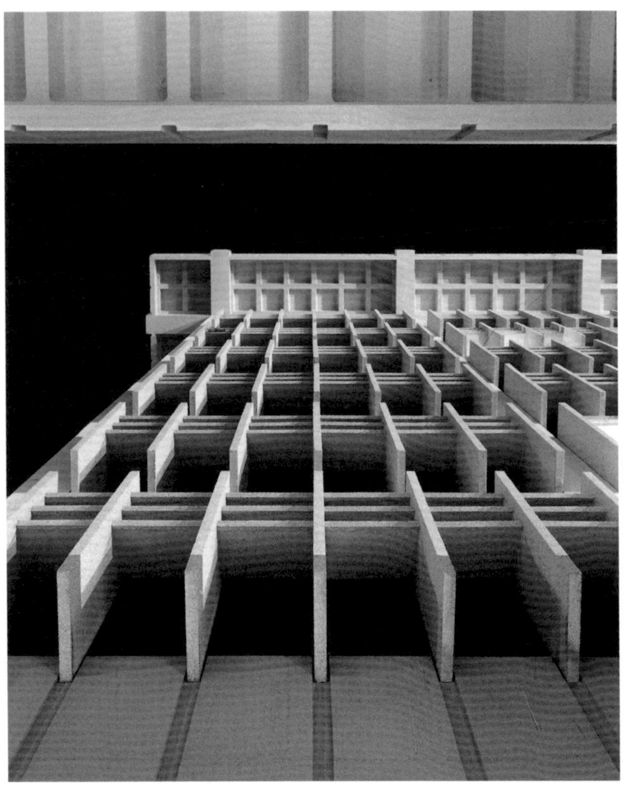

James Welling, *Dickson Night*, 1995

James Welling, *Ravenstein 4*, 1998

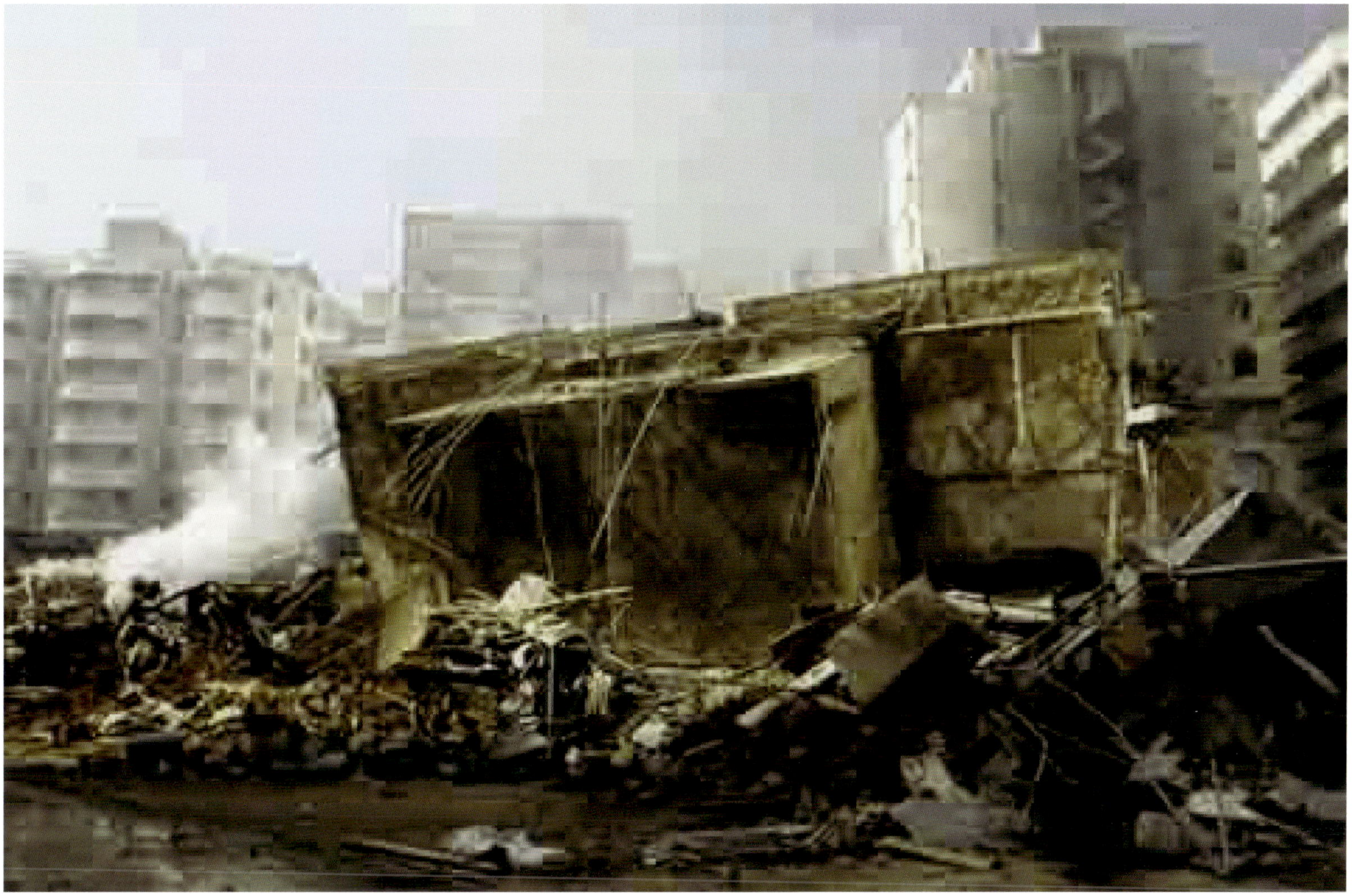

Thomas Ruff, *jpeg wl01*, 2006

Fotografien sind natürlich immer noch Abbilder, nur das Vorbild für die Fotografie ist bei meiner Generation wahrscheinlich nicht mehr die Wirklichkeit, sondern Bilder, die wir von dieser Wirklichkeit kennen. (...) Das heißt, ich arbeite nicht an der Wirklichkeit, sondern mache ein Bild vom Bild der Wirklichkeit.

Thomas Ruff

Ich dachte viel über die zeitlichen Verschiebungen in meinen Bildern nach. Ich hatte das Gefühl, sie könnten irgendwann zwischen 1841 und der Gegenwart gemacht worden sein.

James Welling

Was liegt nahe fotografiert zu werden? Dinge, die uns wichtig sind und die uns prägen: unsere Familie, Feiern, Urlaube, unser Umfeld. Thomas Ruff und James Welling widmen sich am Anfang ihrer Karriere Motiven aus ihrer nächsten Umgebung: Personen und Orte, mit denen sie verbunden sind. Was erwarten wir von Porträts? Sind sie mit Architekturaufnahmen austauschbar?

Für seine Serie *Los Angeles Architecture & Portraits* (1976–1978) nimmt Welling hauptsächlich Fotos entlang seines Arbeitsweges auf. Die Aufnahmen zeigen künstlich beleuchtete Orte, fragmentarische Strukturen städtischer Architektur und das Spiel mit der Wahrnehmung von Licht und Schatten auf Oberflächen. Die Orte, auf die Welling seine eine lange Belichtungszeit erfordernde Großformatkamera richtet, sind Teil seines Alltags, sie prägen und formen sein Leben zu dieser Zeit. Ebenso prägend wirken die Menschen in seinem engen Umfeld, seine Freund*innen und Kommiliton*innen, denen er mit derselben ästhetischen Setzung wie der Architektur begegnet.

Die Serie *Diary of Elizabeth and James Dixon (1840–1841) / Connecticut Landscapes* (1977–1986) knüpft an die Serie aus Los Angeles an. Welling vertieft in ihr die Ebenen von Identität, Geschichte, Erinnerung und Alltagsörtlichkeiten. Er fertigt Aufnahmen aus einem Reisetagebuch seiner Urgroßeltern an. Die dort eingeklebten gepressten Pflanzen faszinieren ihn als eine der Fotografie ähnliche frühere Form der Spurensicherung und des Abdrucks. Die Aufnahmen des Reisetagebuchs kombiniert Welling mit Fotografien seines Elternhauses und Landschaftsaufnahmen aus der Umgebung, in der er aufwuchs. In Anlehnung an die Entstehungszeit des Reisetagebuchs Mitte des 19. Jahrhunderts, in der auch die Fotografie erfunden wurde, benutzt Welling neben einer Spiegelreflex- zusätzlich eine historische Plattenkamera.

Nahezu gleichzeitig entsteht Thomas Ruffs erste Fotoserie *Interieurs* (1979–1983) während seines Studiums an der Kunstakademie Düsseldorf. Seine Motive findet er in seiner Wohnung in Düsseldorf und in der vertrauten Umgebung, hauptsächlich an seinem Heimatort im Schwarzwald bei Familie, Verwandten oder Eltern seiner Schulfreund*innen. In eng gefassten Ausschnitten zeigen seine Aufnahmen Details von Wohnungen, die im kleinbürgerlichen Stil der 1950er und 60er Jahre, einer Zeit des industriellen Aufschwungs in Deutschland, eingerichtet sind. Ruff porträtiert mit seinen *Interieurs* keine Menschen, vielmehr stehen das Interieur, Möbel und Tapeten stellvertretend für Menschen, ihre Wünsche und Hoffnungen. Bei der Reihe der *Porträts* (1981–2001) nimmt Ruff dieselbe objektivierende Haltung ein wie bei Aufnahmen von Architektur. Die von ihm porträtierten Freund*innen geben keinerlei persönliche Regung preis. Unsere Erwartung an die Gattung des Porträts, Persönliches oder Persönlichkeit sichtbar zu machen, wird hier zugunsten von Serialität und Neutralität unterlaufen.

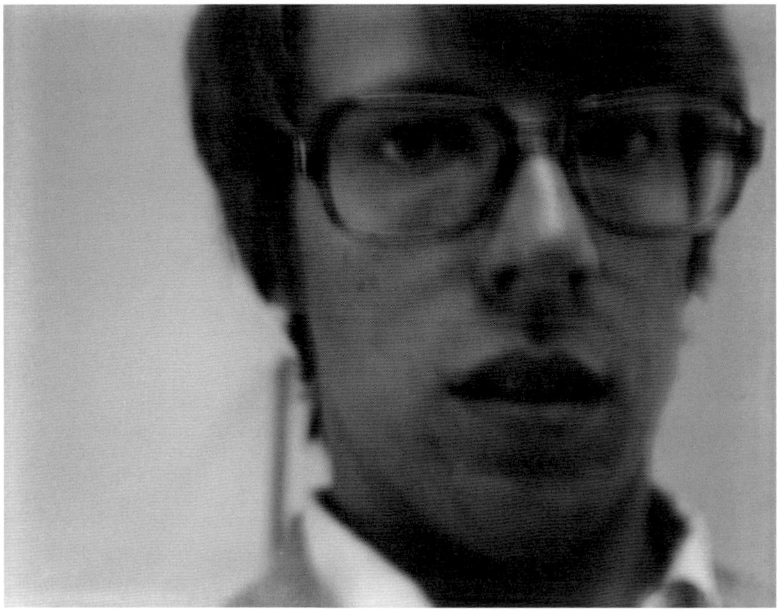

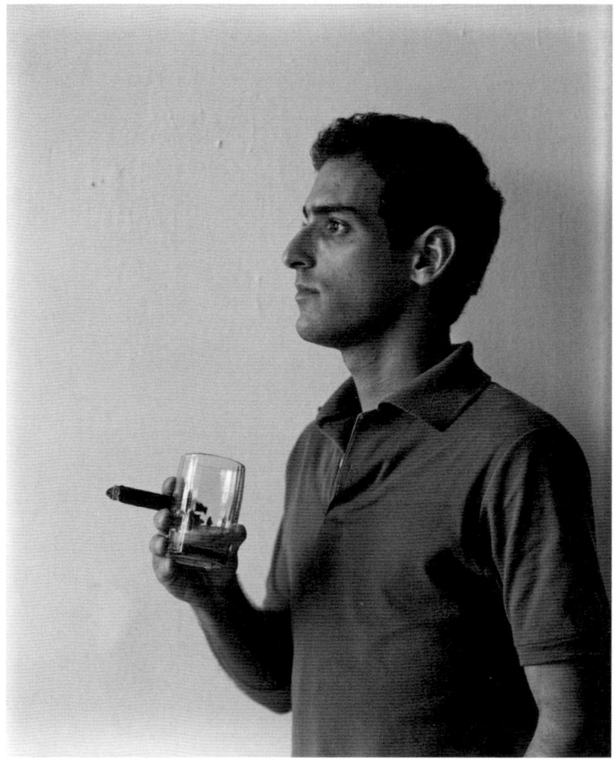

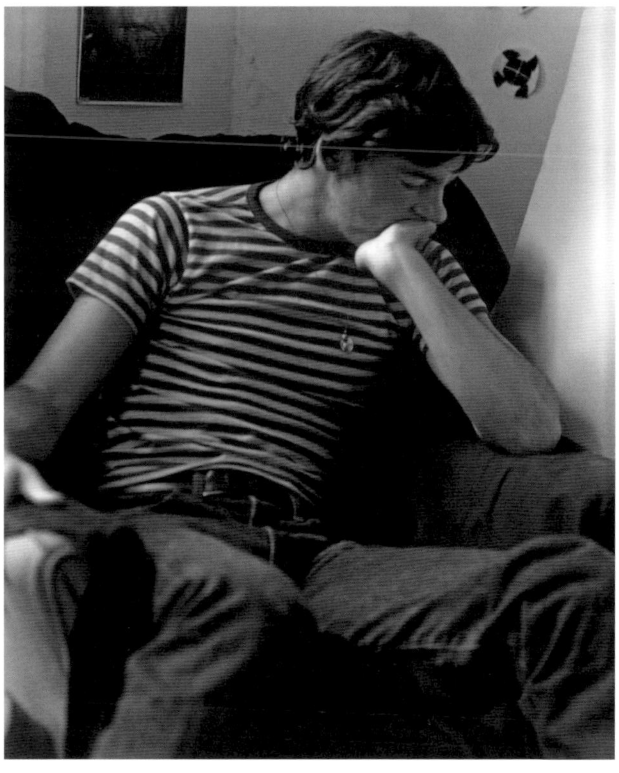

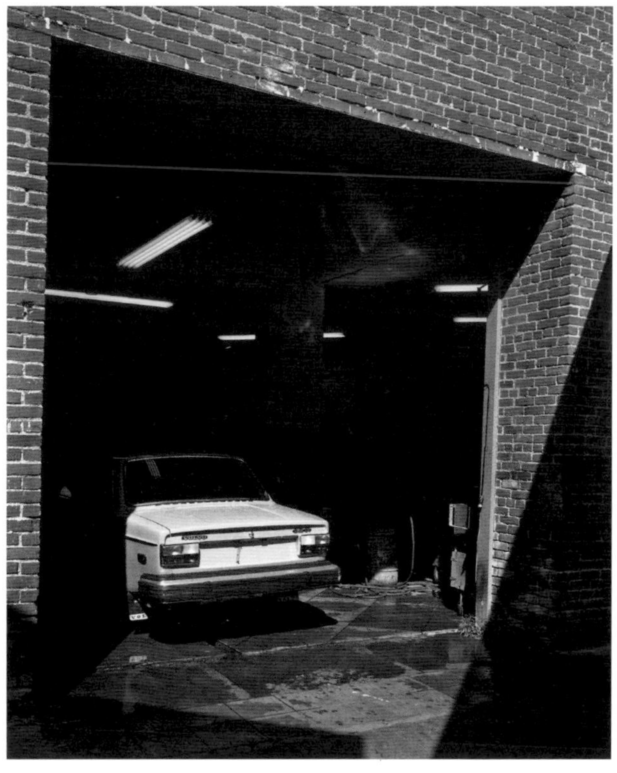

James Welling, *Self Portrait*, 1976
James Welling, *David Salle*, 1977
James Welling, *Matt Mullican*, 1978
James Welling, *LA - C 135*, 1978

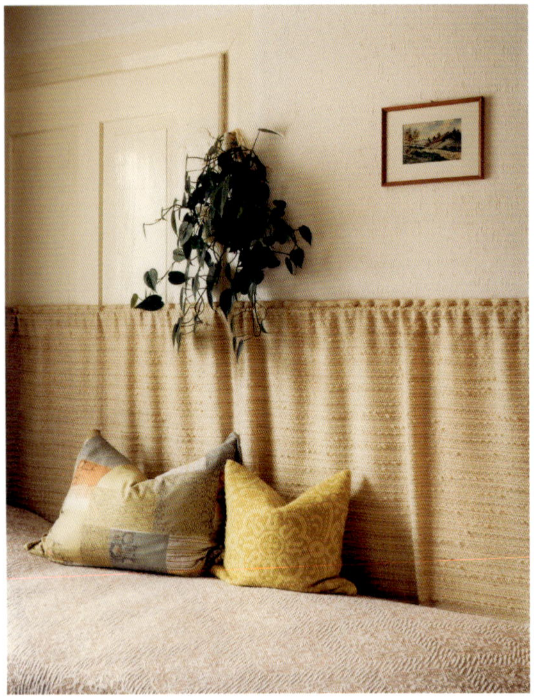
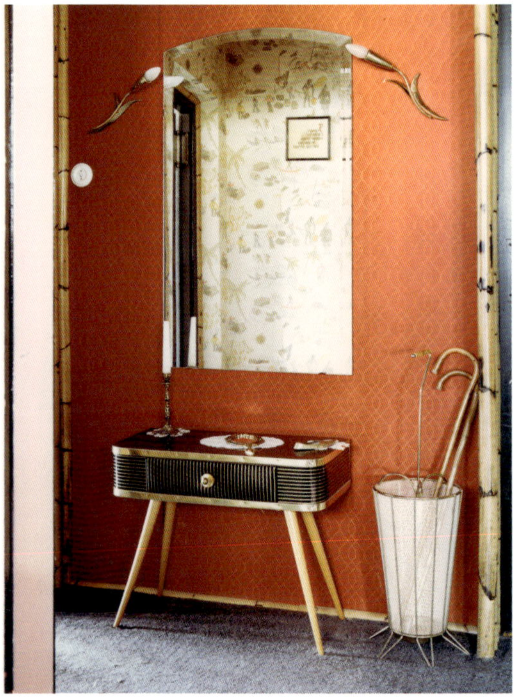
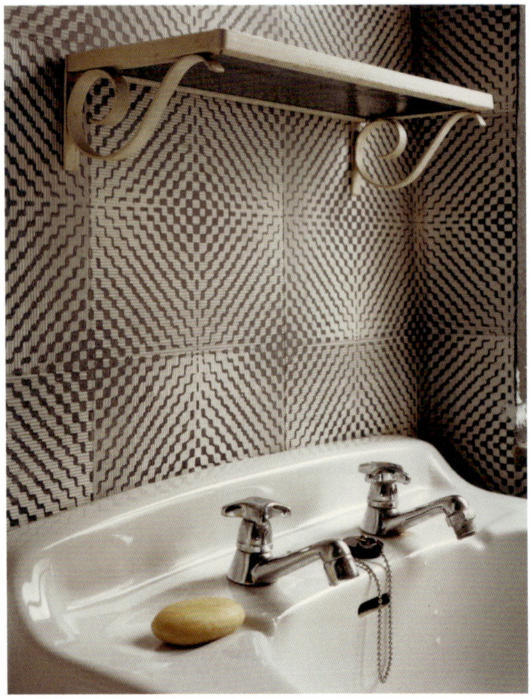
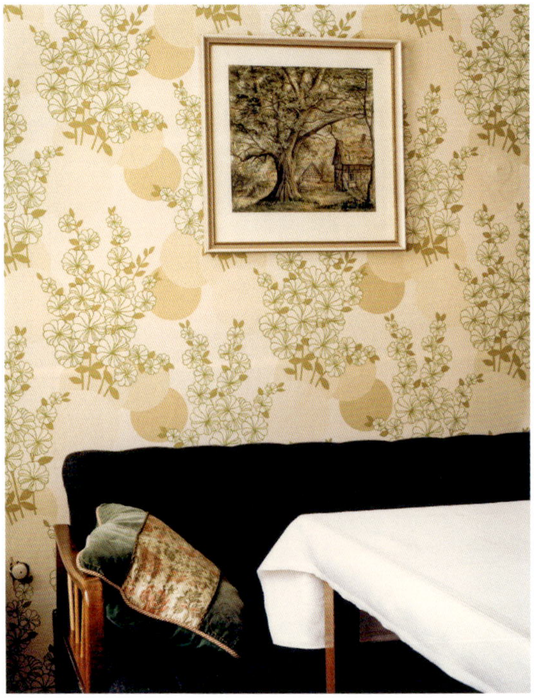

Thomas Ruff, *Interieur 11B*, 1980
Thomas Ruff, *Interieur 2D*, 1982
Thomas Ruff, *Interieur 1A*, 1979
Thomas Ruff, *Interieur 6C*, 1981

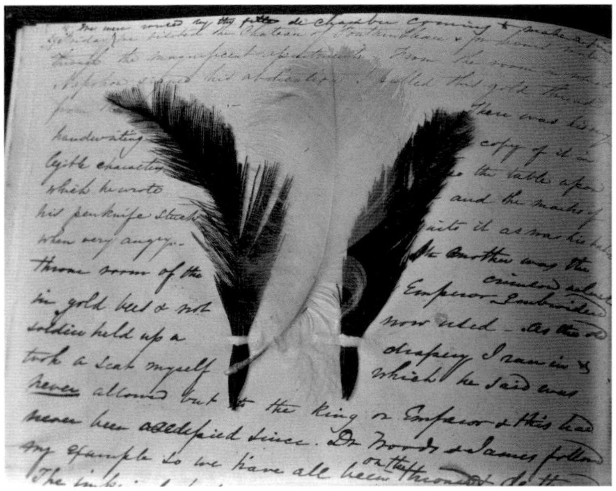

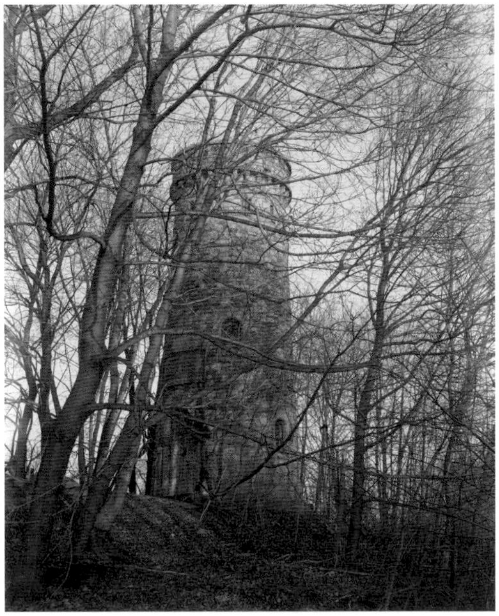

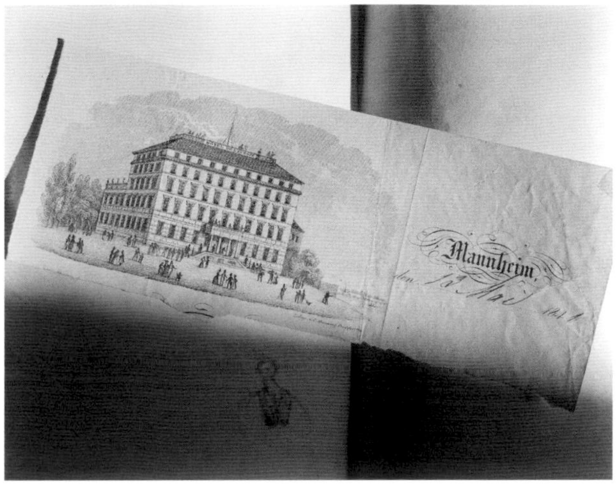

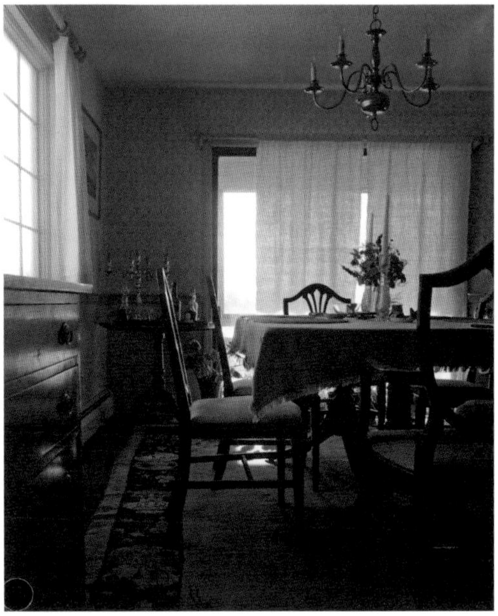

James Welling, *137*, 1977–1986
James Welling, *15*, 1977–1986
James Welling, *127*, 1977–1986
James Welling, *110*, 1977–1986

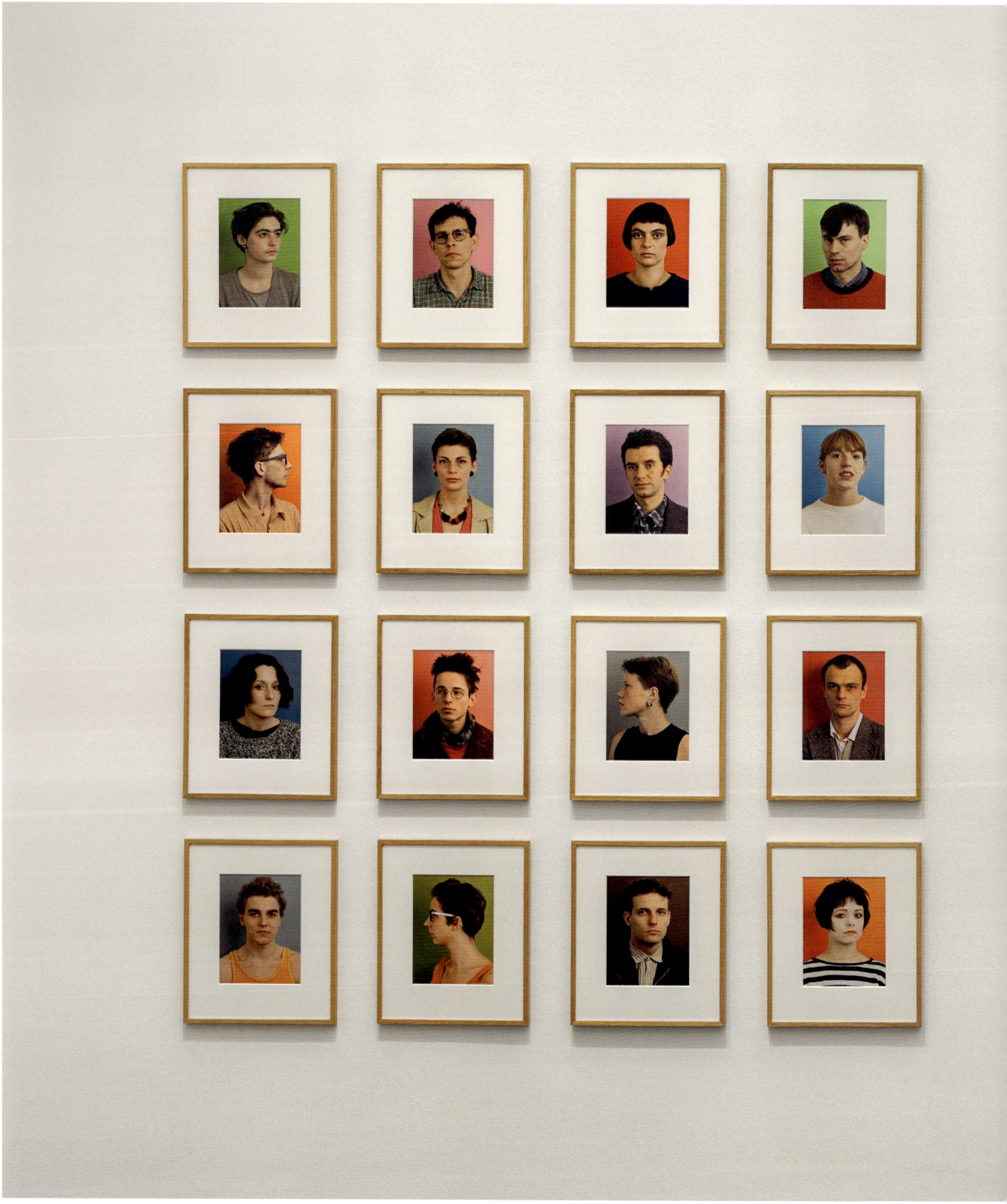

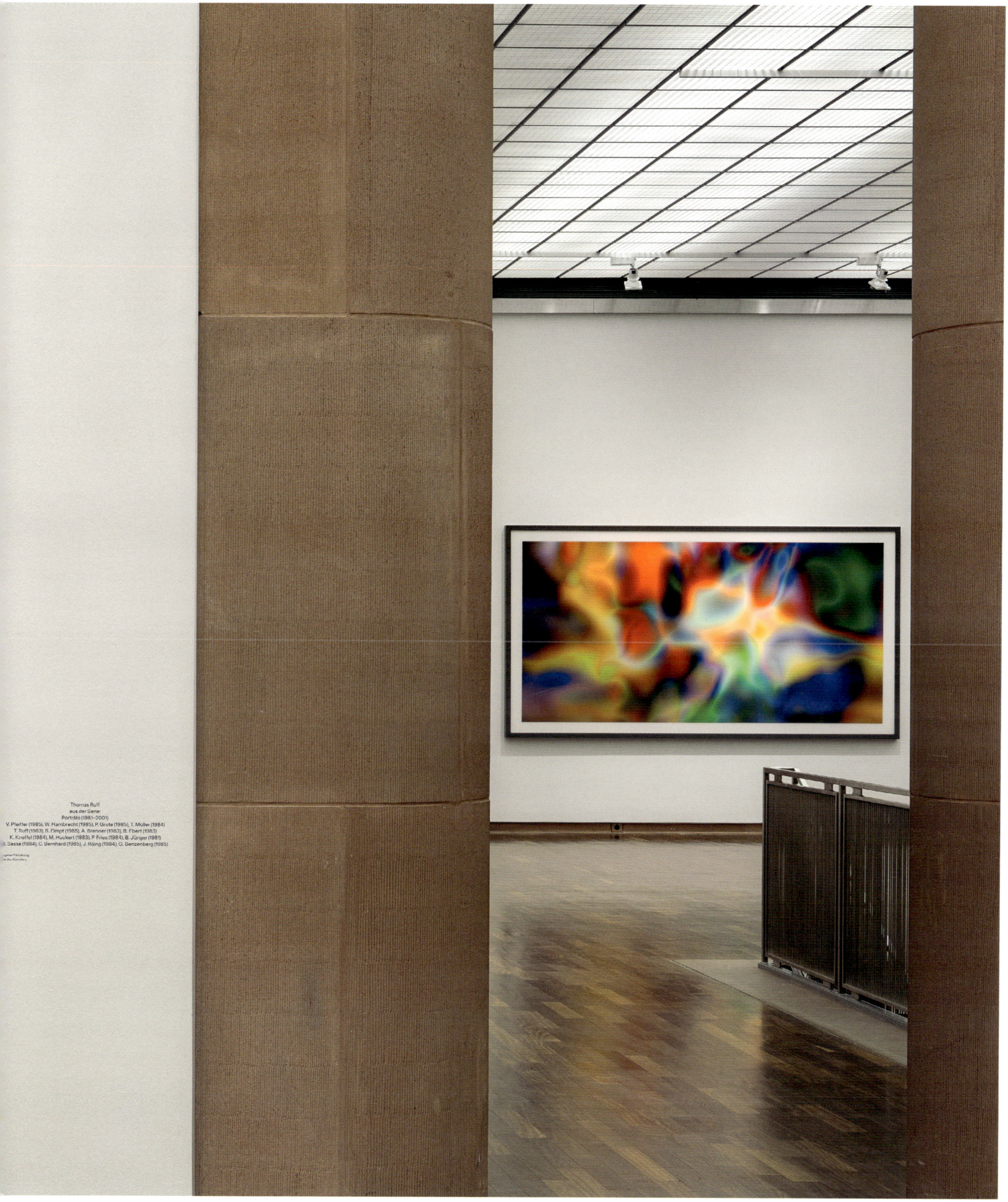
Thomas Ruff
aus der Serie:
Porträts (1981–2001)
V. Pfeiffer (1985), W. Hambrecht (1985), P. Grote (1985), T. Müller (1984)
T. Ruff (1983), B. Elmpt (1985), A. Brenner (1983), B. Ebert (1983)
K. Kneffel (1984), M. Huckert (1983), P Fries (1984), B. Jünger (1981)
J. Sasse (1984), C. Bernhard (1985), J. Röing (1984), G. Benzenberg (1985)

VÖLLIG LOSGELÖST: ARCHITEKTUR ALS SPRUNGBRETT. THOMAS RUFF UND JAMES WELLING

Christina Végh

Als neue Baumaterialien wie Glas oder Stahlbeton im frühen 20. Jahrhundert im Neuen Bauen ihren Einsatz fanden, schien man dem bereits in sakralen Kuppeln schlummernden Traum, den schweren Lasten, die mit der gebauten Realität verbunden sind, die Anmutung von Leichtigkeit zu verleihen, näher gekommen zu sein.[1] Auf unserem Poster, welches für die Ausstellung entstanden ist, schweben die Werke *d.p.b.02* (1999) aus der Serie *l.m.v.d.r.* von Thomas Ruff und *Lavender Mist* (2014) aus der Serie *Glass House* von James Welling scheinbar völlig losgelöst übereinandergeblendet im Raum. Beide Künstler haben in diesen Arbeiten ikonische Bauwerke ins Bild gefasst, den „Barcelona Pavillon" (1927) von Ludwig Mies van der Rohe und das „Glass House" (1949) von Philip Johnson, die beide als architektonische Manifeste zu verstehen sind, ging es bei ihnen doch um die Auflösung von Fassade und Baumembran und damit die Verschränkung von Innen- und Außenraum, verbunden mit Transparenz, einer grundlegenden Leichtigkeit, einem Schwebezustand in einem Raumkontinuum, welches durch den offenen Grundriss ermöglicht wurde.

Die von den Künstlern ins Bild gefassten Monumente der Moderne sind nicht unbedingt auf den ersten Blick wiederzuerkennen. Doch bevor ich auf die Einzelwerke eingehe, will ich hervorheben, dass es die beiden Künstler waren, die uns dazu anregten, ihre beiden Werke für das Plakat überkreuz und übereinander geblendet zu reproduzieren, so als ob es sich dabei um einen fehlerhaften Testlauf in der

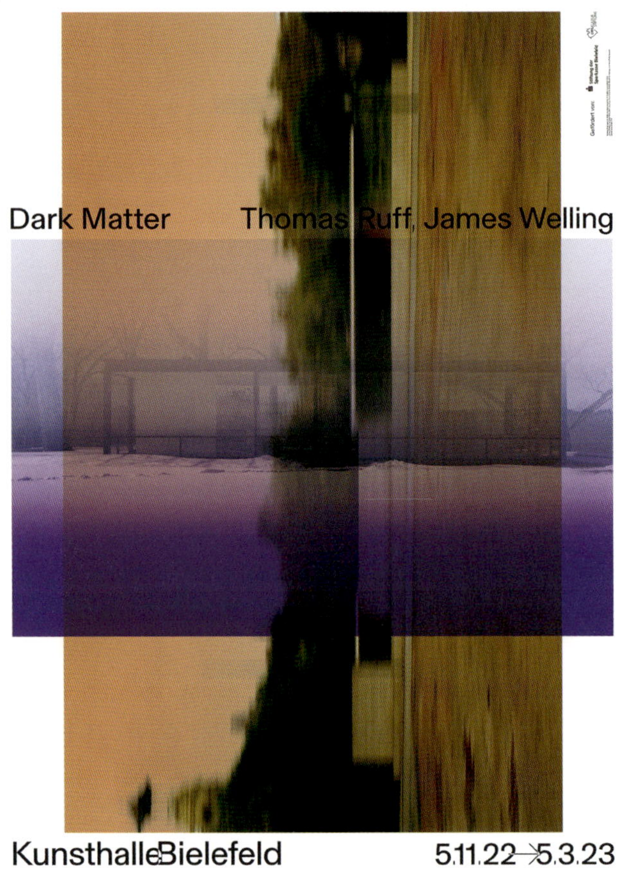

Plakatgestaltung Ausstellung *Dark Matter. Thomas Ruff, James Welling*, Design: strobo B M

Druckerei handelte. In diesem ungewöhnlichen Vorschlag kommt eine Auffassung fotografischer Bilder zum Tragen, die Ruff und Welling bei aller Unterschiedlichkeit ihrer künstlerischen Praxis miteinander teilen und die sich als ostentative Offenheit für die Beweglichkeit und Veränderlichkeit des Mediums Fotografie in Bezug auf ihre historischen und gegenwärtigen Produktions- und Distributionsformen bezeichnen ließe. Lange schon sind wir „Einwohner des fotografischen Universums“[2] ständig umgeben von fotografischen Bildern, die vorgeben, unschuldig die Welt abzubilden, aber im Gegenzug die Art und Weise, wie wir die Welt sehen, mitbestimmen. Folgerichtig werden bei dieser Ankündigung unserer Doppelausstellung denn auch zwei bestehende Werke übereinander projiziert, zumal beide Künstler oft selbst genug mit Techniken der Überlagerung arbeiten. Dass sich dabei dann auch historische Bezüge verschränken – das „Glass House“ von Johnson ist ohne den vorausgegangenen „Barcelona Pavillon“ von van der Rohe undenkbar, die beiden Architekten waren durch eine komplexe, von Freundschaft, Abhängigkeit und Konkurrenz geprägte Beziehung verbunden[3] –, ist den beiden Fotokünstlern, die sich stets auch mit den historischen Nebelwolken von Bild und Bildproduktion befassen, selbstverständlich höchst willkommen.

Wenn von der Offenheit für Beweglichkeit und Veränderlichkeit des Mediums der Fotografie die Rede ist, schließt das auch die „liquid intelligence“ mit ein, wie sie von Jeff Wall ins Feld geführt worden ist. Gemeint sind damit die der Fotografie zugrunde liegenden „wässrigen“ chemischen Prozesse, die unkontrollierbar sind und nicht zuletzt deshalb in den durch die Moderne geprägten Auffassungen von Fotografie unterdrückt bleiben.[4] So zeichnet sich die künstlerische Praxis von James Welling durch sein großes Interesse an fotochemischen und drucktechnischen Prozessen aus, um mittels der schier unendlichen Möglichkeiten, die diese bieten, die Begrenztheit des menschlichen Auges und die Begrenzungen durch die technische Apparatur, Kameraoptik und Drucktechnik aufzulösen bzw. auszuhebeln. In seinen frühsten Arbeiten, den *Polaroid Photographs* (1975–1976), in denen er Innenräume und Alltagssituationen fokussierte, experimentierte Welling mit langen Belichtungszeiten, indem er in einfachster Do-it-yourself-Manier den Linsenverschluss durch den Deckel einer Plastikflasche ersetzte und händisch bediente sowie mittels Gebrauch von Ofen und Kühlschrank Entwicklertemperaturen erzeugte, die zu einer satteren Farbigkeit beitrugen. Die Reihe *Chemical* (2009–2014) entstand durch die unorthodoxe Methode, Fotoentwickler und -fixierer über fotoempfindliches Papier zu schütten und anschließend diese Chemigramme auf ein mit grauen und blauen Pigmenten durchsetztes Mauerwerk zu pressen. Aus solcher Verbindung von Aquarell und Fotografie entsprangen wässrig-irisierende Abstraktionen, die jeglicher Abbildungsfunktion zugunsten malerischer und prozessualer Effekte abgeschworen haben und eben dadurch die Fotografie als solche, ihre Entstehungsbedingungen und unsere Erwartungen an sie thematisieren. Bei den *Degradés* (1986–2006) wiederum handelt es sich um Fotogramme, die mittels Mehrfachbelichtung mit Farbvergrößerer entstanden sind, wohingegen bei der Reihe *Julia Mamaea* (2018–2021) ein antikes Motiv mit einer fotohistorischen Technik, dem Lichtdruck, parallel geschaltet ist: Jeweils vom selben Negativ abgezogen, druckt Welling das Antlitz einer römischen Adelsfrau in immer neuer Einfärbung aus. Als ob das Druckverfahren die Zeit herauszupressen imstande wäre, wechselt der Gesichtsausdruck von Mal zu Mal und entwickelt eine Präsenz und Suggestionskraft, die sie in manchen der Arbeiten der Werkreihe als unsere Zeitgenossin erscheinen lässt. Neben solchen fotochemischen und -mechanischen Verfahren nutzt Welling seit 1998 auch digitale Techniken und die Farbpalette des Photoshop.

Derartige Werkreihen, die Experiment und Manipulation offen zur Schau tragen, wechseln sich ab mit Serien, die vorgeben, einen dokumentarischen Charakter zu besitzen (u. a. *Los Angeles: Architecture and Portraits* [1976–1978], *Connecticut Landscapes* [1977–1986], *Railroad Photographs* [1987–1994], *Light Sources* [1992–2005] oder *Wyeth* [2010–2015]). Auch hier sind ungewöhnliche Aufnahmetechniken und Formen der Manipulation im Spiel, die eine medienreflexive Ebene einbauen und jede einfache Leseart ins Leere laufen lassen. So ist *Light Sources*, eine Werkreihe, bei der möglichst diverse Bildmotive die Kategorien „Beliebigkeit“ und „Zufall“ aufrufen und dadurch Widerspruch gegen die Vorstellung von Ordnung einlegen, über eine lange Zeitspanne aus „Lückenbüßern“ auf den jeweils letzten Bildern eines 120 mm schwarz-weiß Films entstanden. Das heißt, übrig gebliebenes Fotomaterial wurde für „einfache“ und arbiträr wirkende Aufnahmen verwendet. Oder noch einmal anders formuliert: Der Künstler leitete aus einer dem Vorhandensein fotografischer Mittel geschuldeten Situation ein konzeptuelles Vorgehen ab, welches den klassischen Anspruch einer Werkreihe, per se einer gewissen inneren Ordnung zu folgen, sabotiert. Diarmuid Costello and Dominic McIver Lopes beschreiben Wellings Zugriff wie folgt: "By persistently exploring the resources and possibilities of photography from the inside (of photography), Welling is arguably doing philosophy by other means. Each of his series offers a practical demonstration of some hypothetical photographic possibility."[5] Die Experimentierfreude und die angewandten Formen und Techniken verfolgen demnach keinen Selbstzweck, sondern leiten sich jeweils von der Materialität der Fotografie ab und dienen dementsprechend der Auslotung oder Vermessung ihres Optionsspielraums.

Selbstredend haben sich die fotografischen Möglichkeiten im digitalen Zeitalter um ein Vielfaches erweitert. Mit dem Einzug der digitalen Techniken sind fotografische Bilder in ihrer Entwicklung, Herstellung und Rezeption um ein Vielfaches variabler geworden – damit zugleich aber auch instabiler, weil nicht an einen bestimmten Träger (Papier) gebunden, wenn sie uns tagtäglich auf immer mehr Kanälen überfluten. Hier setzt Thomas Ruff an: Seine Praxis ist vom Umgang mit Datensätzen geprägt, von Beobachtungen der Veränderung unserer Sehgewohnheiten, von der Analyse historischer wie gegenwärtiger Funktionen der Fotografie und ihrer Distributionswege. Schon in seinen ersten Reihen ersetzt er die historische Retusche durch digitale Manipulation (*Häuser* [1987–1991]), während er bei *Negative* (2016) das digitale Bild in sein „Negativ" verkehrt und damit die Erinnerung an einen originären Datensatz evoziert, dessen Funktion längst obsolet geworden ist. Schließlich künden die *Substrate* (seit 2001) auf unwahrscheinlich anziehende Weise in abstrakt-schillernden bunten Farbverläufen von so etwas wie der „Essenz" der Fotografie im Zeitalter des digitalen Bilderrauschs: Ruff übersetzt hier den digitalen Bilderfluss gleichsam unmittelbar in ein Bildgebungsverfahren, indem er unzählige Manga-Bilder aus dem Netz mittels großer Rechenleistung so lange übereinander lagert, bis sich aus der Bildentropie eine sublime Schönheit herauskristallisiert.

Während Welling der alchemistischen Faszination des Fotografischen nachspürt, begibt sich Ruff auf lustvolle Expeditionen in das durch immense Rechnerkapazitäten erschlossene Gebiet der digitalen Bildgebungsverfahren, die paradoxale Konstellationen detailgetreuer Bilder ohne Wirklichkeitsbezug generieren. So beispielweise nutzt Ruff Satellitenaufnahmen der NASA als Quellenmaterial für die Reihen *cassini* (2008–2011) und *ma.r.s.* (2010–2014) und verändert mit seiner digitalen Weiterbearbeitung die originäre Vogelperspektive, indem er durch Stauchungen eine für den Betrachter „greifbarere", im Geiste begehbare Landschaft formt, die er zudem in vermeintlich naturalistischen orangenen und grünen Farbtönen koloriert. Die Großformate versetzten uns mithilfe ihrer aktuell größtmöglichen Daten- und Aufnahmequalität und bildnerischer Suggestivkraft in eine fantastische Szenerie, die uns die Umgebung des Saturn (*cassini*) oder die Oberfläche des Planeten Mars (*ma.r.s.*) detailreich als nahbare Schönheit erfahren lässt. Ruff spielt hier mit dem Umstand, dass die virtuelle Erfahrung zunehmend die reale Erfahrung zu ersetzen scheint, eine Entwicklung, zu der es, was die Tiefen des Kosmos als Erfahrungswelt betrifft, bislang auch keine Alternative gibt. Wir sehen etwas, was wir zu kennen meinen, jedoch tatsächlich nie zu Gesicht bekommen haben und werden.

In vielen seiner Werkreihen lässt Ruff die historische Wirkungskraft, die fotografische Bilder zu entfalten vermögen, und die zahlreichen hierfür erforderlichen technischen Prozesse demonstrativ auf den großformatigen fotografischen Bildoberflächen kondensieren. In den Reihen *Zeitungsfotos* (1990/91) und *press++* (seit 2015) stellt er gefundene Pressebilder aus Archiven frei, indem er sie um ein Vielfaches vergrößert, ihre technischen Merkmale, etwa ihre Rasterung, im Großformat regelrecht bloßstellt und die immense Abhängigkeit ihrer Deutung vom Kontext und damit auch ihre Anfälligkeit für Manipulationen offengelegt. Was verbirgt sich in fotografischen Bildern und ihren Anwendungen? Sie dienen der Konsolidierung der Wirtschaftsmacht (*Maschinen* [2003–2005]) und untermauern den europäischen Kolonialanspruch (*Tripe* [2018]), schließlich einigt man sich in einer globalisierten Welt auf die kleinste digitale bildnerische Einheit, das JPEG (*jpeg*, [seit 2004]), das von Ruff trotz seiner Datenarmut zum ästhetischen Agenten erhoben wird. Gerne wird Ruffs Ansatz als „Dekonstruktion der Fotografie" paraphrasiert, da es immer auch um historische oder gegenwärtige Techniken der fotografischen Bildgebung geht. Der Künstler selbst spricht von „Investigationen" statt von „Dekonstruktionen", das heißt, es geht ihm um Erkundungen mit offenem Ende, bei denen Neugierde und assoziatives Spiel zentral sind und die oben erwähnte „liquid intelligence" hineinspielt. Ruff suggeriert wissenschaftliche Analyse und führt die Frage nach Objektivität ad absurdum, wobei er bildmächtig die Paradoxien der Wirklichkeitserfahrung in Szene setzt: "They (Ruff's works) ride that line between the outcome of a serious investigation and the inside joke of an absurdist melodrama. Speaking on the untrustworthy authority of the photographic image – its deep promises of 'truth' and 'reality' being little more than surface deposits on thin sheets of paper (...)."[6]

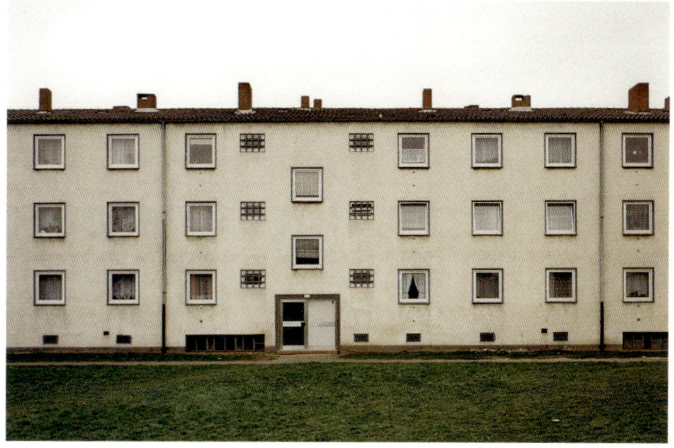

Thomas Ruff, *Haus Nr. 3 I*, 1988

ARCHITEKTUR ALS SPRUNGBRETT

Ruff sucht „Bilder, die keine Wirklichkeit in der realen Welt haben"[7]; und Welling insistiert: "I don't want to reproduce the thing that exists, but rather the effect of it."[8] Warum aber interessieren sich beide Künstler, die von Anbeginn ihres Schaffens die Fotografie ihrer Abbildfunktion zu entheben beginnen, stets erneut für die gebaute physische Realität, die Architektur, die wie wenig anderes der Inbegriff von Fixiertheit ist, für das Stabile und Unverrückbare inmitten der Abläufe unseres realen Alltags steht?

Natürlich dürften ganz pragmatische Gründe für die Auseinandersetzung mit Architektur sprechen: Gebäude halten immer still und machen einen gewichtigen Teil unserer Umwelt aus. Die Tatsache, dass sich in ihnen immer auch unsere gesellschaftlichen Glaubenssätze und Werte, unsere Geschichte spiegeln, macht sie zu einem interessanten Motiv. Die ersten Werkreihen der beiden Künstler – bei Ruff die *Interieurs* (1979–1983) und *Häuser* (1987–1991), bei Welling *Polaroids* (1975/76) und *Los Angeles Architecture & Portraits* (1976–1978) – sind Aufnahmen, die das persönliche Umfeld abstecken, ihre jeweiligen Wohnorte (Düsseldorf bzw. Los Angeles), die eigenen Räume (Wellings *Polaroids*), die Wohnräume von Familienangehörigen (Ruffs *Interieurs*). Der Impuls ist bei beiden derselbe, der fotografische Zugriff divergiert. Welling ist von der nächtlichen Theatralik und Suggestionskraft fasziniert, wenn er mit einer Großbildkamera, die lange Belichtungszeiten fordert, die stille Leere der Stadt in zahlreichen von Lampen und Schriftzügen erleuchteten Gebäuden findet und der Abstraktion zwischen Licht und Schatten Raum gibt. Ruff sucht für *Häuser* ebenfalls die Düsseldorfer Straßenzüge auf, wenn sie menschenleer sind, nutzt hierfür aber die üblicherweise grau bedeckten Morgenstunden im Frühjahr.[9] Er wählt einen distanzierten oder teilnahmslosen Blick, welcher sich gegen mögliche narrative Lesearten der von Nachkriegsarchitektur gespickten Straßen sperrt. Häuser und Straßen erscheinen in absolut gesetzter Faktizität, während die Aufnahmen von Welling zwischen Abbild und Vorstellung, zwischen Dokumentation und Traum mit unvorhersehbarem Ende changieren. Beide Künstler suchen somit schon zu Beginn die leichte Abweichung zur dokumentarischen Fotografie. Sie lösen das fotografische Bild los, einmal durch Überspitzung des Dokumentarischen (Ruff), das andere Mal durch eine feine subjektive Aufladung (Welling).

Hinzu kommt, dass der archäologische, konzeptuelle und philosophische Zugriff von Ruff und Welling gewissermaßen systematisch die historischen fotografischen Positionen wieder aufgreift: Eugène Atget, Walker Evans, Ed Ruscha sowie Bernd und Hilla Becher (bei Ruff), Stephen Shore und Paul Strand (bei Welling) – sie alle haben sich mit Architektur und Stadtansichten beschäftigt. Doch im Unterschied zu diesen historischen Positionen, die sich (zumindest großteils) auf die Auseinandersetzung mit Architektur beschränkt haben, macht Architektur bei Ruff und Welling nur einen Bereich von vielen aus. Dies ist auch ein Indiz dafür, dass Architektur für beide Künstler nur ein Vorwand ist, um ihre eigentlichen Fragestellungen zu entwickeln. Die ins Bild gesetzte Architektur dient als Sprungbrett, um Formen der Loslösung vom Abbild in der Differenz zu den historischen Positionen deutlich zu machen.

Bei *l.m.v.d.r.* und *Glass House* handelt es sich in beiden Fällen um untypische Entstehungskontexte,

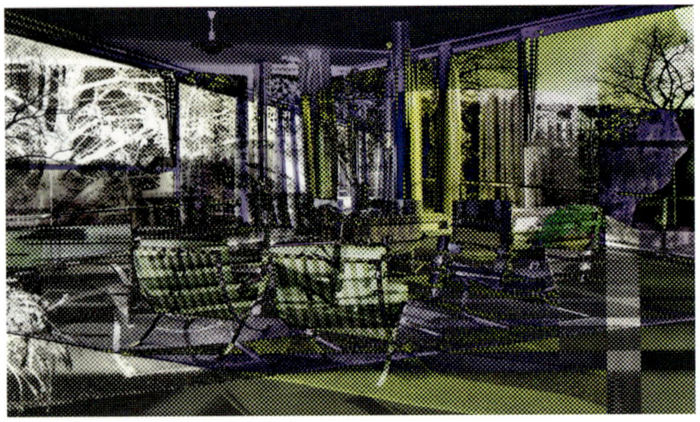

Thomas Ruff, *h.t.b. 10*, 2000

nämlich um Auftragsarbeiten, worauf sich beide Künstler nur selten einlassen, was hier jedoch zwei substanzielle Werkreihen hervorbrachte. Beide Serien reihen sich in eine bereits bestehende Kette fotografischer Aufnahmen der Gebäude ein, die sowohl für Ludwig Mies van der Rohe wie auch für Philip Johnson entscheidend für die Vermittlung ihrer Architekturpraxis war.[10] Heute sind diese Gebäude lange schon kanonisiert und in der Erinnerungsroutine zelebrierte Artefakte eines Heroismus, der lange schon vom kapitalistischen Kommerz vereinnahmt worden ist. Wenn Ruff und Welling einen Zugriff auf die ikonischen Gebäude suchen, die erst dank fotografischer Dokumentation zu solchen wurden, bilden diese Aspekte, die historischen Aufnahmen wie die Geschichte ihrer Rezeption bis heute, den eigentlichen Ausgangspunkt.

Zwischen 1998 und 2001 hat sich Ruff intensiv mit den Bauten, die Mies van der Rohe vor seiner Emigration in die Vereinigten Staaten realisieren konnte, auseinandergesetzt.[11] Er nutzte hierfür sowohl Quellenmaterial, das er selbst anfertigte – das heißt eigene Aufnahmen –, wie auch Archivmaterialien, wenn der Bau anders nicht mehr zu dokumentieren war. Mit der Arbeit *d.p.b. 02* (1999) konstruierte Ruff ein Werk, das nicht das Motiv selbst, sondern dessen Status in unserem Bildergedächtnis thematisiert. Das kolorierte Bild wirkt verzerrt, als ob Ruff eine Kamera aus derselben Zeit, in der das Gebäude entstanden ist, genutzt hätte, wobei die damalige Technik bei einer Aufnahme aus einem fahrenden Auto heraus eben hoffnungslos überfordert gewesen wäre.[12] Allerdings kommt uns sofort auch die weitaus näherliegende Möglichkeit digitaler Nachbearbeitung in den Sinn, die unsere Wahrnehmung der Welt heute bestimmt und entsprechend hier in Szene gesetzt wird. Schließlich ist die Ansicht des Gebäudes hinreichend bekannt, um es auch in verschwommener Silhouette wiederzuerkennen – so zumindest suggeriert das Bild. Ähnlich verhält es sich bei den Aufnahmen von „Haus Esters“ und „Haus Lange“ (*h.l.k. 01,* 2000) oder der „Villa Tugendhat“ (*h.t.b. 01,* 1999/2000), bei denen Farbkolorierung und Lichtquellen einmal sehr offensichtlich, einmal fast unmerklich manipuliert erscheinen und die damit ihren Faktizitätsanspruch selbst dementieren: Die Latenz digitaler Künstlichkeit katapultiert sie in die Sphäre des Unwirklichen. Ruff kontert die Erwartung an Architekturfotografie als Dokumentation und (Zeit-)Zeugenschaft mit der Evokation des Eindrucks von Simulation. In *h.t.b. 10* (2000), einer Innenansicht der „Villa Tugendhat“, geht es um den Innenraum, wie er für die Moderne kennzeichnend ist; die gesuchte Verschränkung von innen und außen übersetzt Ruff gestalterisch lakonisch eins zu eins: Die grüne Farbigkeit der umgebenden Natur und das Schwarz-Weiß der historischen Aufnahme, die er als Bildquelle appropriiert und in der Rasterung offenlegt, erscheinen gespiegelt und übereinander gelagert, wobei er die Farbigkeiten kurzerhand ineinander verkehrt. So brauchen die Manifeste des Neuen Bauens nicht mehr im Original gelesen zu werden, es genügt der aufmerksame Blick, um die Ideen und ihre Historizität im großformatigen Tableau zu erfassen.

Das architektonische Programm des „Glass House“ bildet auch für James Welling einen seiner Ausgangspunkte. Das Gebäude, welches Johnson als sein eigenes Heim konzipiert hat, wobei exklusives Wohnen als ein völliges Aufgehen in gezähmter Parklandschaft verstanden werden will, veranlasst Welling zu einer performativen Vorgehensweise. Transparenz und Spiegelungen regen die Besucher des Hau-

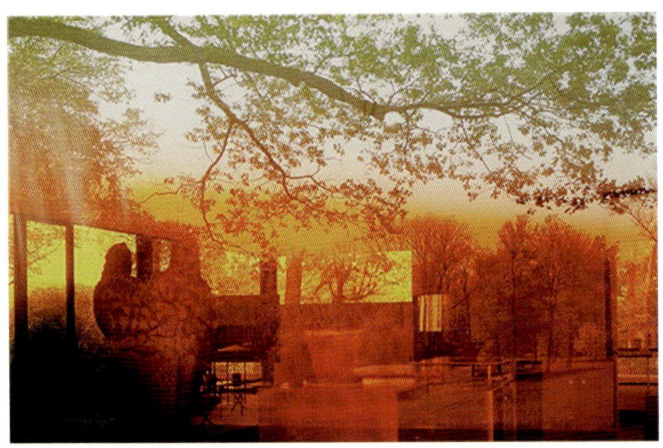

James Welling, *6236*, 2008

ses dazu an, sich in der durchlässig organisierten Raumstruktur zwischen innen und außen hin- und herzubewegen. Welling folgt der architektonischen Anlage und zieht seine Kreise ums Haus, währenddessen er seiner Erfahrung von Durchsicht und Spiegelung antwortet, indem er selbst transparente und spiegelnde Objekte (Farbfilter, Platten aus Glas und Kunststoff) vor die Linse seiner Digitalkamera hält. Der zeitgenössische Betrachter ist natürlich geneigt, eine digitale Nachbearbeitung zu vermuten, tatsächlich aber sind die Aufnahmen in einem performativen Akt entstanden, bei dem Welling mit seinen fotografischen Mitteln sozusagen plein air malte. Eine Postproduktion würde kontrolliert im Nachgang geschehen, Welling hingegen suchte nach einer Möglichkeit, den Zufällen vor Ort (Lichtverläufe nach Witterung und Tagesablauf) mit Mitteln, die selbst einen gewissen Grad von Unkontrollierbarkeit beinhalten (überlappende Farbfilter vor Linse), zu begegnen. Dabei verhielt er sich auf visueller Ebene wie Echo, warf die Effekte des Hauses zurück und verstärkte sie dadurch. Die Pracht der sich im Haus spiegelnden Natur, das Licht, welches im Tagesverlauf die Räume in unterschiedlichen Tönen durchflutet, mutieren abwechselnd zu bildfüllenden kaleidoskopischen Farbaufsplitterungen, zu zart-elegischen Pastellverläufen bis hin zu psychedelisch aufgeladenen Reflexionen im Raum: “I would print unnatural orange and purple, and I would go outside and see the same colors in a shadow or in a flash in the sky. (…) As I became sensitized to unnatural colors I realized that they were not unnatural, I just didn’t notice them earlier. Becoming attuned to color has led me to think that we actually see more color than we normally perceive. I guess in some way I am trying to liberate color.”[13]

Bereits als Student interessierte sich James Welling für die Architektur, beim Studium an der Carnegie Mellon University in Pittsburgh, Pennsylvania, besuchte er Vorlesungen von Richard Buckminster Fuller, Charles Eames, George Nelson oder Paolo Soleri. In den 1980er Jahren war er in der 1930 von Philip Johnson mitbegründeten Abteilung für Architektur und Design am MoMA tätig und bereitete dabei auch Mies-van-der-Rohe-Archivalien auf. Architektur spielt nicht nur in den bereits genannten Werkreihen eine Rolle, sondern auch in der Serie zu Gebäuden von H.H. Richardson, einem US-amerikanischen Architekten des ausgehenden 19. Jahrhunderts, der als Wegbereiter der Moderne gilt. Dessen Entwürfe für Bahnhöfe kehren auch in der Reihe *Railroad Photographs* (1987–2000) wieder. Der Zugriff in diesen beiden Werkgruppen variiert stark von der *Glass House*-Reihe: Es sind von elegischer Melancholie durchwirkte Schwarz-Weiß-Aufnahmen, die den Aufbruch in die Moderne, den Ausbau des Transportwesens und somit generell den wirtschaftlichen Aufschwung ins Bild fassen. Dabei scheinen die Bilder wie aus der Zeit gefallen, sind Signets einer vergangenen Zeit. Sie erinnern an historische fotografische Positionen der Moderne wie Alfred Stieglitz oder Walker Evans. Ähnlich wie Ruff bei seiner Werkreihe zu Mies van der Rohe nutzt Welling bei Gebäuden, die sich heute nicht mehr dokumentieren lassen, historische Aufnahmen, legt die historische Quelle allerdings nicht offen, sondern täuscht bei der gesamten Reihe eine merkwürdig historisierende Zeitlichkeit vor. “I wanted to make complicated photographs that play with time”[14], erklärte Welling seine Absicht.

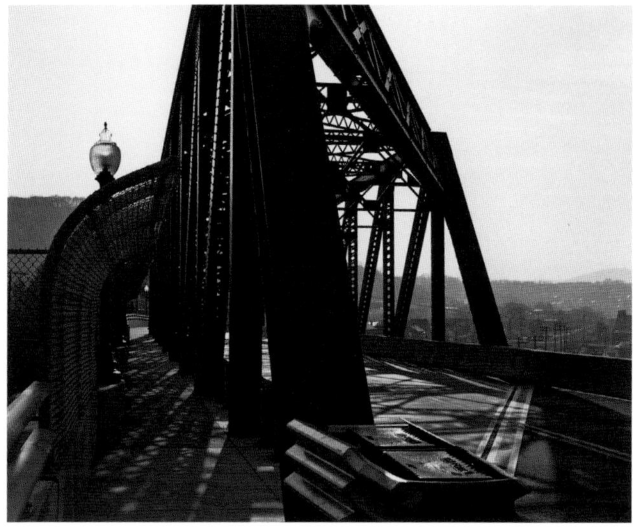

James Welling, *Bridge, Cumberland, MD*, 1991

Im Gegensatz zu den Künstlern der „Picture Generation“, denen Welling anfangs zugeordnet wurde, ist der konzeptuelle Ansatz weniger deutlich ablesbar, doch ähnlich wie bei *Glass House* verselbstständigen sich auch hier die dem Motiv zugrunde liegenden „Effekte“ zum eigentlichen künstlerischen Ansatz. Die in die nordamerikanischen Weite ausgreifende frühe Industrialisierung und die dorthin vordringende Moderne stoßen ein Zeitfenster zu zahlreichen Aufnahmen aus der Fotogeschichte auf und erinnern Welling an eigene biografische Erfahrungen, denen er nachspürt. Eisenbahn und die Architektur der frühen Moderne stehen für eine längst vergangene Aufbruchsstimmung, die in den 1980er Jahren gerade auch vor dem Hintergrund der AIDS-Krise einen Kontrapunkt oder impliziten Kommentar zur aktuellen Situation zu liefern vermochte.[15]

Thomas Ruffs frühe Aufnahmen der Düsseldorfer Straßen (*Häuser* [1987–1991]), in denen er mit größtmöglicher Distanz die unprätentiöse anonyme deutsche Nachkriegsarchitektur der 1950er bis -70er Jahre vorbehaltlos ins Bild setzte, wurde auch unter Architekten mit Neugierde und Bewunderung rezipiert. In der Folge luden die Basler Architekten Jacques Herzog und Pierre de Meuron Thomas Ruff ein, für die Architekturbiennale Venedig Aufnahmen ihrer Gebäude beizusteuern. Aus dieser Begegnung erwuchsen zahlreiche weitere Projekte, eine anhaltende künstlerische Auseinandersetzung mit Architektur und auch Kooperationen, bei denen Ruff als Mitgestalter von Bauten auftrat. Zunächst entstand eine Reihe von Aufnahmen der frühen Bauten des Basler Büros, darunter Profanes wie die Lagerhalle des Unternehmens Richterich & Co. Laufen (*Ricola, Laufen* [1991]) oder ein Stellwerk am Basler Bahnhof (*Signal Box* [1994]), aber auch das private Museum der Sammlung Goetz (*Sammlung Goetz* [1994]).

Im Falle der Lagerhalle stellt er das Gebäude von seiner Umgebung frei, störende Nachbarbauten und ein Vordach sind wegretuschiert, um das Gebäude als einfache geometrische Form mit einer Fassade, die eine strenge horizontale Schichtung aufweist, zu präsentieren. In gleichmäßiges Licht mit hellgrauem Himmel getaucht, erscheint die Halle in einem monumentalen Querformat als minimalistische Skulptur in einem neutralen Ausstellungsraum, ähnlich wie der Firmensitz des niederrheinischen Stahlkontors, welchen Ruff bereits 1988 in Frontalansicht als einfach umrissene „Kiste" mit streng geometrisch formulierter Fassade porträtiert hat. Bereits in der frühen Reihe – seine künstlerischen Manipulationen werden fortlaufend freier – operierte er nach dem Prinzip „so viel Retusche wie nötig, so wenig wie möglich"[16].

Bei *Sammlung Goetz* fehlt der Baumbestand, welcher für die Architekten ausschlaggebend für die Farbgebung der Fassade gewesen war, andernorts entfernt Ruff sämtliche Logos und Firmenbezeichnungen und korrigiert eine durch das Neonlicht verursachte grüne Färbung der Fassade, wobei die Farbkorrektur zugleich den Himmel in ein „fehlerhaftes" Lila taucht (*Ricola, Mulhouse* [1994]). Beim Eisenbahnstellwerk *Signal Box* verzichtet er darauf, die ungewöhnliche Fassadengestaltung in ihrer sinnlichen Qualität in Szene zu setzen und findet stattdessen für die Funktion des Gebäudes als Ort der Kontrolle und funktionaler Überwachung des Schienenverkehrs eine lakonisch-humorvolle bildnerische Übersetzung: Er nimmt es einmal bei Tageslicht, einmal bei Nacht mit einem Restlichtverstärker auf. Ruffs künstlerische Entscheidungen laufen der „dienenden Funktion" der herkömmlichen Architekturfotografie zuwider, stattdessen geraten Fragen nach Manipulation oder Funktion der Gebäude auf die Tagesordnung. Nichtsdestotrotz oder besser: gerade deswegen (!) werden manche seiner Werke selbst ikonisch und mögen schließlich auf dem Weg über die Kunst zum Erfolg der Architekten beigetragen haben.[17]

Mit *jpeg hdem 05* schuf Ruff 2009 ein Werk, das ein Gebäude vorstellt, welches damals noch gar nicht fertig gestellt war und dessen langjährige Errichtung von zahlreichen öffentlichen Kontroversen begleitet worden ist. Als Bildquelle nutzte er eine Entwurfsgra-

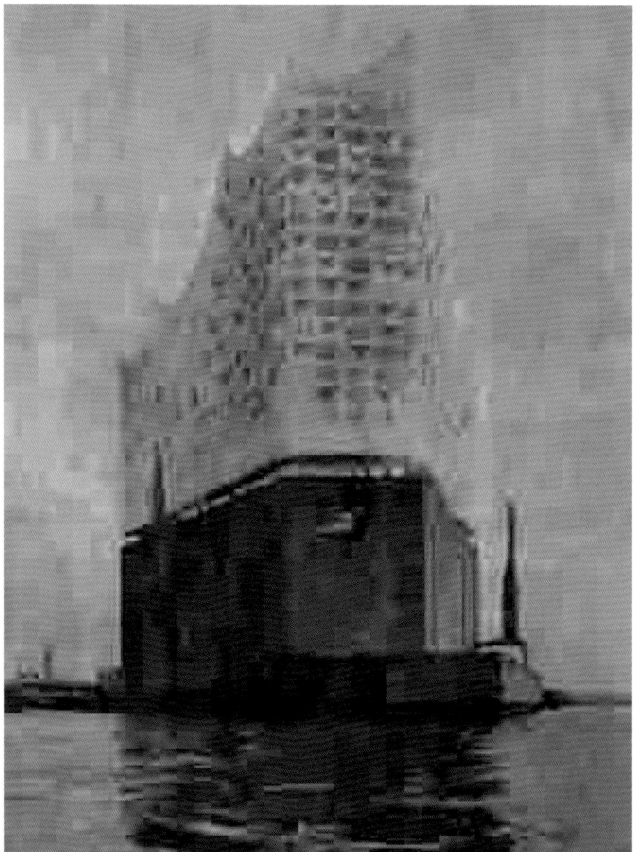

Thomas Ruff, *jpeg hdem 05*, 2009

fik, wie sie seinerzeit zahlreich im Internet kursierten. Wie bei allen anderen Werken aus der *jpeg*-Reihe wird die Datenmenge der Vorlage zum eigentlichen Gestaltungsprinzip erhoben, das das Pixel als kleinste Einheit des fotografischen Bildes visuell erfahrbar macht. Trotz der verschwommenen Konturen, die dem Datenmangel geschuldet sind, zeichnet sich die Elbphilharmonie in jener Monumentalität und Eleganz ab, die sie, seit 2016 fertiggestellt, im Handumdrehen zum Wahrzeichen Hamburgs haben werden lassen. Sämtliche Werke Ruffs, die als Motiv Architektur aufgreifen, zeigen Ansichten von Bauten, die es so real nicht gibt. Das fotografische Bild löst sich in unterschiedlichen Graden vom Referenten, die Fragen, die aufgeworfen werden, gehen weit über das Motiv hinaus. Welche Enttäuschungen und Träume verbergen sich hinter den Debatten um die Elbphilharmonie? Warum zirkulieren Entwurfsbilder im Netz? Ist ein Bauwerk eine Skulptur? Warum übersehen wir Bauten aus den 1960er und -70er Jahren – und umgekehrt, warum haben bestimmte Bauten, u. a. von Mies van der Rohe oder Herzog & de Meuron, heute Kultstatus und prägen unsere Sicht auf Architektur fortlaufend weiter? Welche Funktionen haben fotografische Bilder von Architektur, in welcher Beziehung stehen die Disziplinen zueinander – und in welcher könnten sie stehen? Bei *m.n.o.p.* (2013) und *w.g.l.* (2017) sind Innenräume, genauer: Ausstellungsräume, das Motiv, als Vorlage dienten Ruff historische Schwarz-Weiß-Fotografien der Sammlungspräsentation des Museum of Non-Objective Painting (heute Guggenheim Museum New York) respektive Ansichten der Jackson-Pollock-Ausstellung, die 1958 in der Whitechapel Gallery in London ausgerichtet wurde. Beide Räumlichkeiten präsentieren die damals zelebrierte gegenstandslose Kunst, ähnlich wie bei der Reihe *l.m.v.d.r.* handelt es sich auch hier um die heroische Moderne. Unter der Hand von Ruff wird die damalige Dramaturgie der Inszenierung und die Art und Weise, wie unsere Erinnerung sich daran ansammelt, extrapoliert. Er übersetzt die historischen Aufnahmen in Datensätze und bearbeitet sie, indem er kuratorisch den szenografischen Kontext in den Farben der 1950er Jahre (pastellene Töne in Blau, Rosa, Gelb) einfärbt.[18] Damit erinnert er an die Anfänge der Fotografie, als das neue Medium die Farbe selbst noch nicht beherrschte, und zugleich an die Art und Weise, wie wir heute die Zeitspanne der 1950er und 1960er Jahre selbst erinnern. Doch war die aufwendige Wand- und Deckengestaltung in Wirklichkeit keineswegs farbig, erst Ruff hat sie mit den Farben versehen, die wir gemeinhin mit diesen Jahrzehnten verbinden – wer erinnert sich nicht gerne an die pastellfarbenen Kostüme von Jacky Kennedy?
Wie wir eine Ausstellung wahrnehmen, hat nicht nur mit den Werken selbst zu tun, sondern auch damit, wie sie im Raum platziert sind und wie die sie umgebende Architektur beschaffen ist. In der Verkehrung der Sehgewohnheiten unterschiedlicher Zeiten schält sich, dem „Théatre de l'absurde" ähnlich, eine leise Komik heraus, die zugleich entblößend wirkt. Die gestische Abstraktion, die essenziell ihren Ausdruck in Farbe vermittelte, bleibt in der Welt des historischen Schwarz-Weiß verhaftet, wohingegen die Elemente, die ihrer dramaturgischen Inszenierung dienen, farbig markiert ins Auge stechen. Die Werkreihen vereinen Vergangenheit und unsere heutige Vorstellung von ihr und lassen zudem die Parameter, die damals die Blicke lenkten und noch heute fortwirken, sichtbar werden. Die Werkreihen bilden diejenige Wirklichkeit ab, die sich in unserer Erinnerung an Vergangenes stetig wandelt: "Ruff can be understood (...) as foregrounding the fact that it is the mutable and mediated image in transit, conceptualized as copy – arguably defining the specific condition of modernity and modernism – not the original, that is his subject."[19]

Die historische Dimension unserer Wirklichkeitsrezeption ist jedem fotografischen Bild in doppelter Hinsicht eingeschrieben: Jede Darstellungsform einer Auffassung von Wirklichkeit können wir nur aufgrund vorangegangener Formen in ihrer jeweiligen Spezifik sehen, verstehen, für interessant befinden. Die Abhängigkeit von der fotografischen Apparatur und Technik verbindet die Fotografie darüber hinaus direkt mit den Leitsätzen der Moderne, mit deren Heraufkunft ihre Erfindung aufs Engste verwoben ist: „Man muss die Bedingungen eines Fotos kennen, um es richtig zu verstehen", so Ruff; oder, etwas ausführlicher, Welling: "One of the earliest revelations about working with a view camera was that it had an innate one-hundred-year history. The idea of the picture from Alberti onward is built into the camera, built into traditional ways of making (lens based) pictures. That is something that I find extremely fascinating and I find it less apparent when you talk about abstract painting. The history of image-making is not built into the canvas, whereas the history of image-making is always on the surface of any photography you make. Technicians made all the decisions about what kind of light rays will be rendered on this material surface. I am trying to work with and work around all of those decisions that are built into photography."[20]

Das Leitmotiv Licht, wie es exemplarisch in der Moderne vorkommt (Elektrifizierung, Neues Bauen, Erfindung der Fotografie), und die Tatsache, dass subjektive Erfahrungen als eigentliche künstlerische Impulse ins Feld geführt werden, kehren thematisch in den Werkserien Wellings oft wieder.[21] Bei der 15-teiligen Reihe *Maison der Verre* (2009) steht ein eigenwilliger Entwurf des Architekten Pierre Chareau (1883–1950) im Zentrum. In eine metallene Rahmenkonstruktion sind Glasplatten und -blöcke eingelassen, wobei auch hier dem Licht eine essenzielle Rolle bei der Raumerfahrung zugewiesen ist. Im Gegensatz zum „Glass House" von Johnson, welches sich in der Umgebung aufzulösen scheint, drängt der wesentlich früher, 1931, entworfene Pariser Bau den Betrachter zur Innenansicht. Durch eine nachträgliche Bearbeitung durch Photoshop manipuliert Welling in seinen Aufnahmen die Spiegelungen, Schattenwürfe, Transparenzen, Farbigkeit, indem er Farben und Verzerrung verstärkt und überhöht: Die Innenarchitektur und ihre Materialität verselbstständigen sich zu autonomen abstrakten Formen, die ursprünglich roten Pfeiler im Raum erscheinen in ihrer farblichen Überspitzung mancherorts als braun oder blau, Lichtreflexe und Schatten gewinnen durch die Bearbeitung ein Eigenleben. Das Gebäude der Klassischen Moderne präsentiert sich in Bildern, in denen eine emotional geladene Raumerfahrung mit der uns heute geläufigen Farbskalierung (Photoshop) eine innige Verbindung eingeht.

Schließlich finden sich in der Werkreihe *Wyeth* (2010–2015), die Welling im Anschluss an *Maison der Verre* über fünf Jahre hinweg entwickelt, ebenfalls Häuser und Innenräume, jedoch stellt hier der amerikanische Maler Andrew Wyeth (1917–2009) den eigentlichen Ankerpunkt dar.[22] Im Gegensatz zu den vorangegangenen Beispielen, in denen die bildnerischen Manipulationen offengelegt sind, sind die Aufnahmen als „dokumentarisch" getarnt, obschon auch hier unterschiedliche Bildbearbeitungsverfahren zur Anwendung gekommen sind. Die Bilderfolge präsentiert sich als eine elegische Erzählung über Wyeth's Wohn- und Arbeitsort in Neuengland, in der sich enigmatische Hausansichten und be-

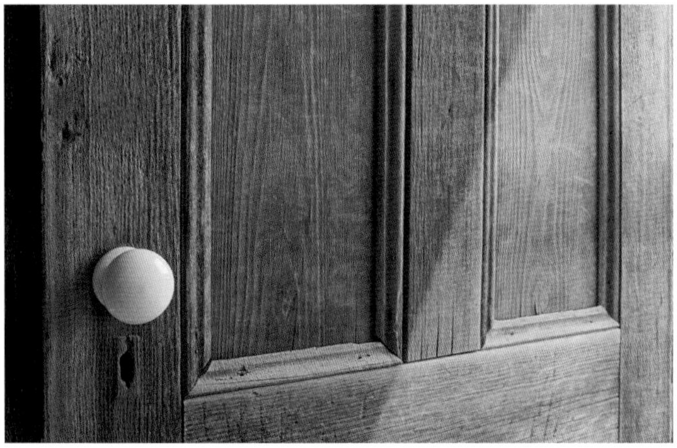

James Welling, *Olsen House Door*, 2010

deutsam erscheinende Details von Innenräumen mit Landschaften und Stillleben abwechseln. Der malerische Realismus, welchen Wyeth selbst verfolgt hat, schwingt unter gänzlich anderen Vorzeichen in Wellings Wahl der zum Einsatz gebrachten fotografischen Mitteln weiter. Bestimmend für die Bildreihe ist nicht die Wirklichkeit, sondern sind der von Welling imaginierte Blick des Malers auf den Ort, die Landschaft, seine Farbpalette oder auch seine Motivwahl. Welling nennt seinen konzeptionellen Ansatz zu dieser Reihe „positiv parasitär": Ein Türknauf (*Olson Housedoor* [2010]) evoziert die ihn bedienende Hand des Malers, ein Lichtreflex im Wasser (*River Cove* [2010]) erinnert an ein Bilddetail in dessen Werk, eine in gleißendem Weiß ausgeblendete leere Raumecke (*Revenant* [2010]) steht für ein Selbstporträt des Malers.[23] Während Wyeth sein Selbstporträt *Revenant* (1949) gemalt hat, indem er sich in einem vom Staub umhangenen Spiegel beobachtete, druckt Welling das fotografierte Motiv, dieselbe Raumecke, in umgekehrter Fassung gespiegelt aus. Das hereinströmende Licht bekommt durch die digitale Nachbearbeitung eine grell-weiße, diffuse Materialität, die, gleichsam als Platzhalter des Künstlers, dessen Absenz zu verkörpern scheint.

Die Präsenz in der Absenz zu erkennen: Hier öffnet sich das Tor zu surrealen Bilderwelten oder, okkultistisch gesehen, der spiritistische Bereich der „Geisterfotografie", der neben der Neuen Sachlichkeit ebenso in der Geschichte des Mediums verankert ist.[24] Der Realität Repräsentationscharakter zu unterstellen, ist nicht nur Grundlage der surrealistischen Weltauffassung, sondern schreibt sich mit der kritischen Auseinandersetzung im Medienzeitalter seit den 1970er Jahren fort.[25] Ruff und Welling bringen auf der fotografischen Oberfläche stets Dinge zusammen, die nicht zueinander passen: Motivische, zeitliche, technische, rezeptionsästhetische Elemente prallen aufeinander. Seien es subjektive und körperliche Erfahrungen und Erinnerungen an Räume, seien es Bilder oder Bildgebungsverfahren und ihre Distributionsformen, die uns in unserer Anschauung und Erinnerung prägen, das fotografische Bild wird in seiner ganzen Offenheit und Beweglichkeit eingesetzt, um architektonische Fassade und fotografische Oberfläche als komplexe Entitäten sichtbar zu machen. Ruff und Welling begreifen die Wirklichkeit, wie sie sich unter anderem in der Architektur präsentiert, als zunächst dunklen Raum, dem sie erst mit den Mitteln der Fotografie Kontur verleihen. Während Welling sich wie ein Echolot emphatisch herantastet, schließt Ruff kulturhistorische, technische sowie wissenschaftliche Anwendungsbereiche der Fotografie miteinander kurz. Die Architektur, fester Bestandteil unserer Auffassung von Wirklichkeit, bildet deswegen ein ideales Sprungbrett, von dem beide Künstler in regelmäßigen Abständen auf weitere Expeditionen zu losgelösten Zuständen aufbrechen. Denn rückt man sie, wie Ruff und Welling, in den Fokus, eröffnet sich die Einsicht, dass dasjenige, was unserer Realität zur Wahrnehmbarkeit verhilft, in ihr selbst unsichtbar, nicht fixierbar ist.

1 Vgl. hierzu u.a. die Argumentationsketten von Sigfried Giedion, dem Architekturhistoriker, der 1941 mit *Space, Time, Architecture. The Growth of a New Tradition* eines der Manifeste der Moderne verfasst hat und dort die Vorgeschichte des Neuen Bauens und dessen spätere Entwicklung mit zahlreichen historischen Beispielen sakraler Kiuppelbauten untermauert.

2 Vilém Flusser, *Towards a Philosophy of Photography*, Chicago 1983.

3 Philip Johnson war ein früher Bewunderer von Ludwig Mies van der Rohe. 1930, als van der Rohe als letzter Bauhausleiter wegen der Repressalien der Nationalsozialisten kaum mehr Arbeit fand, beauftragte Johnson ihn, seine Wohnung in New York zu gestalten – wofür am Ende Lilly Reich, Innenarchitektin und damalige Partnerin von van der Rohe, verantwortlich zeichnen sollte. 1947 richtete Philip Johnson als Leiter der Architektur- und Designabteilung des MoMA New York eine Ausstellung zum Werk von Mies van der Rohe aus; Johnsons Vorbild für das „Glass House" war das „Farnsworth House", das von Mies van der Rohe allerdings erst 1950/51 realisiert werden konnte. Mit dem „Barcelona Pavillon" hatte van der Rohe bereits 1927 die grundlegenden Elemente für ein Einraumhaus eingeführt. Schließlich haben Johnson und van der Rohe das „Seagram Building" gemeinsam entworfen; während die grundlegende Struktur von van der Rohe stammt, zeichnet Johnson für die Detailgestaltung und die Innenräume, zu denen auch ein „Four Seasons"-Restaurant zählt, verantwortlich. Vgl. Ian Volner, Philip Johnson, *A Visual Biography*, London 2020; Phillis Lambert, *Building Seagram*, Yale University Press 2013.

4 Jeff Wall, „Photography and Liquid Intelligence" (1989), in: *Jeff Wall: Selected Essays and Interviews*, (Ed.) Peter Galassi, New York: Museum of Modern Art, 2007, 109–110. Vgl. weiter gefasst zum Thema der Entgrenzung der Fotografie: Martin Germann, „Von der Berührung zur Kunst von James Welling", in: *James Welling. Metamorphosis*, hg. v. Heike Eipeldauer u. Martin Germann, Kat. Ausst. S.M.A.K., Ghent; Bank Austria Kunstforum Wien, München u. a. O. 2017, S. 84ff.

5 Diarmuid Costello und Dominic McIver Lopes, „Spontaneity and Materiality. What Photography is in the Photography of James Welling", in: *Art History* 42, 2019, S. 159, https://philpapers.org/archive/LOPSAM.pdf (abgerufen am 2.11.2022).

6 Kevin Moore, „German Humor", in: *No Two Alike: Karl Blossfeldt, Francis Bruguière, Thomas Ruff*, hg. v. Ulrike Meyer Stump, Wien 2018, S. 70.

7 Zit. nach „Kein Abbild, sondern ein Bild. Thomas Ruff im Interview mit Gerald Matt", in: *Thomas Ruff. Oberflächen, Tiefen*, Kat. Ausst. Kunsthalle Wien, Nürnberg 2009, S. 242.

8 Zit. nach „On Photography and Influence. James Welling in Conversation with Eva Respini", in: *James Welling. Monograph*, hg. v. James Crump, Kat. Ausst. Cincinnati Art Museum, New York 2013, S. 124.

9 *Thomas Ruff. Works 1979–2011*, Kat. Ausst. Haus der Kunst München, München 2012, S. 70.

10 Gerade das Neue Bauen mit seinem Anspruch auf Internationalität war besonders abhängig von fotografischen Dokumentationen, die in einschlägigen Fachpublikationen und Magazinen zirkulierten. Seit digitale Techniken es ermöglichen, Architektur und ihre Räume zu simulieren, hat die Frage, wie fotogen ein Gebäude ist, an Bedeutung eingebüßt. Vgl. Hubert Locher und Rolf Sachsse (Hg.), *Architektur Fotografie. Darstellung – Verwendung – Gestaltung*, München 2016.

11 1998 wurde Thomas Ruff von Julian Heynen, damals Direktor der Krefelder Kunstmuseen, gebeten, eine Ausstellung mit Architekturaufnahmen der zwischen 1927 und 1930 entstandenen Villen Ludwig Mies van der Rohes vorzubereiten. Neben dem „Haus Esters" und „Haus Lange" in Krefeld setzte sich Ruff mit dem „Barcelona Pavillon" und der „Villa Tugendhat" in Brno auseinander. Der Kurator Terence Riley, der für das Museum of Modern Art die Ausstellung Mies in Berlin vorbereitete, bat Ruff, auch alle weiteren Gebäude, die Mies mit seinem Berliner Büro bis zu seiner Emigration 1938 ausführte, zu fotografieren. Bei den Gebäuden, die von Ruff nicht mehr aufgenommen werden konnten, griff dieser auf vorhandene Archivaufnahmen zurück. So entstand aus einer ursprünglichen Auftragsarbeit die Serie *l.m.v.d.r.*, in welcher Ruff die Gebäude in allen von ihm bisher genutzten Techniken (Retusche, Stereofotografie, digitale Bearbeitung) fotografierte und bearbeitete. Felix Kramer kommentiert die Reihe als zentral für die Einführung einer zunehmend freieren malerisch-medienreflexiven Ausdrucksform. Vgl. Markus Kramer, *Thomas Ruff. Modernism*, Heidelberg u. Berlin 2011, S. 29.

12 Mehr dazu bei Philip Ursprung, „Grenzen des Sichtbaren: Thomas Ruff und Herzog & de Meuron", in: Locher/Sachsse 2016 (wie Anm. 10), S. 165–176.

13 Zit. nach „On Photography and Influence ..." 2013 (wie Anm. 8), S. 124. Zur Werkreihe vgl. James Welling. *Glass House*, Bologna 2010. Dieser Werkreihe folgen weitere, die von Philip Johnsons Entwürfen ausgehen: Eine dieser Reihen entstand im Sculpture Garden des MoMA (2014–16), das Interesse an Temporalität greift er in der Videoarbeit *Lake Pavillon* (2009) auf, schließlich führte er in *Choreograph* (2014–20) Performance als Motiv ein, wenn er Tänzer:innen in und um modernistische Architektur ins Bild fasst.

14 Carol Squiers, „A slice of Light", in: *Artforum* 36, No 5, 1998, S. 77.

15 James Crump, „Ventriloquisms. The Art of James Welling ", in: *James Welling. Monograph* 2013 (wie Anm. 8), S. 71ff.

16 *Thomas Ruff. Works* 2012 (wie Anm. 9), S. 70.

17 Philip Ursprung konstatiert, dass das Werk Ricola Laufen, auf dem das Gebäude als eigentliche Skulptur, als freigelegte visuelle Form des Lagers sichtbar wird, dazu beitragen habe, das Basler Büro für weitere Aufgaben, die mit Formen des Lagerns verbunden sind (Museen wie etwa die Tate Modern in London oder das Schaulager in Basel), zu beauftragen. Vgl. Philip Ursprung, „Sammeln und Bewahren: Lager und Museen von Herzog & de Meuron", in: *kritische berichte*, 3/2002, Marburg 2003, S. 24–30.

18 Zu dieser Werkreihe vgl. Nayia Yiakoumaki, „Colouring Photographs", in: *Thomas Ruff*, Kat. Ausst. Whitechapel Gallery, London 2018, S. 208 –211.

19 Sarah E. James, „Thomas Ruff: Portraying Modernity", in: *Thomas Ruff* 2018 (wie Anm. 18), S. 176–187, hier S. 186.

20 *Thomas Ruff. Andere Porträts + 3D*, Kat. anlässlich der Biennale di Venezia, Ostfildern 1995, S. 7. Vgl. auch Chris Balaschak, „Abstract, Representational, and So Forth: An Interview with James Welling", in: *Octopus* 4, 2008, S. 159.

21 Dass sich sowohl Ruff wie auch Welling mit dem Fotogramm beschäftigen und sich damit direkt auf das künstlerische Vermächtnis von László Moholy-Nagy verweisen, der wie kaum ein anderer für den experimentellen Einsatz des Fotografischen einstand und das Fotogramm als eine „Zeichnung aus Licht" auffasste, ist in Anbetracht ihrer jeweiligen künstlerischen Praxis nur folgerichtig und verbindet sie trotz aller Unterschiede ihrer Ansätze.

22 Welling versteht die Reihe als eine Hommage an den Künstler, den ihn als Jugendlicher prägte und zur Kunst führte. Wyeth wurde zu Lebzeiten kontrovers rezipiert, sein malerischer Realismus und eingeschränkter Blick auf seine unmittelbare Umgebung wurden in Fachkreisen als „aus der Zeit gefallen" und konservativ bewertet, zugleich erfreute sich sein Werk aber in weiten Teilen der Bevölkerung großer Beliebtheit. Vgl die sehr aufschlussreiche Diskussion dieser Werkreihe in: *Things beyond resemblance. James Welling Photographs*, hg. v. Philipp Kaiser, Kat. Ausst. Brandywine River Museum, München/London/New York, 2015.

23 Vgl. ebd., S. 50. Abb. 4.

24 Vgl. *Im Reich der Phantome. Fotografie des Unsichtbaren*, Kat. Ausst. Städtisches Museum Abteiberg Mönchengladbach, Ostfildern-Ruit 1998.

25 Rosalind Krauss, „The Photographic Condition of Surrealism", in: *October*, Vol. 19 (Winter, 1981), S. 3–34.

Ich interessiere mich für Dinge, die ihre Ursprünge widerspiegeln. Die Fotografie selbst tut das, mit ihrem optischen System, das auf die Renaissance zurückgeht. Meine Faszination für das 19. Jahrhundert beruht auf demselben Impuls.

James Welling

Fotografie ist die größte Bewußtseinsveränderungsmaschine, die auf den Menschen einwirkt.

Thomas Ruff

Was verbirgt sich hinter fotografischen Bildern und ihren Anwendungen? Was passiert, wenn Fotos gedruckt werden? Wie verändern digitale Bearbeitungen und die Aneignung historischer Stile die Ästhetik und Aussage eines Fotos?

Für seine Serie *press++* (seit 2015) verwendet Ruff Pressefotografien aus den 1930er bis 1970er Jahren, die er aus US-amerikanischen und japanischen Zeitungsarchiven erwirbt. Die von ihm ausgewählten Fotos bilden ein breites Spektrum der Medien- und Nachrichtenwelt ab: Politik, Gesellschaft, Wissenschaft und Technologieentwicklung, Kunst und Kultur bis hin zu Mode und Werbung. Ruff scannt die Vorder- und Rückseite jedes Fotos und kombiniert die beiden Seiten miteinander, sodass die nicht für die Öffentlichkeit gedachten Anmerkungen der Rückseiten gleichberechtigter Teil des Bildmotivs werden. Zudem legt er die Arbeitsspuren der Fotografien beim Prozess auf dem Weg zu ihrer medialen Verbreitung in Zeitungen offen und thematisiert den Informationsgehalt von Bild, Text und deren Kombination.
Anders zeigt sich Ruffs Faszination für historische Aufnahmen in der Serie *Maschinen* (2003–2005). Um die Jahrtausendwende erwirbt er rund 2000 Glasnegative aus den 1930er Jahren aus dem Bildarchiv eines Unternehmens, das Industriemaschinen herstellt. Die Fotografien entstehen für die Produktion des Firmenkatalogs. Um den damaligen manuellen Ausschnitt des abgebildeten Objekts für den Katalog zu erleichtern, werden die jeweiligen Produkte oft einzeln vor weißem Hintergrund fotografiert; der Abzug wird dann retuschiert und für den endgültigen Druck weiterverarbeitet. Diese äußerst aufwendige Aufbereitung – das analoge Pendant zur digitalen Bearbeitung mit der Software Photoshop – unterstreicht Ruff bei seiner Serie durch die Einfärbung einzelner Bereiche der digitalisierten Bilder mittels bewusst gesetzter Farben, ähnlich einer Retusche.

Sowohl Farbe als auch Industriemaschinen spielen auch in Wellings Serie *Meridian* (2014) eine bedeutende Rolle. Welling fotografiert die Druckmaschinen der titelgebenden Druckerei und thematisiert die technischen Produktionsbedingungen analog verbreiteter Bilder. Er bearbeitet die Farbsättigung der digitalen Aufnahmen, sodass die Offsetdruckerei nahezu schwarz-weiß erscheint. Andererseits sind Rot-, Gelb und Blautöne verstärkt und treten so punktuell aus den Fotografien hervor. Dass Welling ausgerechnet diese Farben wählt, ist kein Zufall: Cyan (Blau), Magenta (Rot) und Gelb sind neben Schwarz die Grundlagen des Vierfarbdrucks, einer sehr verbreiteten Technik von Druckverfahren zum Erstellen farbiger Abbildungen.
Der digital bearbeiteten Reihe stehen Wellings analoge Schwarz-Weiß-Serien gegenüber. Mit *Railroad Photographs* (1987–1994) begibt sich Welling zurück ins 19. Jahrhundert. Mit der Eisenbahn, ihrer Pioniergeschichte und ihrer industriellen Bedeutung, aber auch ihrer ausbeuterischen Geschichte, entdeckt er ein Sujet, das aus der derselben Zeit stammt, in der die Fotografie aufkam. Welling eignet sich die Bildsprache der frühen US-amerikanischen Industriefotografie sowie das modernistische Vokabular der Fotografen Paul Strand (1890–1976) und Walker Evans (1903–1975) an. Er versucht Spuren des 19. Jahrhunderts zu fotografieren, die in der Architektur oder in Industrielandschaften noch sichtbar sind: Fotografie zwischen autonomem Bild, Dokumentation und Zeitmaschine.

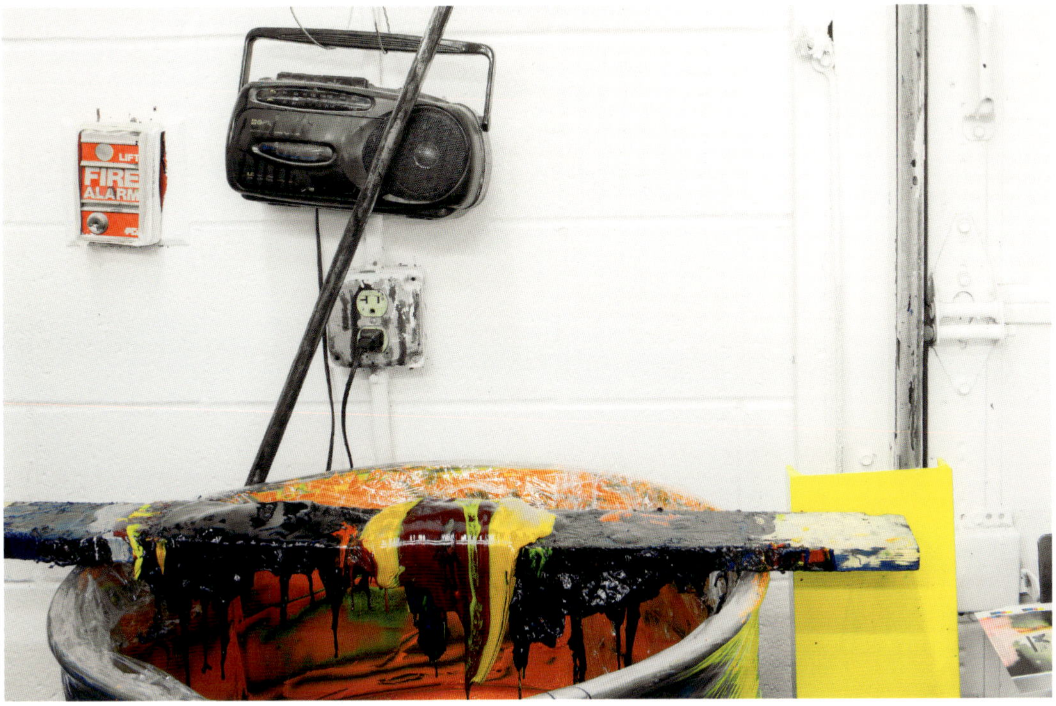

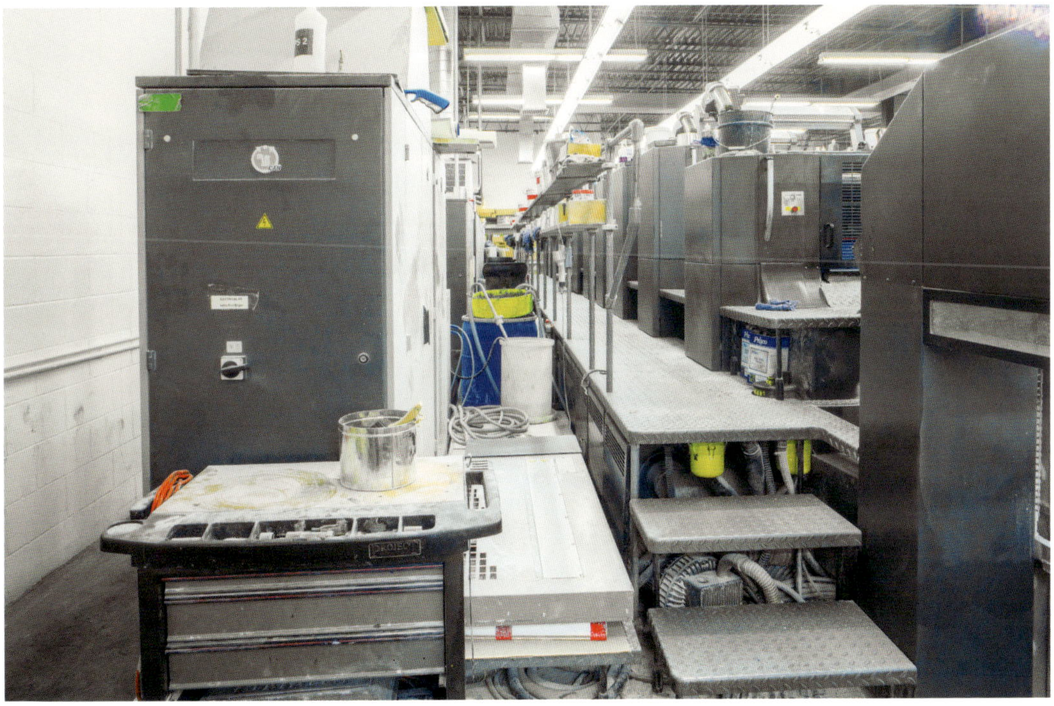

James Welling, *0921*, 2014
James Welling, *0691*, 2014

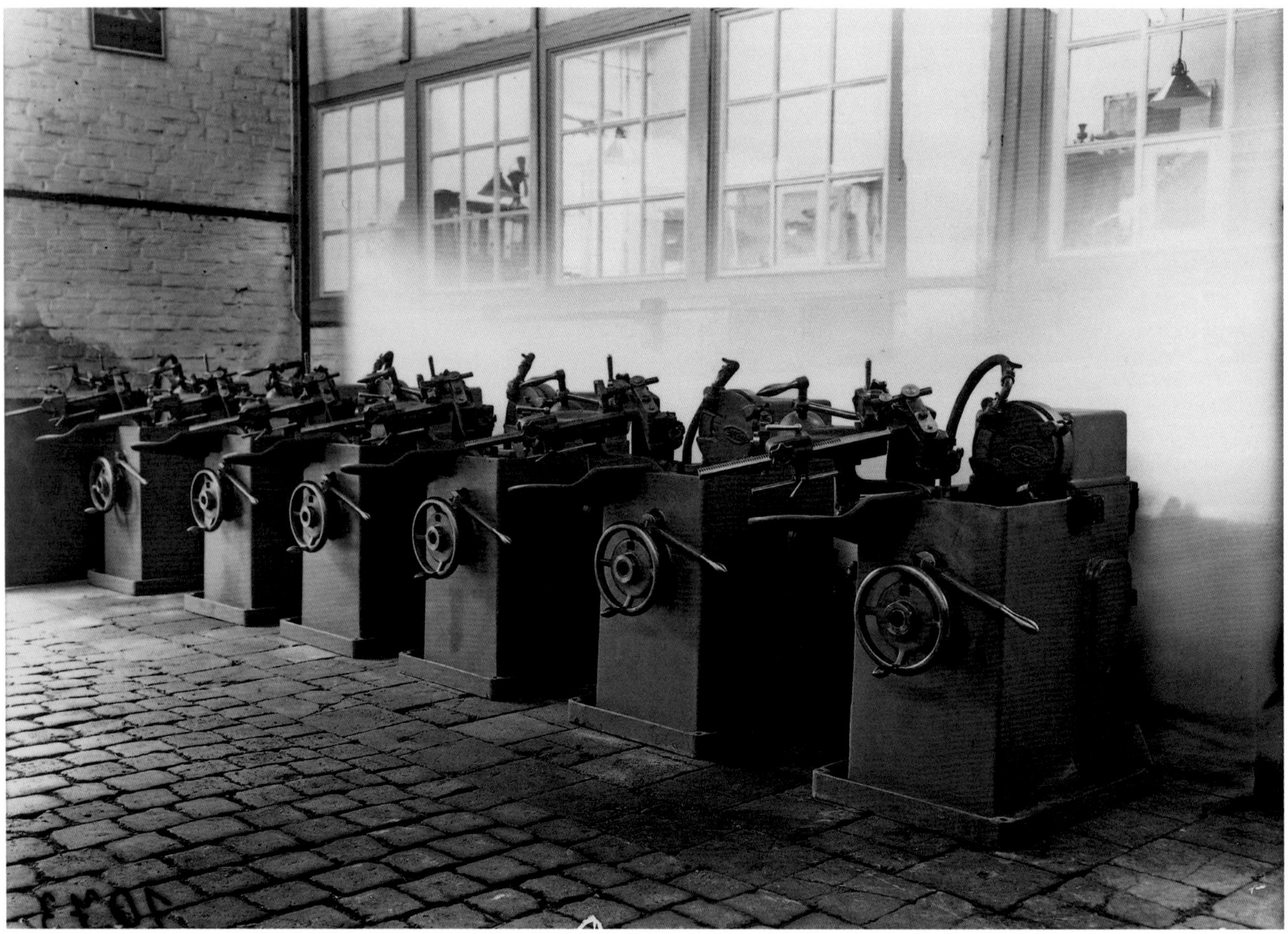

Thomas Ruff, *1073*, 2003

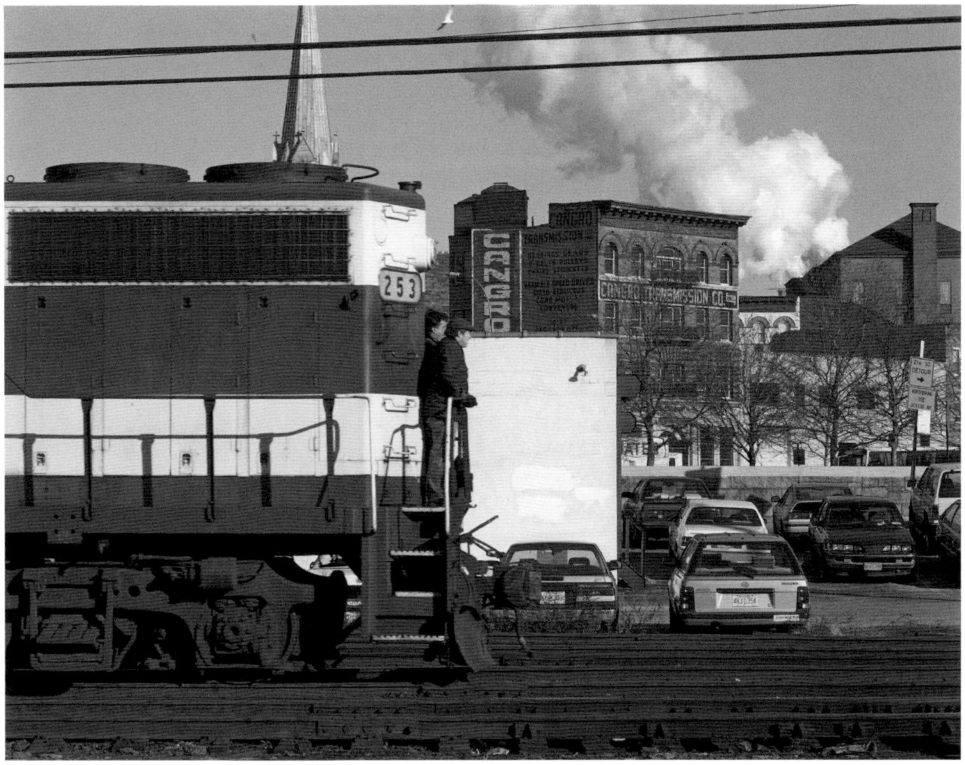

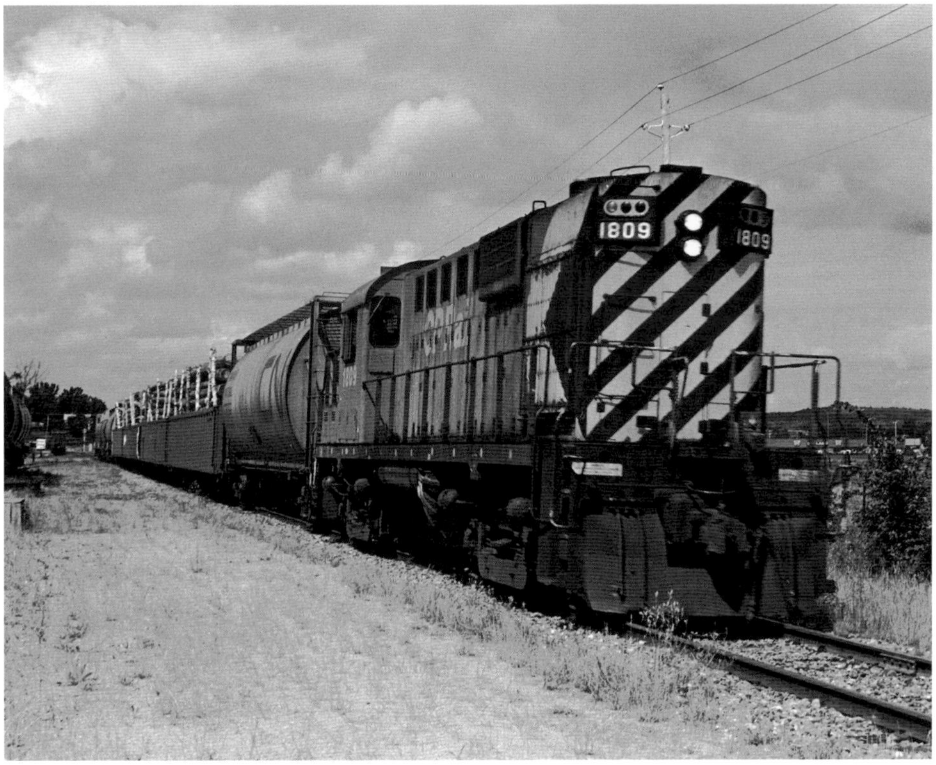

James Welling, *LIRR Yard Long Island City*, NY 1991
James Welling, *Canadian Pacific Local Freight, Buckingham, Quebec*, Canada 1990

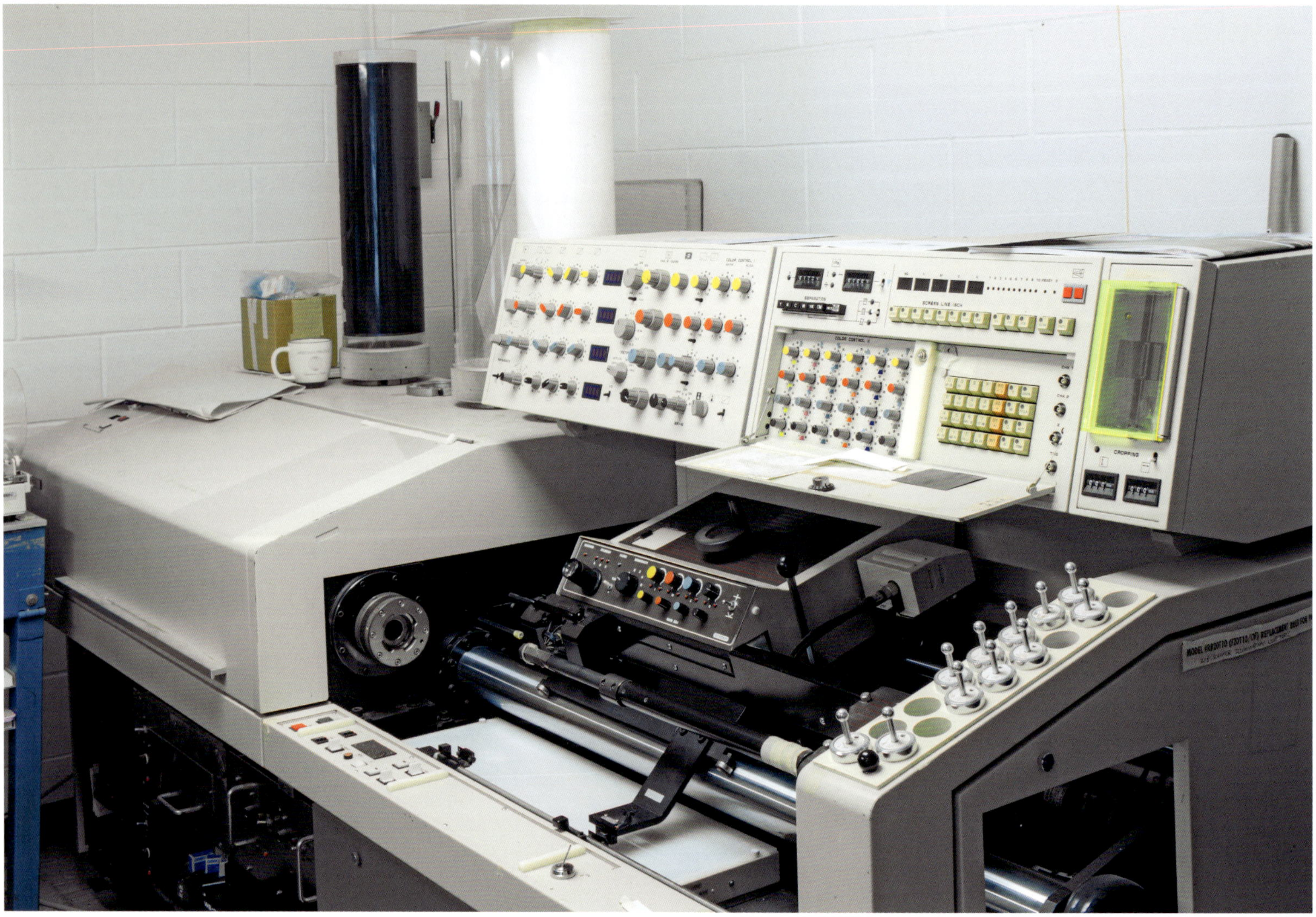

James Welling, *0737*, 2014

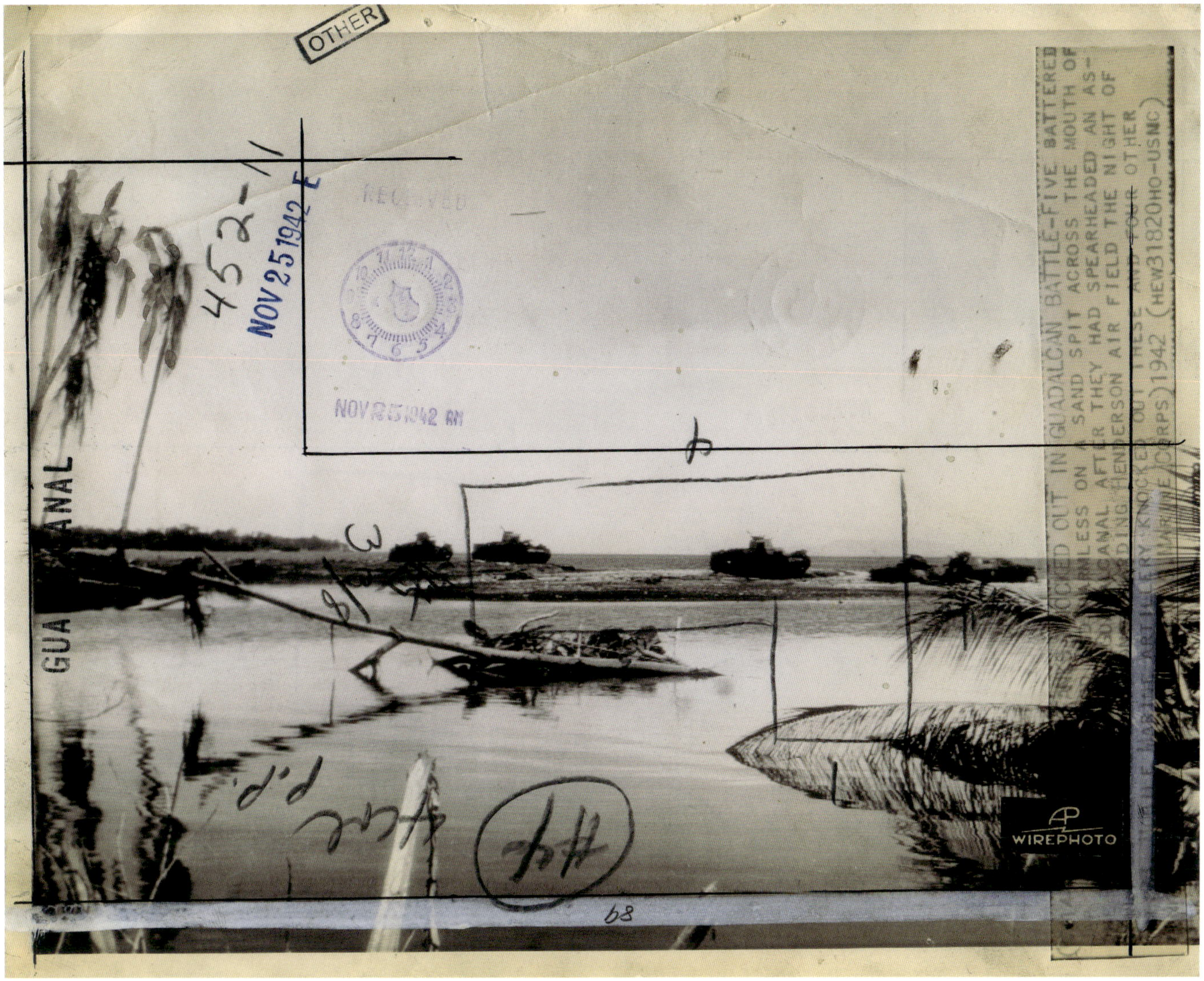

Thomas Ruff, *press++60.02*, 2015

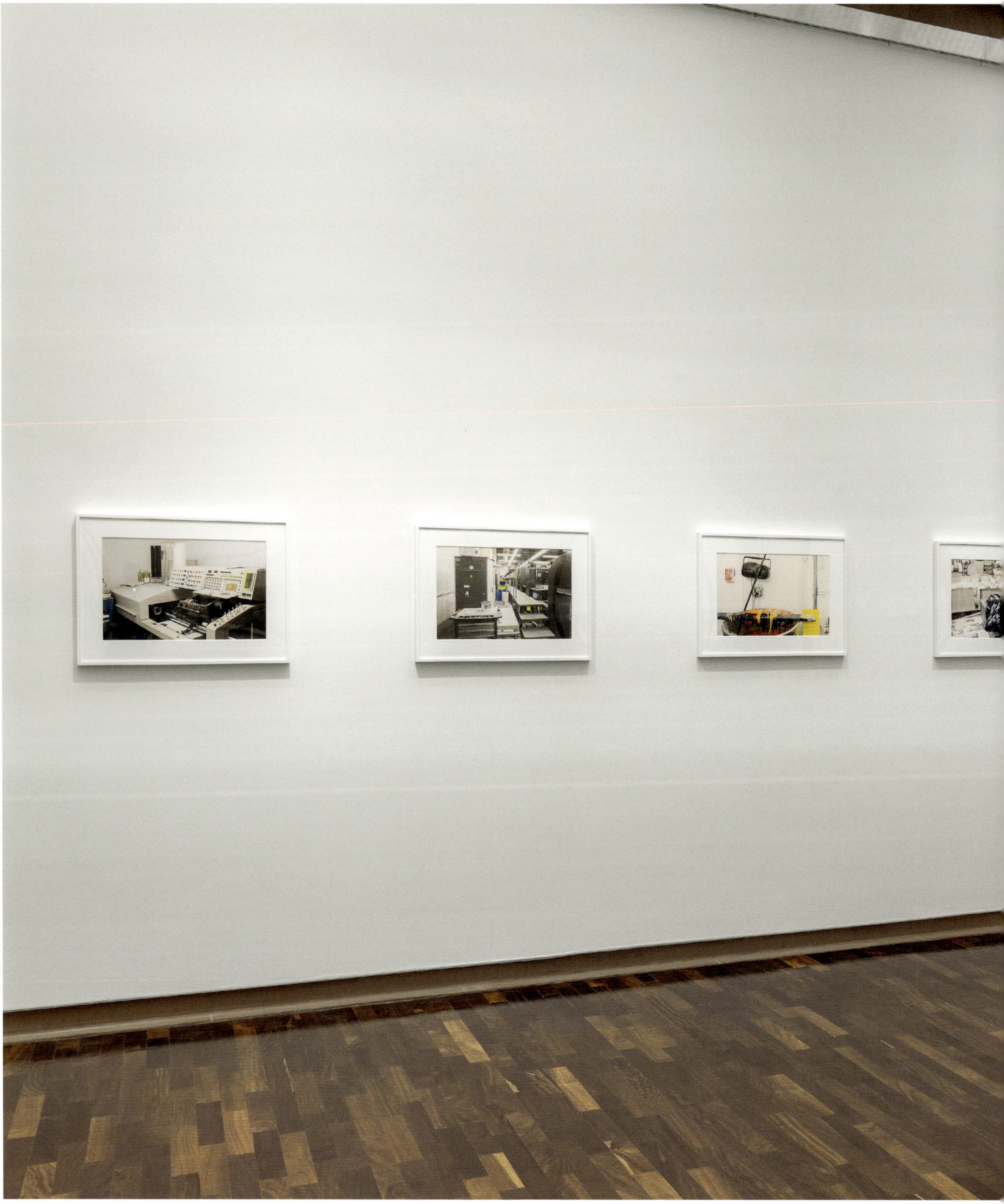

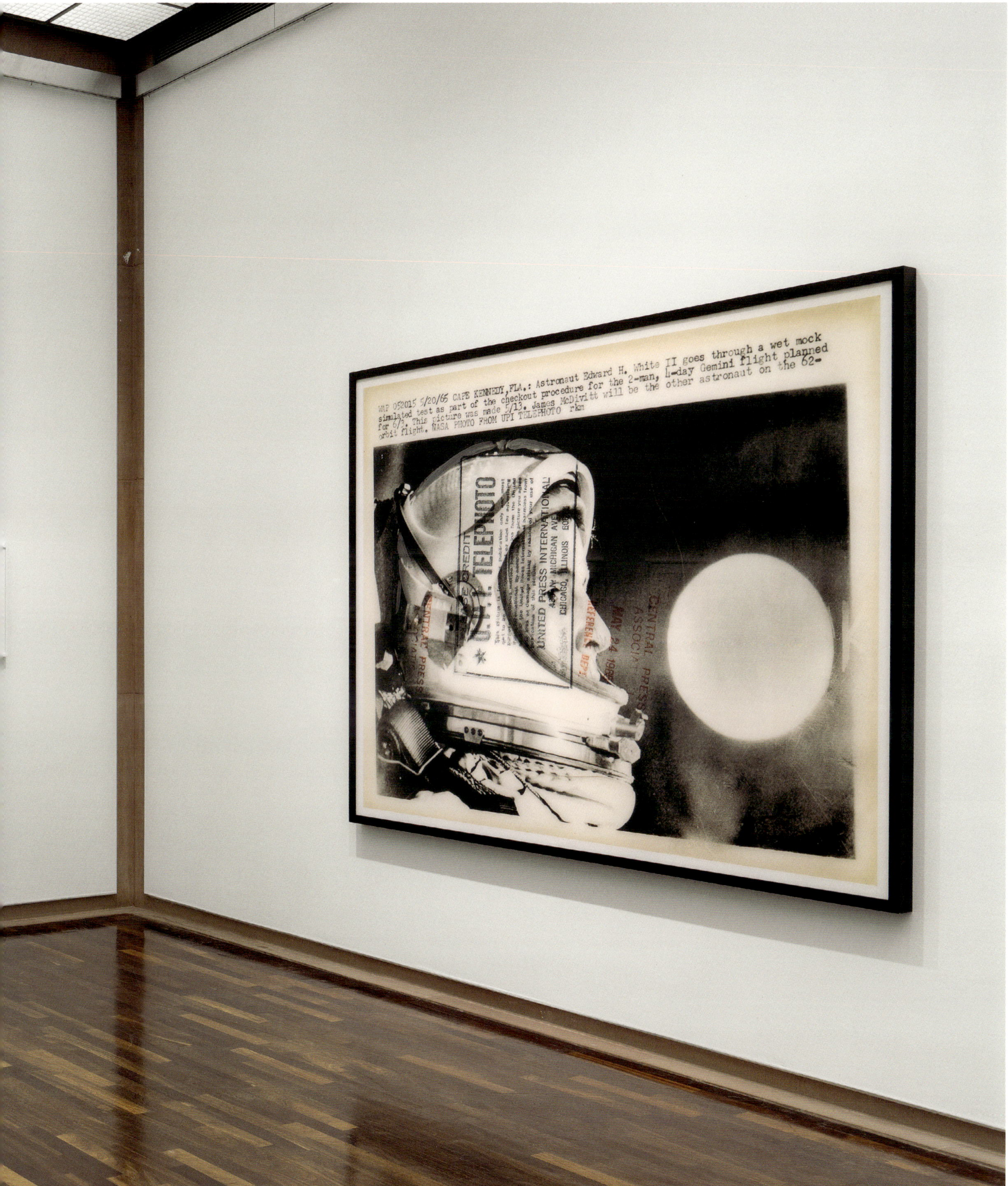
WAP 052015 5/20/65 CAPE KENNEDY,FLA.: Astronaut Edward H. White II goes through a wet mock
simulated test as part of the checkout procedure for the 2-man, 4-day Gemini flight planned
for 6/3. This picture was made 5/13. James McDivitt will be the other astronaut on the 62-
orbit flight. NASA PHOTO FROM UPI TELEPHOTO rkm
U.P.I. TELEPHOTO
UNITED PRESS INTERNATIONAL
CHICAGO, ILLINOIS

(...) dass Fotografie als Prothese benutzt werden kann, um Dinge sichtbar zu machen, die der Mensch mit bloßem Auge nicht sehen kann.

Thomas Ruff

Letztlich will ich, dass es in meinen Fotografien Mehrdeutigkeit und Intentionalität gibt ebenso wie Ungewissheit und Autonomie.

James Welling

Das fotografische Bild kann Dinge sichtbar machen, die mit dem Auge allein nicht sichtbar sind. Wie können wir mit Fotografie mehr sehen? Wie macht sich das Abwesende in einem Bild bemerkbar? Die Erfindungen im Bereich der Optik, die Fotografie und die in der Folge zahlreichen Weiterentwicklungen sind von dem Drang geleitet, mehr zu sehen, als mit bloßem Auge erkennbar ist.

Restlichtverstärker, eine Neuerung, die es ermöglicht in Dunkelheit zu sehen, haben die Kriegsführung entscheidend verändert, wie in den Medienbildern des Golfkriegs ab 1990 erstmals in Fernsehübertragungen klar wurde. Thomas Ruff entwickelt in der Folge die Serie *Nächte* (1992–1996), in der er die Technologie für seine Zwecke nutzt. Er fotografiert seine Nachbarschaft, banale Orte, wie Hinterhöfe und Straßenzüge in Düsseldorf und Umgebung. Betrachter*innen werden zu Voyeur*innen eines vermeintlich militärischen Einsatzortes – zugleich stellt sich ein Gefühl von Überwachung ein. Die Bildästhetik suggeriert einen Tatbestand, der in Wahrheit nicht vorhanden ist.

Um das Abwesende geht es auch in James Wellings ca. 100-teiliger Reihe *Wyeth* (2010–2015) oder der filmischen Arbeit *Seascape* (2018), wenn auch aus gegenläufiger Motivation. Hier geht es um die Präsenz von Abwesenheit vor dem Hintergrund von Formen der Hommage an den Maler Andrew Wyeth (1917–2009), von dem Welling seit früher Jugend fasziniert ist. Der malerische Realismus, den Wyeth verfolgte, schwingt unter gänzlich anderen Vorzeichen in den eingesetzten Mitteln der Fotografie durch Welling weiter. Bestimmend für die Bildreihe ist nicht die Wirklichkeit, sondern der von Welling imaginierte Blick des Malers auf den Ort, die Landschaft, seine Farbpalette oder Motivwahl. Auch bei *Seascape* geht es um eine Form der Verlebendigung im Sinne des Urhebers. Der Schwarz-Weiß-Film diente Wellings Großvater in den 1930er Jahren als Vorlage für seine Gemälde. In Anlehnung an dessen Farbigkeit koloriert Welling den Film nachträglich. Wellings Bruder wiederum komponiert den Soundtrack mit Akkordeon und über eine Trommel rollenden Steinen aus dem Meer. Bild- und Tonentwicklung entstehen hier aus den Übertragungen von Film zu Malerei, von Schwarz-Weiß zu Farbe, von Vergangenheit zu Gegenwart, von Generation zu Generation.

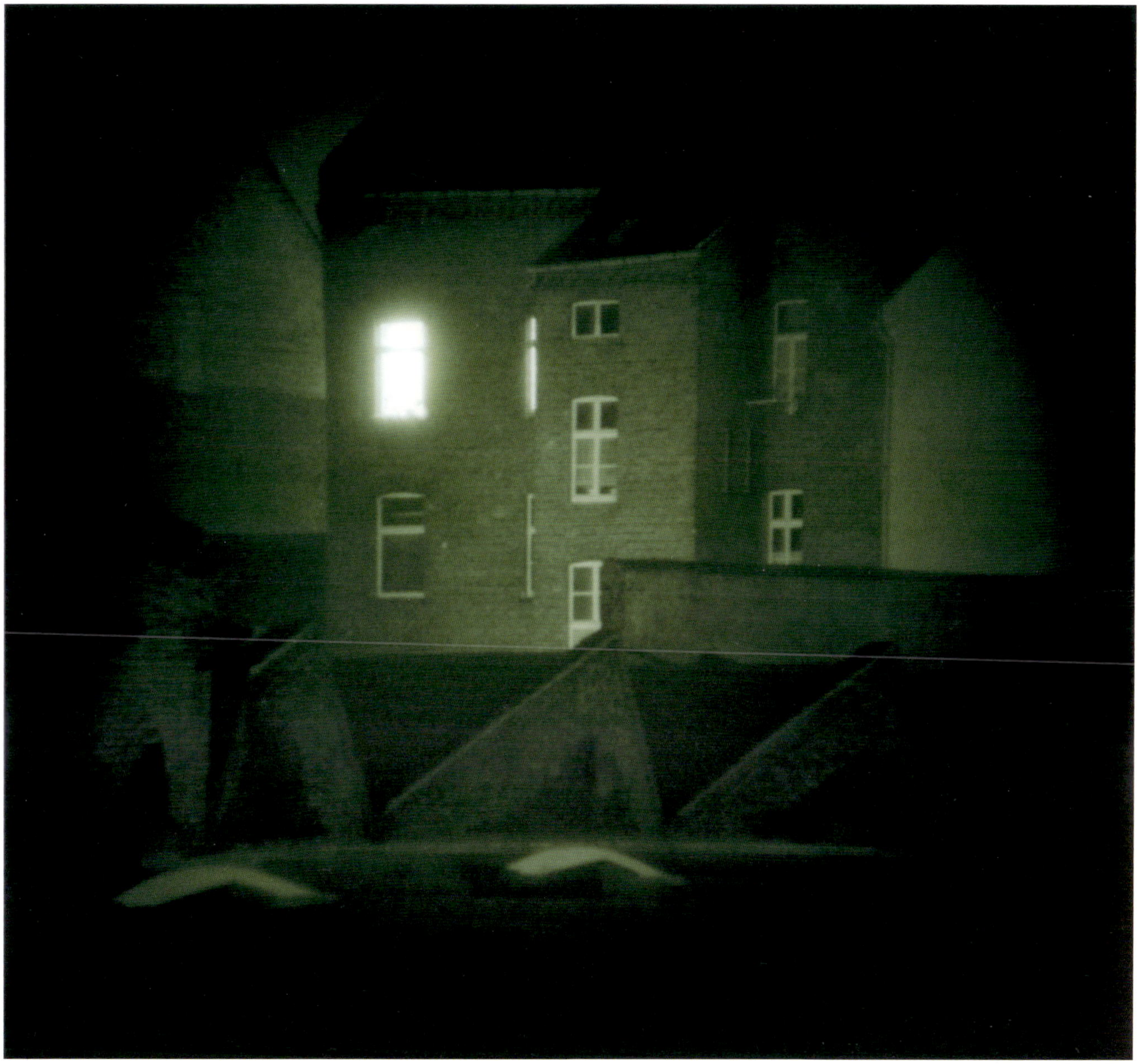

Thomas Ruff, *Nacht 1 I*, 1992

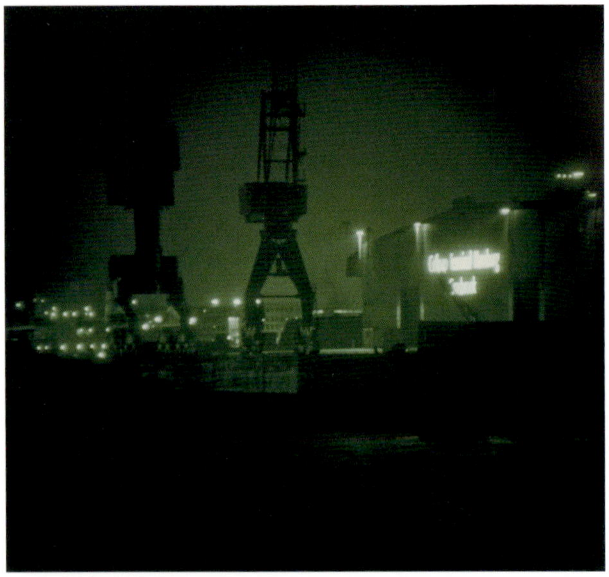

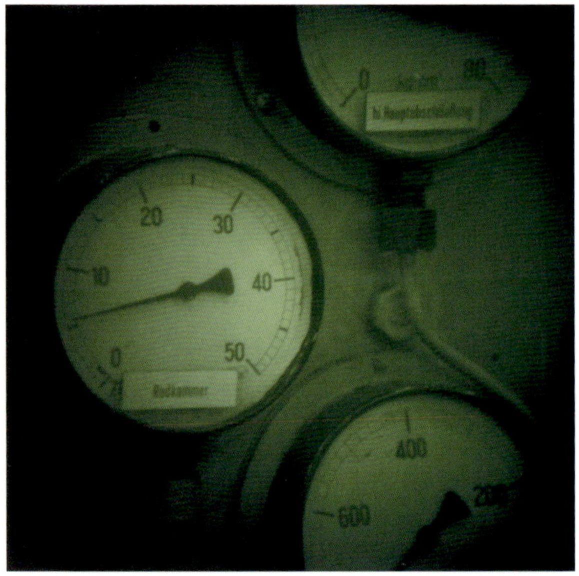

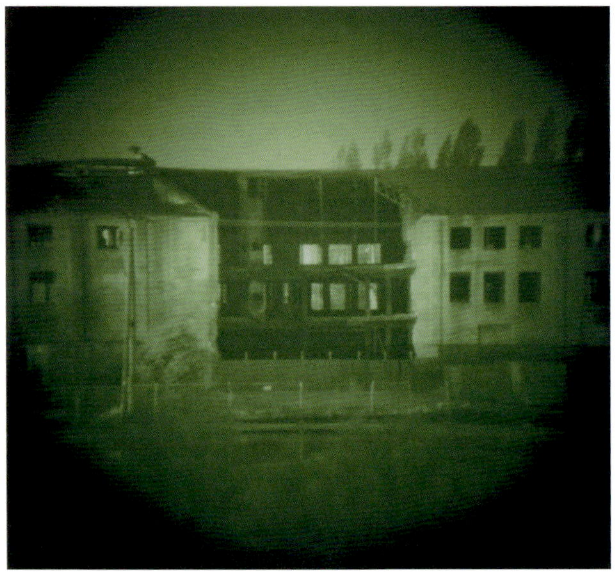

Thomas Ruff, *Nacht 10 III*, 1992
Thomas Ruff, *Nacht 4 I*, 1992
Thomas Ruff, *Nacht 14 II*, 1994
Thomas Ruff, *Nacht 3 II*, 1992

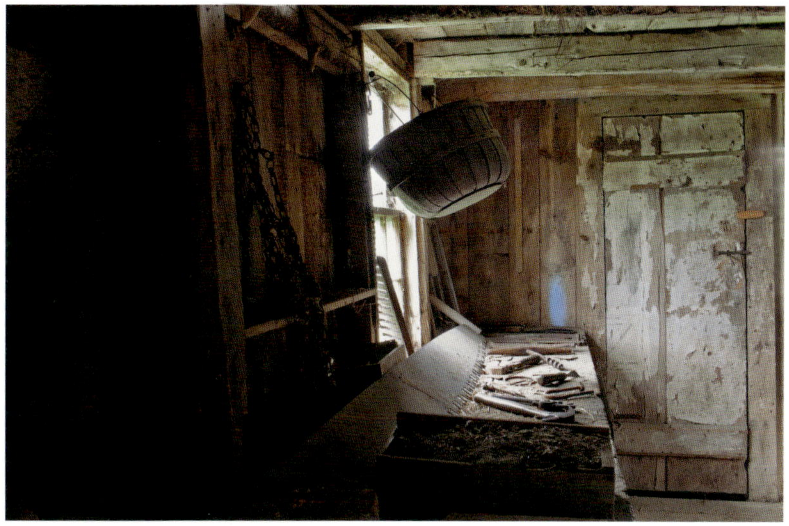

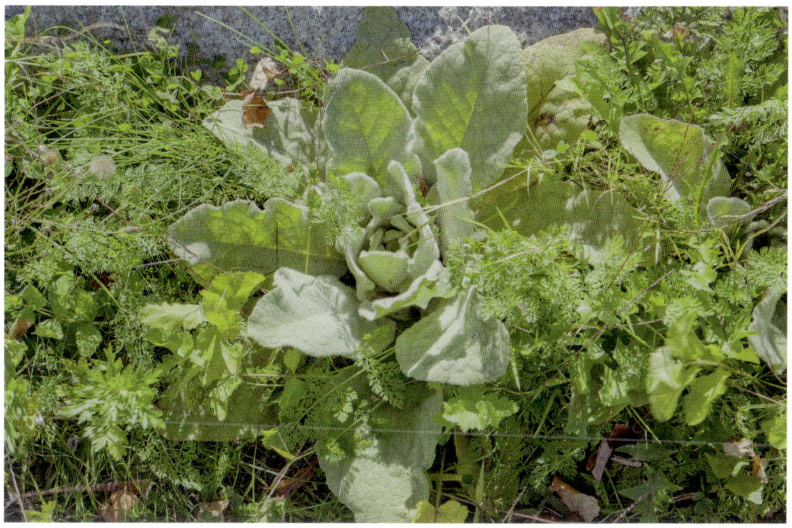

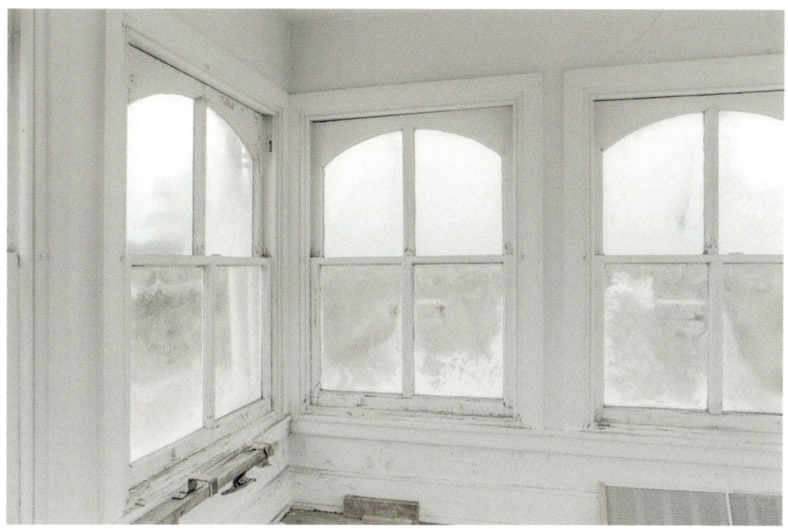

James Welling, *Basket and Workbench*, 2010
James Welling, *Mullein Plant, Thomaston*, ME 2012
James Welling, *Glass House*, 2010

VERSIONEN VON DIR
FRAGEN AN THOMAS RUFF UND JAMES WELLING

Robert Slifklin

Dass die Fotografie zugleich eine optische Technologie und ein künstlerisches Medium ist, wird mittlerweile nicht mehr als jener beunruhigende Umstand wahrgenommen, der er noch für Generationen von Künstler*innen und Kritiker*innen war, die im Aufkommen der Kamera eine drohende Gefahr für etablierte Formen visueller Repräsentation und traditionelle Konzepte individuellen schöpferischen Schaffens sahen. Heutzutage, da kaum ein künstlerisches Projekt mehr denkbar ist, das nicht irgendwie von technischen Vermittlungen oder Modifikationen abhängt, und digitale Netzwerke die wichtigste Plattform zur Herstellung und Verbreitung von Bildern aller Art darstellen, wirkt die Tatsache, dass die Fotografie einst mit technischer Reproduzierbarkeit einherging, fast schon auf liebenswerte Weise altmodisch. Und angesichts der Tatsache, dass unterschiedliche Formen von Appropriation und Sampling bereits in einem breiten Spektrum künstlerischer Praktiken Mediengrenzen überschreitend angewandt werden, stellt die vermeintliche objektive und automatische Aufzeichnung der Welt durch die Fotografie auch keine erkennbare Herausforderung für solche Konzepte künstlerischer Intentionalität und Imagination dar, die auf Auswahl, Bearbeitung oder anderen postproduktiven Verfahren beruhen. (Allerdings könnte man einwerfen, dass erst durch die Fotografie die Voraussetzungen für solche ästhetischen Strategien in eher traditionellen Medien wie Malerei oder Skulptur geschaffen wurden.)

Wenn der Status der Fotografie als gängige – und zunehmend geschätzte – Kunstform weitgehend als gesichert gelten kann, bleibt dennoch die maschinelle Herstellung von Kunst nach wie vor ein unsicheres, wenn nicht sogar ein wenig verunsicherndes Thema, das auch auf größere gesellschaftliche Fragestellungen bezüglich des Eindringens von Technologien in jedweden Bereich des menschlichen Lebens verweist. Zahlreiche Autor*innen treten dafür ein, die Fotografie angesichts der zentralen Rolle, die sie in der heutigen Bilderökologie einnimmt – etwa als Grundlage wissenschaftlicher Untersuchungen, forensisches Beweismaterial, Marketinginstrument oder Medium für persönliche Erinnerungen, um nur einige ihrer mannigfaltigen Nutzungen jenseits ihrer exklusiveren ästhetischen Anwendung zu nennen –, zu einem eigenständigen Gebiet der philosophischen Betrachtung zu erheben. Man könnte sagen, die Fotografie habe durch ihre außerordentlichen Fähigkeiten, Erinnerungen zu speichern, zugleich die – wie man früher sagte – „soziale Landschaft" wie auch die innere „Seelenlandschaft" des Menschen radikal verändert. Ein Nachdenken über Fotografie muss daher zwangsläufig ein Nachdenken über Wahrheits- und Wahrnehmungsfragen sowie darüber mit sich bringen, inwieweit Individualisierung in einer Zeit der stetigen Zunahme technischer Vermittlungs- und Steuerungsprozesse überhaupt noch möglich ist.
Es überrascht daher nicht, dass mittlerweile zahlreiche Künstler*innen mit Fotografie arbeiten, und zwar wohl nicht so sehr wegen ihrer bemerkenswerten mimetischen und reproduktiven Qualitäten, sondern eher, um die technischen Grundlagen des Mediums zu erkunden, zu erweitern und – nicht

selten – auch zu erschüttern. Im Kreise dieser Künstler*innen sind Thomas Ruff und James Welling als zwei zentrale Figuren zu nennen, deren anhaltende Auseinandersetzungen mit dem Medium Fotografie sie zu rechtmäßigen Erben einer langen Tradition der Avantgarde werden lassen. Diese sah in der Fotografie die wichtigste Bildtechnologie der Moderne und damit auch ein zentrales künstlerisches Medium, das durch die Herstellung bisher nie dagewesener Bilder neue Weltsichten generieren kann – was oft durch eine unkonventionelle Nutzung von Kamera und Equipment sowie eine Erweiterung der Grenzen dessen, was als Fotografie gelten konnte, erreicht werden sollte.

Ein solches Paradigma skizziert auch der Philosoph Vilém Flusser in seinem klugen kleinen Buch *Für eine Philosophie der Fotografie* (1983), in dem er eine tieferliegende Verwandtschaft zwischen Kamera und Computer konstatiert, die er beide als „Black Boxes" bezeichnet. Flusser zufolge lässt das „Programm" der Fotografie gewisse Operationen zu, während es andere verweigert, sodass die Resultate für die meisten Nutzer*innen – jene, die Schnappschüsse machen (beziehungsweise heutzutage Selfies oder kurze Videoclips, die sie auf die verschiedensten Social-Media-Plattformen hochladen) – absolut vorhersagbar und redundant sind und keinerlei Informationsgehalt besitzen. Im Gegensatz zu solchen konventionellen Herangehensweisen an das Medium lassen sich Fotograf*innen, die mit ihren Kameras neuartige Bilder hervorbringen wollen, mit Hackern vergleichen. Sie beherrschen fließend die Sprache ihres Mediums, um damit ungewöhnliche Dinge anstellen und es bisweilen bewusst sabotieren zu können. In Flussers Augen steht dabei sehr viel auf dem Spiel. Da Fotografien, so Flusser, „technische Bilder" sind, sind sie derart wirklichkeitshaltig und wirkmächtig, dass sie fast natürlich anmuten. Aus diesem Grund verfügen sie trotz ihres vollkommen künstlichen und technischen Wesens über die Fähigkeit, als Wahrheitsvermittler zu fungieren. Insofern kann eine Art Störung oder „Hacken" des fotografischen Programms zugleich die ideologische Nutzung solcher technischen Bilder offenlegen und neue Erfahrungsräume innerhalb einer menschlichen Umwelt etablieren, die von Flusser als zunehmend instrumentalisiert und standardisiert wahrgenommen werden.

In dieser Hinsicht dient sowohl Ruffs als auch Wellings eindringliche Beschäftigung mit den spezifischen Charakteristika ihres jeweiligen Hauptmediums nicht so sehr dazu, ihre erstaunlich heterogenen Praktiken von der ganzen Reihe nichtkünstlerischer Verwendungsweisen der Fotografie abzugrenzen; vielmehr ist sie eine wirksame Methode, um schemenhaft aufzuzeigen, was das menschliche Leben in einem Zeitalter der stetigen Expansion technischer Vermittlungsprozesse ausmacht. Die Werke beider Künstler greifen wiederholt die Frage auf, wie der nichtmenschliche Blick der Kamera vermittelt und verdeutlicht werden kann. Auf diese Weise soll der Apparat sein Potenzial gegen sich selbst richten und seine unsichtbare Macht über die Welt und die neuen Lebensweisen von heute offenbaren, um neue Wege aufzuzeigen, wie man in einer derart hochgradig mediatisierten Welt fantasievoll leben kann. Damit platzieren Ruff und Welling traditionelle Vorstellungen individuellen künstlerischen Schaffens in eine gerade erst im Entstehen begriffene neuen Welt, in der die Handlungen einzelner menschlicher Akteur*innen sich zusehends in immer komplexeren Informationssystemen zu verlieren scheinen.

Ausgehend vom Ausstellungstitel *DARK MATTER* (Dunkle Materie), der auf Energieformen anspielt, die für das menschliche Auge unsichtbar sind und dennoch einen erheblichen Einfluss auf die Welt ausüben, haben beide Künstler einige Fragen zum Einfluss technischer Vermittlungs- und Transformationsdynamiken auf unterschiedliche Facetten ihres jeweiligen Werks beantwortet.

In seinem Essay „Incisions in History / Segments of Eternity" (Einschnitte in die Geschichte / Abschnitte der Ewigkeit) schreibt Hollis Frampton: „Einfach ausgedrückt, ist der fotografische Apparat ein Gerät zur Akkumulation von Energie." Wenn ich an bestimmte Teile in eurem jeweiligen Werk denke, in denen es offenbar um die Aufzeichnung der Effekte von Energie geht, beispielsweise die *Light Sources* oder die *Sterne,* oder mir vor Augen führe, wie häufig Maschinen in euren Œuvres eine Rolle spielen, dann frage ich mich, ob diese Aussage mit eurer eigenen Auffassung des Mediums übereinstimmt.

Thomas Ruff Das ist eine schöne Umschreibung, denn so läuft der fotografische Prozess ja ab: Durch die Linse und den Verschluss dringt Licht ein, das auf dem lichtempfindlichen Film Spuren hinterlässt. Es ist ein reales physikalisches Phänomen. Nehmen wir etwa die *Nächte*-Fotografien: Dort wird dieser Vorgang durch die Fotokathode, die die letzten Restelektronen sichtbar macht, noch verstärkt. Das ist ein realer energetischer Vorgang. Ich glaube nicht an das Metaphysische in der Fotografie, aber natürlich verstehe ich, dass eine Fotografie manchmal nicht das auf dem Bild selbst Gezeigte abbildet, sondern nur die Vorstellung einer Person, die sie sich ansieht.

James Welling Ich habe Frampton an der Kunsthochschule gelesen und damals aufmerksam seine Äußerungen über das Kino verfolgt. Aber seine Idee, dass die Kamera ein Apparat sei, der Energie akkumuliert, die habe ich damals nicht mitbekommen. Der Apparat, über den ich in den 1970er-Jahren nachdachte, war die Zeitmaschine – der Fotoapparat als Zeitmaschine. Das wurde mir klar, als ich an *Diary/Landscape* arbeitete. Mich verblüffte die Tatsache, dass das Tagebuch, das ich fotografierte, aus dem Jahr 1840 stammte, aus jener Zeit also, als die von mir benutzte 4-mal-5-Zoll-Plattenkamera erfunden wurde. Ich war sofort begeistert von dem Umstand, dass die Geschichte der Kamera mit der des Gegenstandes korrelierte.
Ein anderer Gedanke in Bezug auf Kameras und Fotografie, dem ich noch vor dieser Idee begegnete, fasste die Fotografie als eine Art Bauchredekunst auf. In der Cal-Arts-Bibliothek entdeckte ich ein Buch über die Architektur des 19. Jahrhunderts und Bauchrednerei. All den Bewegungen, die Stilrichtungen früherer Zeiten aufgriffen – den Revivals griechischer, italienischer oder gotischer Architektur –, lag eine politische Agenda zugrunde, eine Art Bauchrednerei, wenn man so will. Entsprechend begann ich auch in der Fotografie eine Art Bauchredekunst zu sehen, und als ich *Diary/ Landscape* machte, stellte ich mir vor, dass die Serie mit einer Stimme aus dem 19. Jahrhundert spricht.

Eure Arbeiten scheinen manchmal funktionalere, instrumentalisiertere Nutzungsweisen des Mediums aufzugreifen, etwa Abbildungen von Architektur oder Artefakten, Passbilder, Pornografie oder astronomische Bilder, gleichzeitig knüpfen sie aber auch an konventionelle Formen aus der bildenden Kunst an, vom Stillleben bis zur Abstraktion. Sind die Spielarten nichtkünstlerischer Fotografie etwas, was euch besonders interessiert und von dem ihr etwas lernt?

JW Ich habe das Medium durch Architekturfotografie, Tanz- und Performancedokumentationen, Aufnahmen von Kunst, Eisenbahnfotografie und Kalenderfotografie kennengelernt. Die Bücher, die mich geprägt haben, stammen nicht von Walker Evans oder Robert Frank; in meiner frühen visuellen und fotografischen Bildung spielten deren Bücher keine Rolle. Mich interessierten die Fotografien in den Büchern, die mein Vater aus der Druckerei, in der er arbeitete, mit nach Hause brachte, etwa Vincent Scullys *The Earth, The Temple, and the Gods* (1962) oder *Literary America* (1952), ein fotografischer Sammelband über das Lebensumfeld von Schriftsteller*innen. Als er *Diaghilev and the Ballets Russes* (1970) mit nach Hause brachte, öffnete mir das die Augen für Tanzfotografie. Ein weiteres wichtiges Buch war *The Drawings of Charles Buchfield* (1968); mein Vater und ich verglichen die Originalzeichnungen mit den Abbildungen im Buch. Tatsächlich war die Druckerei der Ort, an dem ich erstmals einen flüchtigen Blick in eine Dunkelkammer geworfen habe.

TR Als junger Künstler, mit Ende zwanzig, Anfang dreißig, als ich die *Porträts* machte, war ich derjenige, der den Auslöser der Kamera betätigte. An einem gewissen Punkt habe ich dann realisiert, dass künstlerische Fotografie zwar nett, aber nicht alles ist. Es gibt so viel Arten von Fotografie – Wissenschaftsfotografie, Amateurfotografie, um nur zwei zu nennen –, die so viel interessanter sind als alle unsere Versuche, künstlerisch zu fotografieren. Das war einer der Gründe, warum ich mich den Negativen aus der Wissenschaft zugewandt und damit neue Arbeiten wie *Sterne* gemacht habe, und dann folgten auch die Aufnahmen mit Nachtsichtgerät, die *Nudes*, die *Press*-Arbeiten und so weiter. Ich finde, es gibt nicht eine einzig gültige oder beste Art und Weise, zu fotografieren.
Um 1997/98 zum Beispiel war ich der Meinung, der Akt als Sujet spiele eine so wichtige Rolle in der Kunst und der Geschichte der Fotografie, dass ich mich mit ihm auseinandersetzen müsse. Ich beschloss also, eine kleine genrebezogene Recherche anzustellen, und begann meine Suche damit, dass ich in meinen Browser das Wort „Aktfotografie" eingab. Daraufhin erschien Aktfotografie von Leuten wie Helmut Newton oder Peter Lindbergh auf meinem Bildschirm. Sie stand in meinen Augen für einen beschränkten männlichen Blick auf den nackten

Körper – eine ziemlich langweilige und sehr nach 19. Jahrhundert aussehende Fotografie, jedenfalls kein für die Gegenwart stehender Blick. Danach verwendete ich die Wörter „Sex" und „Porno" und es erschienen kleine, als Teaser gedachte Thumbnail-Abbildungen, bei deren Anblick ich dachte: „Wow, diese Bilder zeigen Nacktheit auf so viel ehrlichere Weise als all die künstlerischen Aktfotografien, die ich bisher gesehen habe."

Ihr beide habt euch in unterschiedlichem Maße zusehends Projekten zugewandt, in denen ihr nicht die Person seid, die die Aufnahmen macht, sondern stattdessen bestehende Bilder auswählt oder andere Leute dafür einstellt, die Aufnahmen für euch zu machen. Seht ihr diesen Aspekt eures Schaffens eher als radikale Abkehr von bestimmten Techniken und Strategien oder als deren Fortsetzung?

TR Als ich an den *Sternen* arbeitete, musste ich feststellen, dass ich aufgrund der Lichtverschmutzung und meiner Fotoausrüstung keine Aufnahmen in der gewünschten Qualität machen konnte, obwohl meine Ausrüstung eigentlich professionell ist. Ich war auf die Hilfe professioneller Astronom*innen angewiesen und musste auf deren große Teleskope, Linsen und Kameras zurückgreifen. Aber wäre ich immer noch der Urheber dieser Fotografien, wenn ich Hilfe akzeptierte? Damals fiel mir die Entscheidung ziemlich schwer. Aber mir wurde sehr schnell klar, dass ich diese Aufnahmen nicht machen konnte, wenn ich mich nicht von der Vorstellung löste, dass nur derjenige ihr Urheber ist, der auf den Auslöser drückt. Am Ende beschloss ich, dass es okay ist, auf die Autorschaft zu verzichten, denn sonst hätte ich die Arbeit nicht machen können. Das war wahrscheinlich auch der erste Schritt, der mir half, die Arbeiten anderer Urheber*innen in die folgenden Serien einzubauen. Wenn ich ein neues Werk hervorbringe und dabei die Werke anderer Autor*innen verwende, bin dennoch ich der Autor des dabei entstehenden neuen Werks. Und ich suche mir natürlich nur das Beste heraus!

JW 1973 am CalArts haben David Salle und ich uns sehr dafür interessiert, Bilder aus Zeitschriften herauszunehmen und sie gerahmt als unsere eigenen Arbeiten auszugeben. Meine Abschlusspräsentation bestand fast ausschließlich aus angeeigneten Bildern – Zigarettenwerbungen, Bildern von berühmten Künstler*innen und Schriftsteller*innen –, ergänzt um ein paar von mir abgezogene Fotografien. Als ich mich 1976 zu meinem Status als Fotograf bekannte, hörte ich mit der Appropriation von Bildern nach und nach auf. Für meine Richardson-Fotografien in den späten 1980er-Jahren fotografierte ich Archivfotos von nicht mehr existierenden Gebäuden ab. Bei der Arbeit an *Wyeth* (2009–2015) brach ich mir den Fuß, als die Serie erst zur Hälfte fertig war, deshalb beauftragte ich eine meiner ehemaligen Studentinnen von der UCLA in die Gegenden zu fahren, die im Werk des Malers Andrew Wyeth eine Rolle spielen, und dort unter meiner Regie Fotoaufnahmen zu machen. Sie lud die Aufnahmen von ihrer Kamera hoch, und ich sagte ihr dann, was sie als Nächstes tun solle. Im Fall von *Choreograph*, wofür wir in einem Studio Fotos mit gebuchten Tänzer*innen machten, arbeitete ich immer mit einem/einer Assistent*in zusammen. Wir machten unsere Aufnahmen parallel, um ja nichts zu verpassen. Später, als ich es nicht schaffte, zu bestimmten Performances an die Ostküste zu reisen, fing ich an, frühere Studierende damit zu beauftragen, dort nach meinen Vorgaben Aufnahmen zu machen.

Während die Aufzeichnung von Bewegung und dynamischen Handlungen in der Geschichte der Fotografie eine sehr große Rolle spielt, drückt sich in euren Arbeiten häufig Unbewegtheit aus. Zugleich fordern eure Werke oft sozusagen einen verzögerten Betrachtungsmodus ein, sodass sich Bilder erst im Verlauf der Zeit offenbaren. Sind der Wert der Unbewegtheit und diese Form verzögerter Wahrnehmung Aspekte, auf die ihr hinarbeitet und die ihr sucht?

JW Als ich *Lock* (1976) machte – mein erstes schwarz-weißes Polaroid, das Beachtung fand –, überkam mich eine tiefe Freude, als ich mir dieses verkleinerte Bild eines stark verschatteten schwarzen Holzstücks ansah, an dem ich so sorgfältig gearbeitet hatte. Die Betrachtung einzelner ruhender Gegenstände auf Fotografien ist einer der Gründe, warum ich die Aufnahmen überhaupt mache.

TR Ich wuchs in einer Welt voller Fotos auf, mit Fernsehen, Zeitschriften und Reklametafeln, und manchmal denke ich, es gibt einfach zu viele

Bilder auf dieser Welt. Es schien keinen Sinn mehr zu machen, sie anzuschauen. Daher dachte ich, ich sollte einige Bilder aussuchen und „anhalten", sodass die Zeit stillsteht, um den Leuten die Möglichkeit zu geben, die Arbeit oder das Bild noch einmal genau anzusehen.
Zeit ist Dauer, aber wenn man ein Foto aufnimmt, wird genau dieser Augenblick eingefroren, und er bleibt für immer festgehalten und entzieht sich dem Fortgang der Zeit. Wir leben weiter, unsere Leben wandeln sich, aber diese Fotografie selbst zeigt einen ganz bestimmten Augenblick dieses Lebens. Es ist eine irgendwie absurde Situation. Die Fotografie ist eine Falle für die Zeit – obwohl sie weiterläuft, enthält das Bild diesen stillstehenden Augenblick. Aber gleichzeitig versuche ich, eine Art universelles Bild zu erschaffen, mit einer unendlich langen Lebensdauer; ich wünsche mir, dass dieses Kunstwerk ewig lebt.

Anders als traditionellere Medien wie Malerei oder Skulptur hat die Fotografie schon immer bis zu einem bestimmten Grad Reproduktion und Übertragung zugelassen. Wie steht ihr dazu, dass euer Werk in Büchern abgedruckt wird, dass es in Tinte übersetzt und in der Größe reduziert wird? Seht ihr derartige Projekte als notwendige Vermittlungsinstanz oder als eine Möglichkeit, neue Versionen oder neue Arbeiten zu herzustellen?

TR Bis in die 1980er Jahre war das Medium Buch sehr wichtig für die Fotografie, denn die meisten Fotograf*innen arbeiteten mit Abzügen in einer Größe von 18 × 24 Zentimetern und wussten nicht, ob sie diese jemals in einem Ausstellungsraum zeigen würden. Und selbst wenn sie diese dann ausstellten, gab es nicht unbedingt viele Leute, die sich das ansahen. Bücher hingegen sorgten für eine viel umfassendere Verbreitung und boten die Chance, ein größeres Publikum zu erreichen. Zudem waren die meisten fotografischen Abzüge eher klein, weshalb der Größenunterschied zwischen Original und Buchabbildung nicht allzu gravierend war. Ich denke, der Wunsch jener Generation von Fotograf*innen, sehr hochwertige Bücher zu produzieren oder die Bilder in guten Zeitschriften abdrucken zu lassen, hatte mit einer Zunahme des interessierten Publikums und einem wachsenden öffentlichen Bewusstsein für Fotografie zu tun.
Als ich mit der Arbeit an den großen Porträts begann, war ich mit der Farbwiedergabe der Reproduktionen in Büchern unzufrieden, weil sie damit ihre physische Präsenz einbüßen. Meine Werke sind auf eine Weise Einzelstücke, wie es Gemälde sind. Vielleicht könnte man es mit einem Konzert vergleichen, das aufgenommen, als Schallplatte veröffentlicht und dann auf CD übertragen wird, um schließlich bei Spotify zu landen. Das Resultat ist dann einfach eine aufgezeichnete, komprimierte Version eines Live-Auftritts. Natürlich wirkt es dünkelhaft, wenn nur jene die „vollständige Fassung" zu hören bekommen, die das Konzert besuchen können, doch das Original ist immer noch die beste Version – ob in Musik, Kunst, Architektur oder in der Natur. Aber natürlich bin ich froh, wenn meine Arbeiten in einem schönen Katalog oder einem gut gedruckten Buch veröffentlicht werden; dennoch besitzt es für mich nicht jenen Stellenwert, den Bücher für die Künstler*innen hatten, die in den 1960er oder -70er Jahren mit Fotografie arbeiteten.

JW Die meisten meiner Publikationen sind Ausstellungskataloge. Jenseits der Kataloge war mein erstes Künstlerbuch *Usines de Dentelle* (1993). Ich nahm meine Abzüge mit zur Imprimerie Union, einer Druckerei in Paris, und sie produzierten ein schönes kleines Buch in einfachem Duplexdruck.
Es folgte *Light Sources* (1996), wobei ich bei diesem Projekt eine Herausgeberin hatte, die mir mit der Druckerei Imschhot in Gent weiterhalf. Mein einziges weiteres eigenständiges Buch ist winzig, es trägt den Titel *Meridian* (2017), ein Buch über die Druckerei Meridian Printing auf Rhode Island. Keines dieser drei Bücher enthält viel Typografie, sie enthalten vor allem Bilder. Was ich an Katalogen wirklich mag, ist die Mischung aus Bild und Schrift: Essays, Bildunterschriften, bibliografischer Apparat. Sie alle tragen zu etwas bei, das in meinen Künstlerbüchern fehlt. Insofern muss ich sagen, dass es aufregend ist, Kataloge zu machen – daran sind mehr Menschen beteiligt, und es geschieht meist etwas Unerwartetes.

Wenn man bedenkt, dass ihr einen Ruf sozusagen als Konzeptkünstler oder Vertreter der Postmoderne habt, die traditionelle Vorstellungen des Kunstwerks als Träger eines persönlichen Ausdrucks ablehnen, überrascht es in gewisser Weise, in welcher Häufigkeit persönliche Bilder oder eine persönliche

Motivation in einigen eurer frühen Serien (den *Interieurs* und *Porträts* bei Ruff; bei Welling beispielsweise *Diary/Landscape*) eine zentrale Rolle spielen. Wie steht ihr zur Verwendung von persönlichem Ausgangsmaterial oder persönlichen Gegenständen in eurem Werk?

JW Ich finde es interessant, dass du sagst, Konzeptkunst sei kein Träger von persönlichem Ausdruck. Ein Großteil meiner Ästhetik basiert auf den unglaublichen Ausstellungen konzeptueller Kunst, die ich in den 1970er Jahren besucht habe: *Information* am MoMA; die Guggenheim International Exhibition 1971; *C. 7,500* von Lucy Lippard; *Air, Fire, and Water* am Boston Museum of Fine Arts; *Anti-Illusion* im Whitney Museum; *Software* im Jewish Museum in New York; *Art and Technology* am LACMA. Viele der Arbeiten in diesen Ausstellungen bildeten vielleicht nicht „persönliche", aber doch „individuelle" Anliegen ab. Hanne Darbovens Werk hat mich unmittelbar angesprochen, ebenso wie viele Arbeiten von Douglas Huebler, Vito Acconci und Dennis Oppenheim. Unter dem Einfluss all dieser richtungsweisenden Ausstellungen begann ich, mit dem Familienmaterial zu arbeiten, was 1972 schließlich in *Diary/Landscape* mündete. Einer der Gründe, warum ich später die *Railroad Photographs* (1987–2000) machte, war mein Wunsch, weiter die Schichten des 19. Jahrhunderts freizulegen, wie ich es mit *Diary/Landscape* bereits begonnen hatte. Die Last der Geschichte interessierte mich, und ich hatte den Eindruck, dass hier ein Zusammenhang zu den Ausstellungen bestand, die ich mir in den frühen 1970er Jahren angeschaut hatte.

TR In gewisser Hinsicht ist mein gesamtes Werk autobiografisch. Ich habe die *Interieurs* gemacht, als ich zwanzig war und zu Hause bei meiner Familie in der Kleinstadt auszog, um in der großen Stadt Düsseldorf Kunst zu studieren. Die Fotos von Innenräumen waren Porträts meiner Kindheitsumgebung, jener Orte, die ich seit frühester Kindheit kannte: der Häuser meiner Eltern, meiner Verwandten und der Eltern meiner Freund*innen – vollkommen autobiografisch. In Düsseldorf kannte ich nur Vertreter*innen meiner Generation – meine Freund*innen und Kolleg*innen an der Kunstakademie –, insofern waren diese Arbeiten auch sehr autobiografisch. Die nächste Serie waren die *Häuser*, und das war die Umgebung, in der meine Generation aufgewachsen ist: typische Architektur der 1960er, -70er und -80er Jahre. *Sterne* war wohl die Serie, mit der ich mich professionalisierte und thematisch zu arbeiten begann, aber auch sie fußte auf meinem ureigenen Interesse an Astronomie. Die *Zeitungsfotos* und die Serie *Nächte* zeugen von meiner Beschäftigung mit Geschichte, Politik und dem gesellschaftlichen Leben, sie beruhen aber auch auf dem kollektiven Gedächtnis meiner Generation. Man könnte also sagen, der autobiografische, unmittelbar emotionale Ansatz wurde durch einen eher intellektuellen abgelöst, aber es war noch immer insofern autobiografisch motiviert, als es sich um Sachen handelte, die in meinem Leben eine Rolle spielten.

Ihr seid Teil einer Generation von Künstler*innen, deren Auseinandersetzung mit der Fotografie überwiegend als Infragestellung oder sogar Dekonstruktion der dem Medium üblicherweise unterstellten Faktizität und Beweiskraft gewertet wurde. Tatsächlich lassen sich in eurem jeweiligen Werk Fälle finden, in denen gewisse Darstellungsstrategien wie Vergrößerung oder künstliche Kolorierung dazu benutzt werden, um die Fotografie sozusagen in ein Bild zu verwandeln; um ihre Form, die Darstellung selbst, gegenüber dem Dargestellten hervorzuheben. Aber würdet ihr zustimmen, dass euer Werk auch auf einer wohlwollenden Beschäftigung mit den referenziellen Fähigkeiten und der unerschütterlichen Glaubwürdigkeitsrhetorik der Fotografie beruht? Die sich beispielsweise dadurch äußert, dass sie in unterschiedlichen Bereichen des Alltags nach wie vor einen Raum der Wahrheit definiert und kraftvolle emotionale Reaktionen auslöst, wenn wir etwa ein Bild von einer geliebten Person auf Social Media sehen oder uns ein Arzt eine Röntgenaufnahme unseres Körpers zeigt? Beeinflussen diese eher faktischen und affektiven Aspekte des Mediums euer Schaffen in irgendeiner Weise?

TR Als ich an der Düsseldorfer Kunstakademie studierte, waren die Minimalist*innen unsere Held*innen. Ich wollte damals versuchen, sehr minimalistische Porträts herzustellen, um all die Konventionen und Regeln des Genres abzuschütteln. Ich wollte das Porträt auf einen Nullpunkt zurücksetzen. Als mein Porträt von Pia in einer Galerie ausgestellt wurde, äußerten manche Kritiker*innen: „Oh, diese Porträts sind anti-individualistische, anonyme Fotografien.“ Wenn ich mir aber das Porträt von Pia ansehe, denke ich: „Nein, das ist ein Bild meiner Freundin Pia.“ Allerdings thematisiert dieses Porträt zugleich auch das Genre Porträt und das Medium Fotografie. Ich kann nur schwer beurteilen, in welchem Verhältnis hier Gegenstand und Medium zueinanderstehen: Sind es 40% Porträt der lebenden Person Pia und 60% Nachdenken über Fotografie, oder sind es 60% Pia und nur 40% Nachdenken über Fotografie?

JW Wie jeder Mensch interessiere auch ich mich dafür, was eine Fotografie zeigt. Aber zunächst reagiere ich auf jede Aufnahme so, dass ich mir erst einmal den Prozess bewusst mache, der dazu geführt hat, dass nun ein Bild vor mir liegt – sei es die mit einer Kodak Instamatic gemachte Aufnahme aus den 1960er Jahren im Fotoalbum meiner Mutter, sei es ein Echokardiogramm auf einem Anzeigegerät im Behandlungszimmer meines Arztes. Die Herstellung und Materialität von Fotografien beschäftigen mich immer. Und jenseits des bloßen Vorgangs bin ich mir über die sinnliche Natur einer jeden Fotografie bewusst. Die Herstellung von *Lock* war meine erste Begegnung mit einer von mir selbst gemachten sinnlichen Aufnahme. In Bezug auf meine Serie *Julia Mamaea* (2018–2021) wurde ich kürzlich gefragt, warum ich sie fotografiere und warum ich mich mit der Antike beschäftige. Diese Serie illustriert auf idealtypische Weise, was ich an Fotografie schätze. Mich interessieren sowohl die materiellen Qualitäten von Fotografien, die Farben und die Gelatine, als auch ihre Inhalte: In diesem Fall geht es um eine römische Adlige aus dem 2. Jahrhundert. Mir geht es darum, in meinem Werk gleichermaßen die sinnliche Präsenz des in den Bildern Dargestellten nachzuempfinden wie auch die sinnliche Erfahrung wiederzugeben, die sich einstellt, wenn man vor einer Fotografie steht.

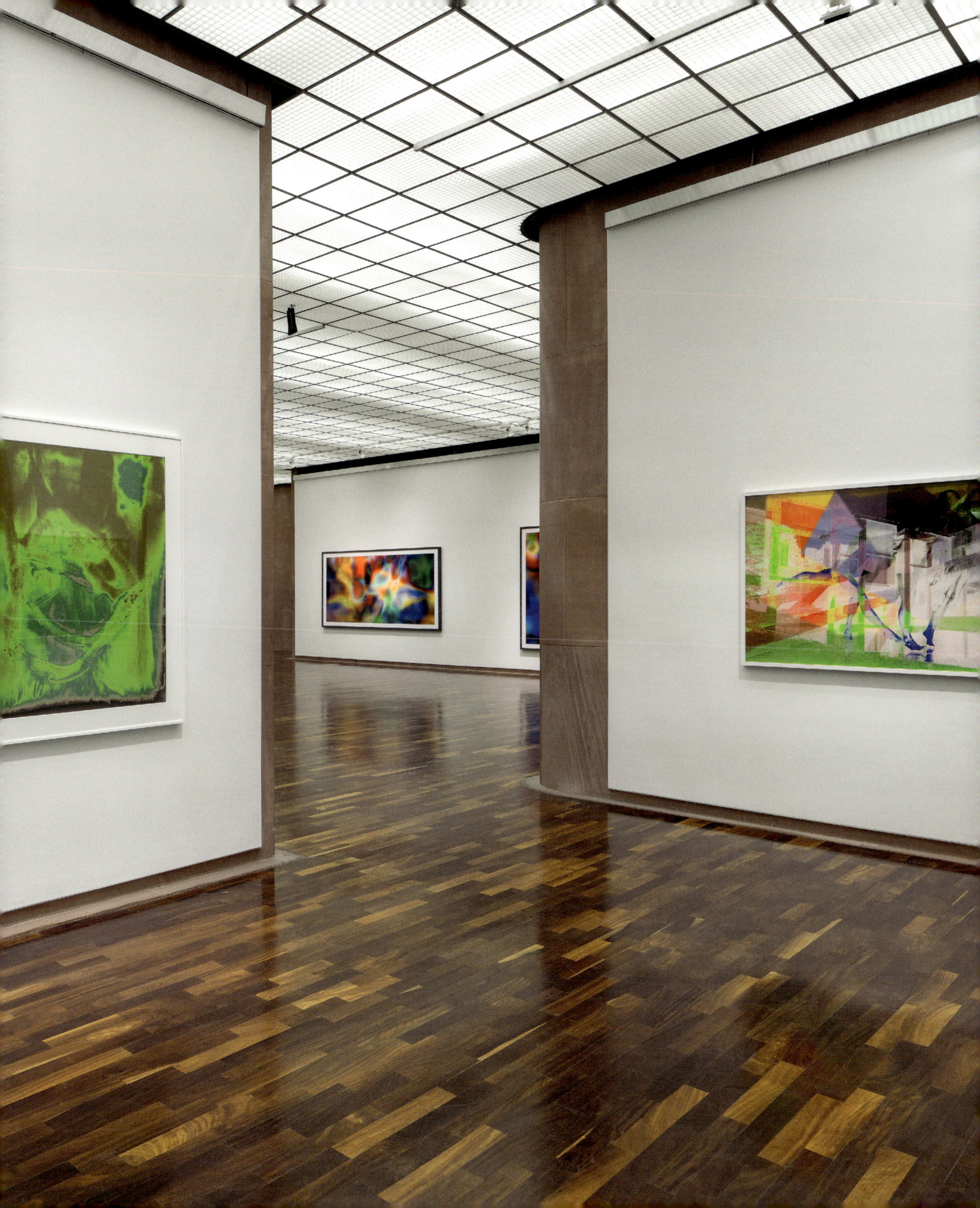

THOMAS RUFF

geboren / born 1958 in Zell am Harmersbach, DE
lebt und arbeitet / lives and works in Düsseldorf, DE

Ausbildung / Education

1977–1985 Staatliche Kunstakademie Düsseldorf, DE

Lehrstuhl / Teaching

2000–2006 Professor für freie Kunst | Fotografie an der Kunstakademie Düsseldorf, DE / Professor, Department of Art and Photography Kunstakademie Düsseldorf, DE

Einzelausstellungen (Auswahl seit 2000) / Selected solo exhibitions (since 2000)

2022 Méta-photographie de Thomas Ruff, Musée d'art moderne et contemporain de Saint-Ètienne Métropole, FR
2021 after.images, National Taiwan Museum of Fine Arts, Taichung, TW
2020 Thomas Ruff, K20 Kunstsammlung Nordrhein-Westfalen, Düsseldorf, DE
2019 Photophilia, MARe Museum of Recent Art, Bukarest, RO
2017 Photographs 1979–2017, Whitechapel Art Gallery, London, GB
2016 Thomas Ruff, The National Museum of Modern Art, Tokio / Tokyo, JP; 21st Century Museum of Contemporary Art, Kanazawa, JP
2014 Lichten, Stedelijk Museum voor Actuele Kunst (S.M.A.K.), Gent / Ghent, BE; Kunsthalle Düsseldorf, DE
2012 Thomas Ruff, Haus der Kunst, München / Munich, DE
2011 Stellar Landscapes, Westfälisches Landesmuseum, Münster, DE
2008 Thomas Ruff retrospektif, Kunsthalle Budapest, Budapest, HG
2001 Fotografien 1979 – heute, Staatliche Kunsthalle Baden-Baden, DE; Museet for samtidskunst, Oslo, NO (2002); Lenbachhaus, München / Munich, DE (2002); Irish Museum of Modern Art, Dublin, IE (2002); Artium-Centro Museo Vasco de Arte Contemporaneo, Vitoria-Gasteiz, ES (2002); Museu de Arte Contemporanea de Serralves, Porto, PT (2003)
2000 l.m.v.d.r. – thomas ruff, Museum Haus Lange und / and Haus Esters, Krefeld, DE

Gruppenausstellungen (Auswahl) / Selected group exhibitions

2020 The Lives and Loves of Images / Yesterday's News Today, Biennale für aktuelle Fotografie e.V. / Heidelberger Kunstverein, Heidelberg, DE
2019 No two alike: Karl Blossfeld, Francis Bruguière, Thomas Ruff, Contemporary Arts Center, Cincinnati, OH, US
2017 Fotografien werden Bilder. Die Becher-Klasse, Städel Museum, Frankfurt a. M., DE
2016 Electronic Superhighway, Whitechapel Gallery, London, GB
2011 Weltraum. Die Kunst und ein Traum/Space. About a Dream, Kunsthalle Wien, Wien / Vienna, AT
2006 Click Doubleclick: das dokumentarische Moment, Haus der Kunst, München / Munich; Center for Fine Arts, Brüssel / Brussels, BE
2000 How you look at it. Fotografien des 20. Jahrhunderts, Sprengel Museum, Hannover, DE
1997 Die Epoche der Moderne. Kunst im 20. Jahrhundert, Martin-Gropius-Bau, Berlin, DE
1992 Documenta IX, Kassel, DE

Auszeichnungen / Awards

2016 Artist of the Year, American Friends of the Israel Museum (AFIM), New York, NY, US
2011 PHotoESPAÑA 2011 Award, Madrid, ES
2006 International Center of Photography Infinity Award, New York, NY, US
2003 Hans-Thoma-Preis, Hans-Thoma-Museum, Bernau, DE

WERKLISTE / LIST OF WORKS

Thomas Ruff

Interieur 1A, 1979
Interieur 5A, 1979
Interieur 7A, 1979
Interieur 11B, 1980
Interieur 13B, 1980
Interieur 6C, 1981
Interieur 2D, 1982
Interieur 4D, 1982
aus der Serie / from the series:
Interieurs (1979–1983)
Chromogener Farbabzug / C-print,
27,5 x 20,5 cm / 10 7/8 x 8 inches
Leihgabe des Künstlers /
Courtesy the artist

Thomas Ruff

Porträt (B. Jünger), 1981
Porträt (T. Ruff), 1983
Porträt (A. Brenner), 1983
Porträt (B. Ebert), 1983
Porträt (M. Huckert), 1983
Porträt (K. Kneffel), 1984
Porträt (T. Müller), 1984
Porträt (J. Sasse), 1984
Porträt (J. Röing), 1984
Porträt (P. Fries), 1984
Porträt (V. Pfeiffer), 1985
Porträt (P. Grote), 1985
Porträt (G. Benzenberg), 1985
Porträt (C. Bernhard), 1985
Porträt (B. Elmpt), 1985
Porträt (W. Hambrecht), 1985
aus der Serie / from the series:
Porträts (1981–2001)
Chromogener Farbabzug / C-print,
24 x 18 cm / 9 3/8 x 7 inches
Leihgabe des Künstlers /
Courtesy the artist

Thomas Ruff

15h 24m/-25°, 1992
08h 52m/-60°, 1992
aus der Serie / from the series:
Sterne (1989–1992)
Chromogener Farbabzug / C-print,
260 x 188 cm / 102 1/3 x 74 inches
Leihgabe des Künstlers /
Courtesy the artist

Thomas Ruff

Nacht 1 I, 1992
Nacht 3 II, 1992
Nacht 4 I, 1992
Nacht 4 III, 1992
Nacht 9 II, 1992
Nacht 10 I, 1992
Nacht 10 III, 1992
Nacht 11 III, 1992
Nacht 13 III, 1993
Nacht 14 II, 1994
aus der Serie / from the series:
Nächte (1992–1996)
Chromogener Farbabzug / C-print,
20,5 x 21 cm / 8 x 8 1/4 inches
Leihgabe des Künstlers /
Courtesy the artist

Thomas Ruff

d.p.b. 02, 1999, 130 x 195 cm /
51 x 76 7/8 inches
h.t.b. 03, 1999, 130 x 164 cm /
51 x 64 1/2 inches
w.h.s. 04, 2001, 130 x 170 cm /
51 x 67 inches
aus der Serie / from the series:
l.m.v.d.r. (1999–2001)
Chromogener Farbabzug / C-print
Leihgabe des Künstlers /
Courtesy the artist

Thomas Ruff

Substrat 7II, 2002, 166 x 306 cm /
65 3/8 x 120 1/2 inches
Substrat 38 II, 2008, 222 x 162 cm /
87 3/8 x 63 3/4 inches
aus der Serie / from the series:
Substrate (2001–)
Chromogener Farbabzug / C-print
Leihgabe des Künstlers /
Courtesy the artist

Thomas Ruff

0745, 2004, 166 x 130 cm / 65 3/8 x 51 inches
1073, 2003, 150 x 196 cm / 59 x 77 inches
aus der Serie / from the series:
Maschinen (2003–2005)
Chromogener Farbabzug / C-print
Leihgabe des Künstlers /
Courtesy the artist

Thomas Ruff

jpeg kj01, 2004, 269 x 188 cm /
105 7/8 x 74 inches
jpeg ny06, 2005, 279 x 188 cm /
109 7/8 x 74 inches
jpeg wl01, 2006, 188 x 270 cm /
74 x 106 3/8 inches
aus der Serie / from the series:
jpeg (2004–)
Chromogener Farbabzug / C-print
Leihgabe des Künstlers /
Courtesy the artist

Thomas Ruff

ma.r.s.01_III, 2011
ma.r.s.07_I, 2012
aus der Serie / from the series:
ma.r.s. (2010–2014)
Chromogener Farbabzug / C-print,
255 x 185 cm / 100 3/8 x 72 7/8 inches
Leihgabe des Künstlers /
Courtesy the artist

Thomas Ruff

r.phg.08_II, 2015
aus der Serie / from the series:
Fotogramme (2012–)
Chromogener Farbabzug / C-print,
185 x 281 cm / 72 7/8 x 110 5/8 inches
Leihgabe des Künstlers /
Courtesy the artist

Thomas Ruff

m.n.o.p.01, 2013
m.n.o.p.07, 2013
m.n.o.p.09, 2013
aus der Serie / from the series:
m.n.o.p. (2013)
Chromogener Farbabzug / C-print,
47,3 x 60 cm / 18 5/8 x 23 5/8 inches
Leihgabe des Künstlers /
Courtesy the artist

Thomas Ruff

press++01.16, 2015,
185 x 231 cm / 72 7/8 x 91 inches
press++21.11, 2016,
260 x 185 cm / 102 3/8 x 72 7/8 inches
press++60.02, 2015,
185 x 222 cm / 72 7/8 x 87 3/8 inches
aus der Serie / from the series:
press++ (2015–)
Chromogener Farbabzug / C-print
Leihgabe des Künstlers /
Courtesy the artist

Thomas Ruff

w.g.l.01, 2017
w.g.l.04, 2017
w.g.l.07, 2017
aus der Serie / from the series:
w.g.l. (2017)
Chromogener Farbabzug / C-print,
42,6 x 60 cm / 16 3/4 x 23 5/8 inches
Leihgabe des Künstlers /
Courtesy the artist

Thomas Ruff

tripe_09 Amerapoora. My-au-dyk Kyoung, 2018
tripe_12 Seeringham. Munduppum inside gateway, 2018
aus der Serie / from the series:
Tripe (2018)
Chromogener Farbabzug / C-print,
80 x 103 cm / 31 1/2 x 40 1/2 inches
Leihgabe des Künstlers /
Courtesy the artist

Thomas Ruff

Kunsthalle Bielefeld, 2022
Vorhang / Curtain, 398 x 650 cm /
156 3/4 x 256 inches
Leihgabe des Künstlers /
Courtesy the artist
Foto / Photo: Philipp Ottendörfer

IMPRESSUM / IMPRINT

Dieser Katalog erscheint anlässlich der Ausstellung / This catalogue is published on the occasion of the exhibition

DARK MATTER. THOMAS RUFF, JAMES WELLING
Kunsthalle Bielefeld
05.11.2022 – 05.03.2023

AUSSTELLUNG / EXHIBITION

Christina Végh (Kuratorin / Curator)
Felicitas v. Richthofen (Kuratorische Assistentin / Assistant curator)

Kunsthalle Bielefeld
Artur-Ladebeck-Straße 5
33602 Bielefeld, Deutschland
www.kunsthalle-bielefeld.de

Direktorin / Director
Christina Végh

*Kurator*innen / Curators*
Dr. Henrike Mund, Benedikt Fahrnschon

Kuratorische Assistenz / Assistant curators
Laura Rehme, Felicitas v. Richthofen

Verwaltungsleitung / Head of administration
Thomas Kosfeld

Ausstellungsmanagement / Registrar / Exhibition management
Hannelore Wahl, Sabina Teichgröb

Presse, Marketing, Kommunikation / Press, marketing, communication
Elena Süllwald

Corporate Design
strobo B M

Bildung und Vermittlung / Education
Matthias Albrecht, Christiane Lutterkort

Bibliothek und Museumsshop / Library and museum shop
Tania Müller

Empfang / Ticket office
Susanne Esdar, Petra tom Felde

Aufsicht / Museum guards
Petra Göke, Bärbel Schütt, Anja Stetzelberg

Restaurierung / Conservation
Gisela Tilly, Monika Ross-Vaker

Leitung Technik / Head of technical team
Viktor Breivogel, Waldemar Schulz

Ausstellungstechnik / Technical team
Ingo Bustorf, Rüdiger Freund, Gunther Grabe, Gerd Kruse, Markus Mutz Fred Rabe, Robert Schlotter

Ausstellungsdokumentation / Documentation of exhibitions
Philipp Ottendörfer (Fotografie / Photography), Roman Schauerte (Film)

Praktikantinnen / Internship
Regina Herdt, Marie-Féline Malawasi

Leihgeber / Lenders
Thomas Ruff
James Welling
David Zwirner Gallery, New York / London
Marian Goodman Gallery, Paris
Galerie nächst St. Stephan, Rosemarie Schwarzwälder, Wien / Vienna

Die Ausstellung und der Katalog wurden gefördert von der / The exhibition and the catalogue are supported by

LWL KULTUR STIFTUNG

Stiftung der Sparkasse Bielefeld

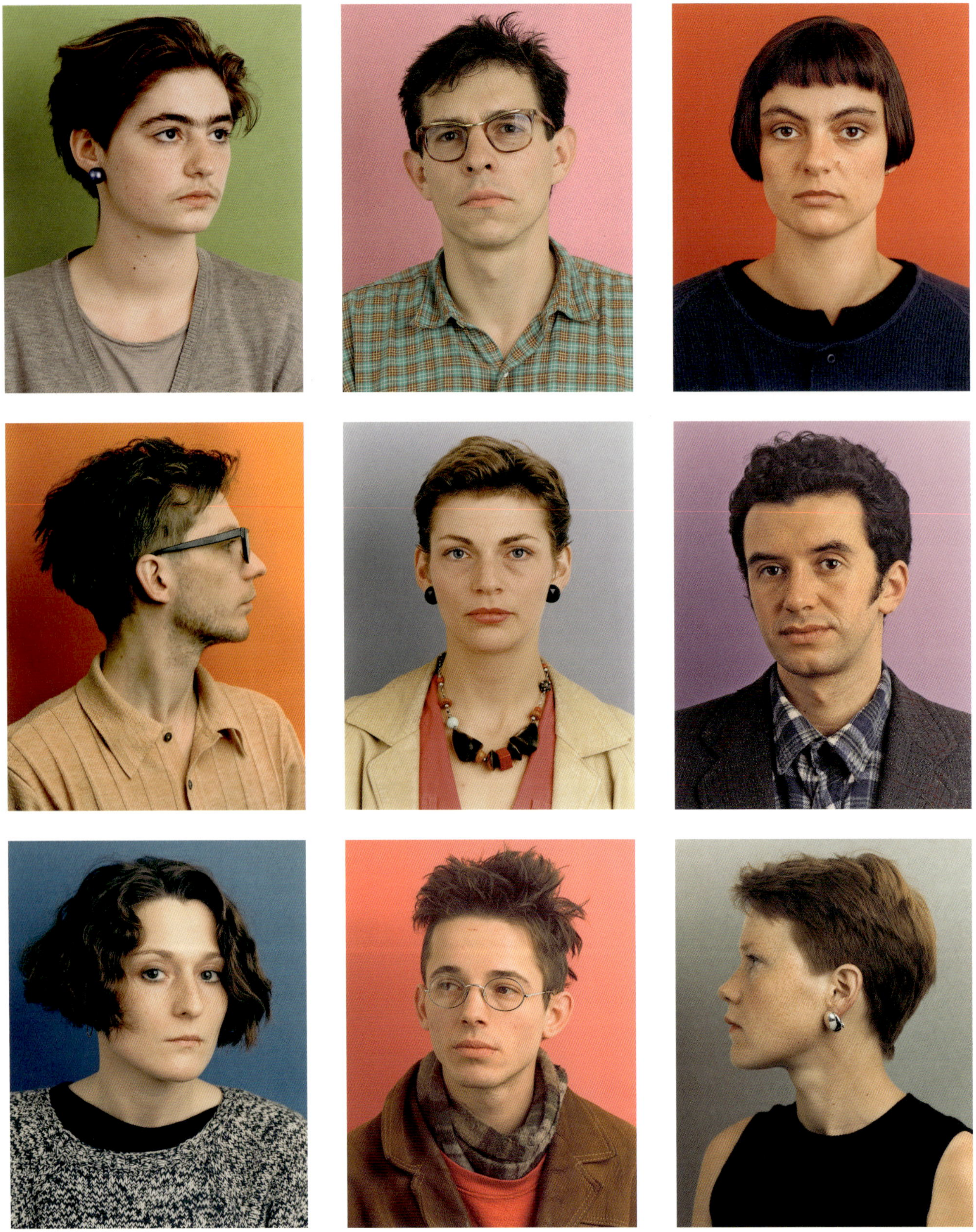

Thomas Ruff, *Porträts*, 1981–1985

DARK MATTER

Thomas Ruff James Welling

Kunsthalle Bielefeld

snoeck

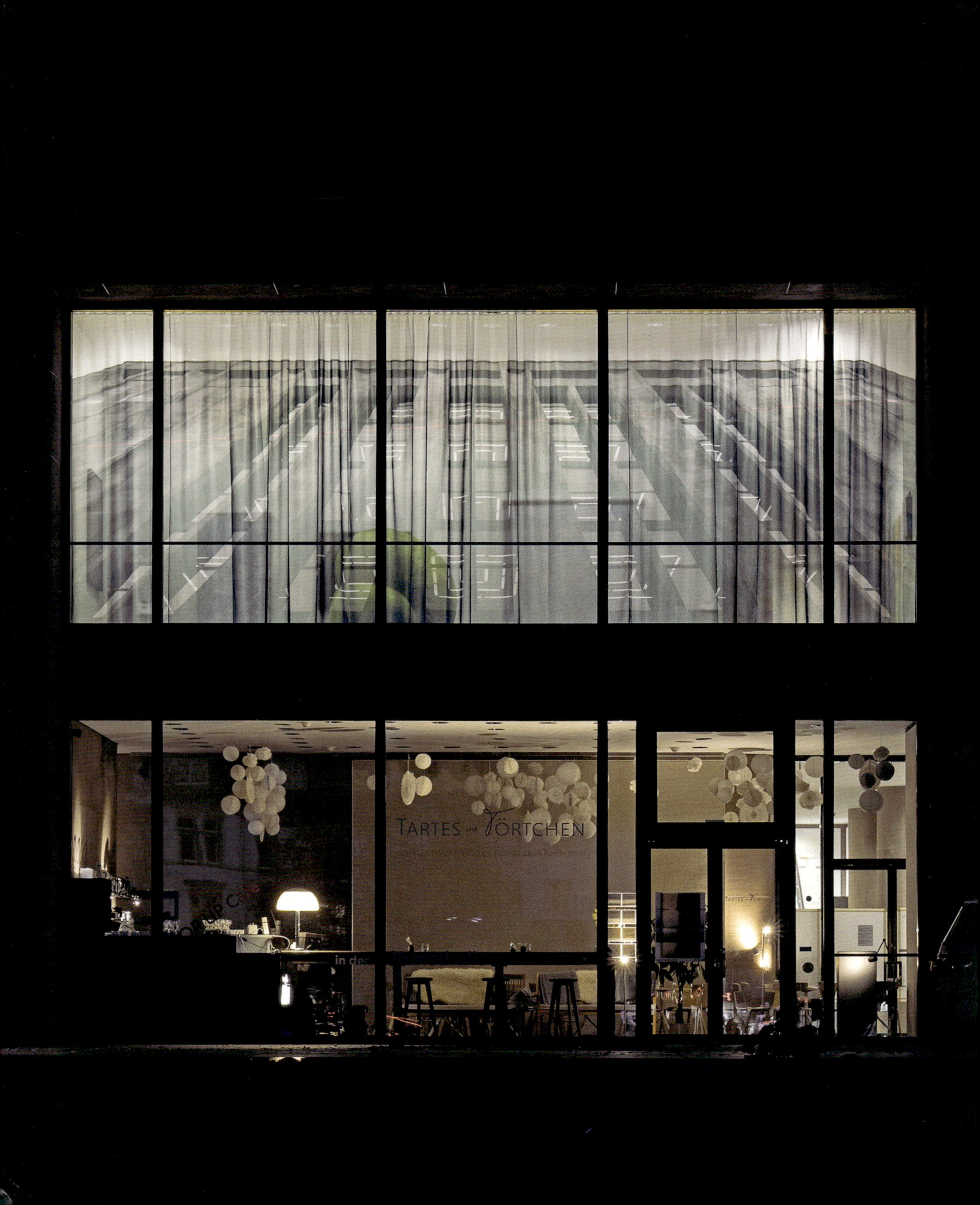
TARTES und TÖRTCHEN

DARK MATTER
THOMAS RUFF, JAMES WELLING
AN INTRODUCTION

Christina Végh

Photography has to be created in darkness. It is as though a dark curtain is pulled around the act of making the work. Photography has to be created in darkness both literally and figuratively. It is a very special and unpredictable medium.

James Welling[1]

Not a depiction, but an image. ... You have to know the conditions of a particular photograph in order to understand it properly.

Thomas Ruff[2]

"Rather than writing about what you know, you told us, write about what you see. Assume that you know very little and that you'll never know much until you learn how to see," is how the first-person narrator in Sigrid Nunez's novel *The Friend* remembers a recently deceased professor of literature who was a friend of hers.[3] Thomas Ruff and James Welling are visual artists, not writers, but of course their work, too, begins with their highly developed, at times analytically pervasive powers of observation. Rather than words, however, they work on photographic images that they have themselves created, found, commissioned, or purchased. The syntax of their works is determined by photographic and digital techniques; their respective semantics are rooted in earlier and current ways of approaching the photographic image and, concomitantly, our viewing habits are shaped by them. In the end, the two artists are not so different from literary artists; after all, they, too, deal with the genre of fiction, which is always connected with the learning "how to see" proclaimed at the beginning. Thus, Ruff and Welling both claim to create images rather than depictions by means of photographic works.

The exhibition title *DARK MATTER*, a term drawn from astrophysics, implies the question of the visibility or invisibility of the real. About 90 percent of the matter in the universe is dark, meaning its existence has to be postulated (theoretically), because it has thus far eluded registration. Ruff and Welling advocate an approach to their work that uses photographic means to focus on the aspects of reality we cannot see. It seems paradoxical at first that they should use the photographic image, of all things, for this purpose. Despite the fact that since the advent of digital images we no longer indiscriminately grant any photographic image its depictive function, the idea of its somehow existing connection to a referent persists. Yet at the same time, such an expectation corresponds to the potential inherent in the medium and the technology for making visible real things that we otherwise cannot see with the naked eye. The image section viewed through a camera differs considerably from our field of vision, the camera lens enables close-ups that show what would otherwise remain hidden to the human eye, and the positioning and orientation of the camera is considerably more variable than our own angle of view, which remains forever tied to the photographer's body.

The history of photography can be seen as a sequence of arguments and debates about various conflicting relationships between picture and referent. Thomas Ruff (*1958, lives and works in Düsseldorf) and James Welling (*1951, lives and works in New York) are part of the same generation, and both entered this history in the 1970s, when the photographic image was just beginning to gain recognition as a genre of art in its own right. Ruff began his practice in Germany, and specifically in the environment of the Kunstakademie Düsseldorf, which established a photography professorship for the first time in 1976 with the appointment of Bernd Becher. It was the aim of this milieu, in the wake of photographers such as August Sander or Karl Blossfeldt, to pursue the most objective approach possible to reality, which went hand in hand with the development of a series-based conception of the work. Welling, on the other hand, started out primarily working in film and video. After studying painting at the Carnegie Mellon University in Pittsburgh, Pennsylvania, he enrolled in 1971 at the newly founded California Institute of Arts (CalArts) in Valencia, north of Los Angeles, where he enrolled in the 'Post Studio Art' course founded the year before for the next decade with artists such as John Baldessari, Allan Kaprow, and Michael Asher, and thus establish conceptual art and institutional critique.[4] The classical history and application of photography played no role in this context. Photographic images nevertheless found their use in appropriated form and ultimately did become the focus of artistic considerations. In the then still seemingly quite new media age, the question of the social efficacy of the photographic picture, of its distribution and circulation in mass society, became the focus of interest for the so-called Pictures Generation, a group of artists which initially included Welling.[5]

Welling only began using a camera after completing his studies, and approached the medium autodidactically,[6] while continuing to pursue a (few) filmic and sculptural works alongside photography. Ruff, in turn, put aside his photographic equipment relatively soon after completing his studies and turned to digital techniques that he used for retouching, montage, and collage – in short, he worked with data sets instead of lenses. Under opposite auspices, as it were – analog photographic versus digital apparatuses and technology – both artists meanwhile focused their work on the photographic image, on the cultural-historical approach to photographic images and their history, and on the current possibilities of photography and its circulation via present-day channels; finally, above all these unifying aspects lies their shared aforementioned skepticism about the mimetic function of photography. Both artists, each having developed an extraordinarily heterogeneous oeuvre in his respective search for new images, are thus, in general terms, interested in the photographic image as something 'constructed' or 'formed' – which is more than enough reason for us to present them in juxtaposition at the Kunsthalle Bielefeld.

Rather than providing an overview of the two oeuvres, the exhibition and accompanying catalog focus on the aforementioned heterogeneity of Ruff and Welling, with an emphasis on their critical examination of architecture. Hence, the selection and presentation is not chronological. Together with the artists, we have instead placed different series of works from the period from 1975 to 2022 in various forms of reference to one another, so that in view of the affinities, the differences become more apparent as well.

Short texts by Felicitas von Richthofen and Benedikt Fahrnschon focus on themes and aspects that surface in the synopsis of Ruff's and Welling's series of works. Likewise, the other texts in the book at hand follow the principle of comparative viewing. While Stefan Gronert outlines their individual approaches against the background of photographic theory, in his interview, Robert Slifkin lets both artists speak for themselves. Ruff's and Welling's oeuvres are structurally similar, not only insofar as they are inherently heterogeneous, but also as they can be distinguished from one another by their respective approaches to architecture, and in particular, modernist architecture, which is the focus of my own contribution. The exhibition at Kunsthalle Bielefeld – itself housed in an exemplary late modernist building since 1968, the only building designed by the renowned American architect Philip Johnson to have been realized in Europe – therefore placed specific emphasis on the two artists' series of works focused on built reality.

Both Ruff and Welling have devised a work specifically for this exhibition, each in the form

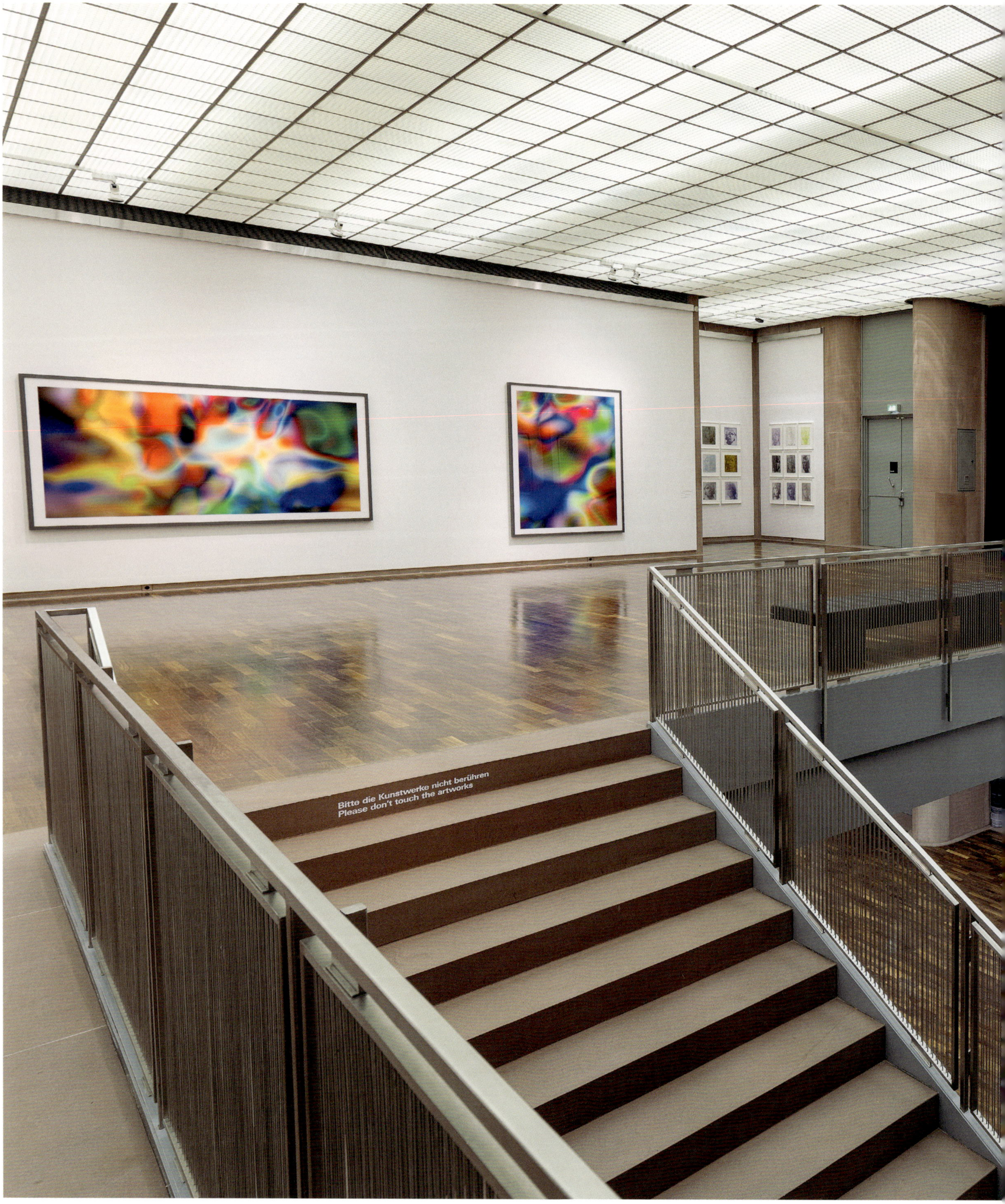
Bitte die Kunstwerke nicht berühren
Please don't touch the artworks

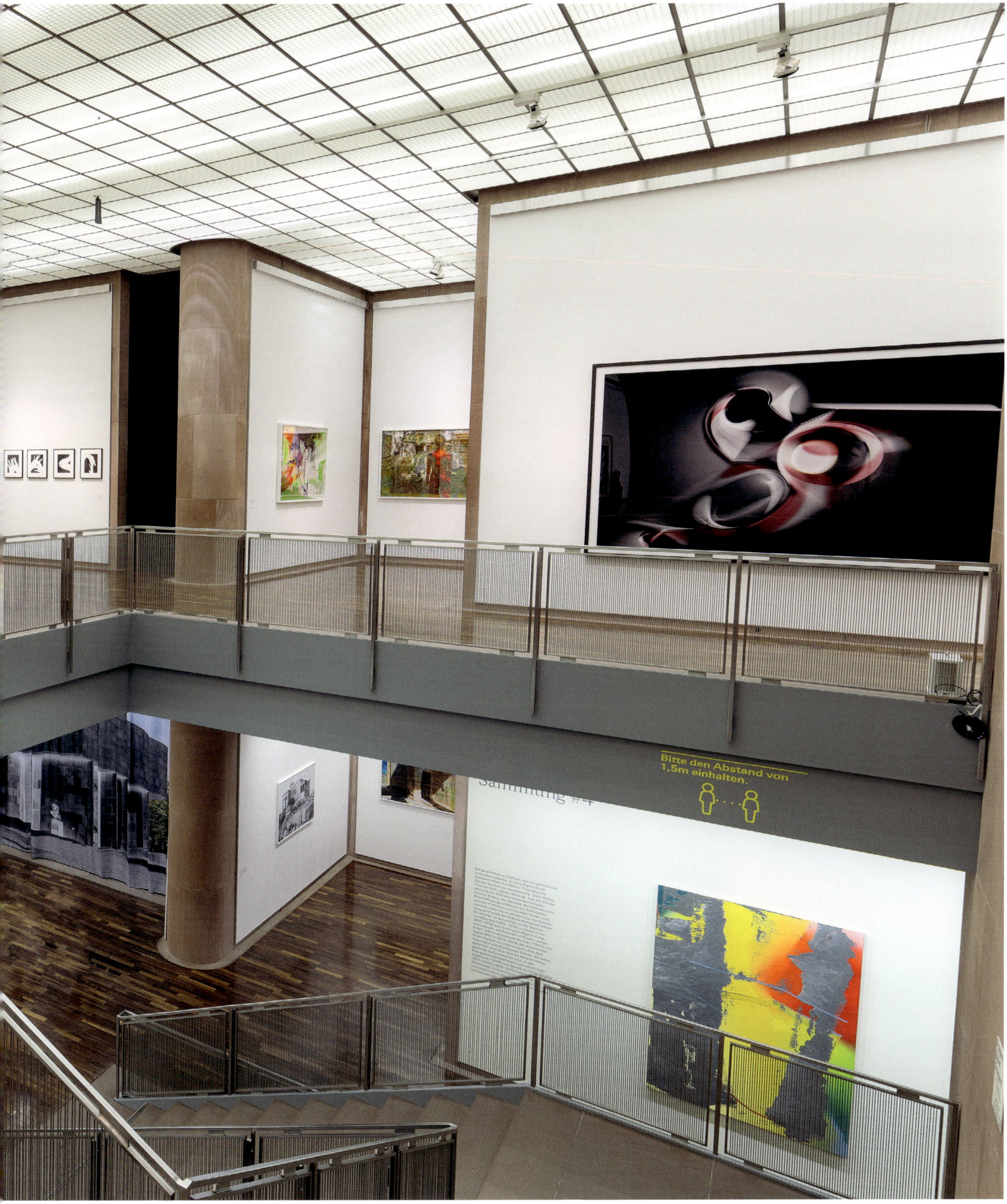
Bitte den Abstand von
1,5m einhalten.

of a curtain that interacts directly with the surrounding architecture, which is distinguished by large glazed openings that are not conducive to displaying the medium of photography. Thomas Ruff used as a source a picture of the Kunsthalle Bielefeld he found on the Internet and subsequently manipulated digitally. He isolated the building from its surroundings, inverted it into its negative in a manner that relates to his *Negative* series (2014), and then in a second step, applied the technique of pseudo-solarization. The creation of a negative has, of course, become obsolete with digital image production, and likewise, the pictorial effect of pseudo-solarization – which makes objects seem to glow from within as do some works by surrealist Man Ray – is achieved by digital means in Ruff's work. On the slightly transparent curtain, the Kunsthalle floats in inverted colors as a dark gray cube, glowing eerily from within – an appearance that certainly drew the ire of German architectural critics when the building opened in 1968, as Johnson's architectural language seemed alien to many, and too monumental from a West German perspective at the time.

James Welling's curtain, on the other hand, depicts the facade of a high-rise building bearing similarities to the architecture of the Kunsthalle Bielefeld. Photographed from below and in black-and-white, the building appears at once dramatically foreshortened and monumental. It is in fact the Elmer Holmes Bobst Library on the campus of New York University, designed by Philip Johnson and Richard Foster in 1972, just a few years after the Kunsthalle. Not only the articulation of the facade, whose form implies columns, but also its cladding with red sandstone are reminiscent of our building. Welling's artistic intervention connects two of Johnson's realized designs – completed just a few years apart – that mark his departure into postmodernism and thus lends to our building a 'double face'. On approaching the Kunsthalle from outside, one building seems to nest within the other, creating a visual interplay between similar forms but differing chromatics and historical origins.

Only a few architects have been active for as long and in as many different domains as Philip Johnson, and hardly any other architect has been the subject of such controversy during his lifetime and even today. First there was his undogmatic approach, which on one hand prompted him to introduce the term 'International Style' with Henry-Russell Hitchcock in 1932, and on the other hand led him off the course of Modernism with which that term is associated, and onto the path of postmodernism early on, with its debut in Bielefeld and thereafter the Bobst Library in New York.[7] Second, there were his sympathies for National Socialism during the 1930s, which motivated him to become politically active with a fascist party in the United States, and to resign from his position as curator at the MoMA in 1934. A few years later, however, he would completely revise his political stance and refocus his interest on architecture.[8] The interventions by Thomas Ruff and James Welling, executed as lightweight transparent curtains, invite us to engage with Philip Johnson's architecture, addressing both the question of how we experience it spatially, on the site, and the history of its reception.

I would first and foremost like to thank Thomas Ruff and James Welling, who enthusiastically and with great commitment developed the exhibition together with Felicitas von Richthofen and myself over an extended period of time. I thank both artists for countless interesting conversations and their curiosity and openness to engage with one another, and likewise for their patience, given that the actual project phase, which ultimately encountered many detours and postponements, was preceded by an extraordinarily long preliminary history.

The exhibition could never have been realized without Felicitas von Richthofen's knowledgeable and conscientious dedication. She kept a firm hand on the coordination of all processes and content, and helped develop countless important aspects of the exhibition. We are grateful for Benedikt Fahrnschon's dedicated efforts in refining and clarifying the introductory texts. With Julian von Klier and Matthias Friederich from strobo B M in Munich, for our in-house design, and with Magnus Neumeyer of stijl in Cologne, for the catalog, we were able to win over graphic designers who knew how to perfectly translate Ruff's and Welling's experimental approaches into their respective media. An exhibition always requires good teamwork, which is why we extend our thanks to the entire Kunsthalle team, in particular to Elena Süllwald for the excellent supervision of press and print matters as well as the film contributions she organized for the exhibition together with Roman Schauerte and Benjamin Kuschnik.

We are of course grateful to the galleries of both artists for their extraordinary commitment, in particular David Zwirner in New York, Marian Goodman in Paris, and Sprüth Magers in Berlin, who provided substantial support, as well as Rosemarie Schwarzwälder and Galerie nächst St. Stephan in Vienna and Mai 36 Galerie in Zurich.

Fundamental to such an ambitious exhibition is, of course, the financial support of two important patrons: I wish to express my sincere thanks to Michael Fröhlich and the Stiftung der Sparkasse Bielefeld, who have always been reliable partners for the Kunsthalle and thus provide us with an indispensable foundation. I am also particularly pleased that we were able to gain the support of the LWL Cultural Foundation as another important partner for our project. Without their support, we would not have been able to realize the it.

Last but not least, I would like to take this opportunity – and this is as unusual as the entire project, in which two artists have opened up to one another with great curiosity and have given us generous insights into their thinking and work – to thank the two catalog authors in a very personal way: Robert Slifkin, who stuck with the commission despite adversities elsewhere, and Stefan Gronert, my husband, with whom I rarely collaborate professionally, but with whom I share my life and insights into art on a daily basis, which certainly contributed to the development of this exhibition.

1 James Welling, "On Photography and Influence: James Welling in Conversation with Eva Respini," in *James Welling: Monograph*, with texts by James Crump, Mark Godfrey, Thomas Seelig, and interview by Eva Respini, James Welling: Monograph (New York: Aperture, 2013), 122.

2 Thomas Ruff, Philip Pocock, "Thomas Ruff, interview," in *Journal of Contemporary Art 6*, no. 1 (1993): 78-86

3 Sigrid Nunez, *The Friend* (London: Riverhead Books, 2018), 53.

4 Initiated by Walt Disney, California Institute of the Arts (CalArts) opened in 1970. James Welling was one of the first students; in addition to John Baldessari, it was the film and video artist Wolfgang Stoerchle who turned out to be a significant teacher for him. Baldessari named his course Post Studio Art, instructing the students to see everyday life and the world outside as their actual studio. The latest technology available at the time and freely available to the students – such as Portomak video cameras – played an important role in this. In addition to the first institutionalization of conceptual art and institutional critique, which were subsequently represented by faculty including Michael Asher and Douglas Huebler, the university also played a pioneering role in the development of both feminism and feminism in art with the Feminist Art Program founded around the same time by Miriam Schapiro and Judy Chicago. *See Where Art might Happen: The early years of CalArts*, Philipp Kaiser and Christina Végh, eds., exh. cat., Kestner Gesellschaft, Hannover (Munich: Prestel Verlag, 2019).

5 In 1977, Artists Space in New York presented an exhibition conceived by Douglas Crimp under the title *Pictures*, which in retrospect was to give its name to a whole series of artists, including Troy Brauntuch, Sherrie Levine, Cindy Sherman, Louise Lawler, and Richard Prince. The term 'Pictures Generation' refers to an artistic attitude that raises questions about the effectiveness of the pictures circulating in the media and, to this end, tends to draw on pre-existing images.

6 On the advice of a fellow CalArts student Matt Mullican, Welling bought a 4x5 camera like the one used by Anselm Adams. This decision was not obvious in terms of his educational path, as it involved a historical recourse and thus comprised a conservative component. See "In the Studio: James Welling with Steel Stillman," in *Art in America* (February 2011): 57.

7 The text for the catalogue that accompanied the 1932 MoMA exhibition, *The International Style: Architecture Since 1922*, (New York: W. W. Norton & Company, 1932), which Johnson co-authored with Henry-Russell Hitchcock, proved to be seminal with respect to terminology. As an architect, Johnson not only experienced several epochal changes like few others, but also contributed significantly to them; he played a leading role in the discourse of modernism and late modernism as well as postmodernism. His Glass House (1947-49) in New Canaan marked his international breakthrough; in 1953 he was responsible for designing the MoMA Sculpture Garden; in New York, with the AT&T Building (1980-84) and the Lipstick Building (1986), he created iconic works of postmodernism.

8 Impressed by the Nazi regime in Germany, which he had witnessed in the form of parades and marches on several trips through Europe, Johnson quit his job at MoMA in 1934 with the plan to become minister of culture himself in a government led by US populists under Huey Long. With his publications, Johnson sought to advance fascist developments in the United States. He also provided the German Reich with information about the state of the Polish army as late as 1938 during a trip to Poland. His shift from art to politics was noted by the public; in 1940, for instance, his presence alongside US fascists was illustrated in a long article in *Harper's Magazine*, while in William Shirer's 1941 bestselling *Berlin Diary*, he was branded an "American fascist" and a collaborator. He was under FBI surveillance and interrogated, but unlike his companions at the time, Johnson was never arrested or charged.
Subsequently, Johnson abruptly changed course and pursued in-depth studies in architecture at the Graduate School of Design of Harvard University. In 1947, he returned to the architecture department at MoMA. His political past haunted him throughout his life; in the 1990s, he described it in a radio interview as an "unforgivable personal misstep." After Marc Wortman's (2016) reappraisal of Johnson's political past, the Johnson Study Group formed around Black Lives Matter, as an association of architects and cultural workers who called on MoMA to revise the naming of galleries that were dedicated to Philip Johnson in 1984. The right way to approach Philip Johnson's legacy has been debated ever since. In December 2020, Harvard University renamed the Philip Johnson Thesis House, a building constructed by Johnson during his studies, to 9 Ash Street.

When Mies's German Pavillon was built for the 1929 International Exhibition, it must have looked like a UFO had landed in Barcelona. Speed in photography is always blurry, and my picture of the German pavilion looks like a high speed locomotive – modernity arriving at the train station of the present.

Thomas Ruff

When I realized I could make the glass red or add reflections to the face of this supposedly transparent house, my project became a laboratory for ideas about transparency, reflectivity, and color.

James Welling

The *Glass House* (1949) by the architect Philip Johnson (1906–2005), who also designed the Kunsthalle Bielefeld, and the *Barcelona Pavillon* (1929) by Ludwig Mies van der Rohe (1886–1969), whose contribution to Stuttgart's *Weißenhofsieldung* (1927) and the *Villa Tugendhat* (1929–1930) are icons of modern architecture: To a great extent, these buildings owe their status in architectural history to a multitude of photographic documentation. These circumstances form the point of departure for Thomas Ruff and James Welling, who both developed their series as commissioned works and contradict the expectations of documentary architectural photography.

In *l.m.v.d.r.* (1999–2001), Ruff concentrates on Ludwig Mies van der Rohe's buildings in Europe from the period prior to his emigration to the United States. Ruff digitally manipulates his own and archival photos of the buildings, using distortion, superimpositions and color tinting to convey the impression of speed, transparency and abstraction. These interventions are artistic responses to questions like: What did modern architecture stand for? What did it embody in its era? What principles did it advocate? Was it perceived differently then than it is today?

While Ruff works with digital means, Welling reacts performatively to the *Glass House's* apparent resolution. He approaches the architecture, which treats the surroundings via transparency, reflectivity and permeability, by photographing it using analog color filters and reflective objects in front of the camera at different times of day and year as well as under different weather conditions. The nature mirrored in the building and the shifting light take turns mutating into kaleidoscopic fragments of light, pastel gradients and psychedelic explosions of color.

In each of their considerations of architecture, Welling and Ruff always refer to the modernist formal languages of their subjects, including the dissolution of the border between a building's interior and exterior through large panes of glass.

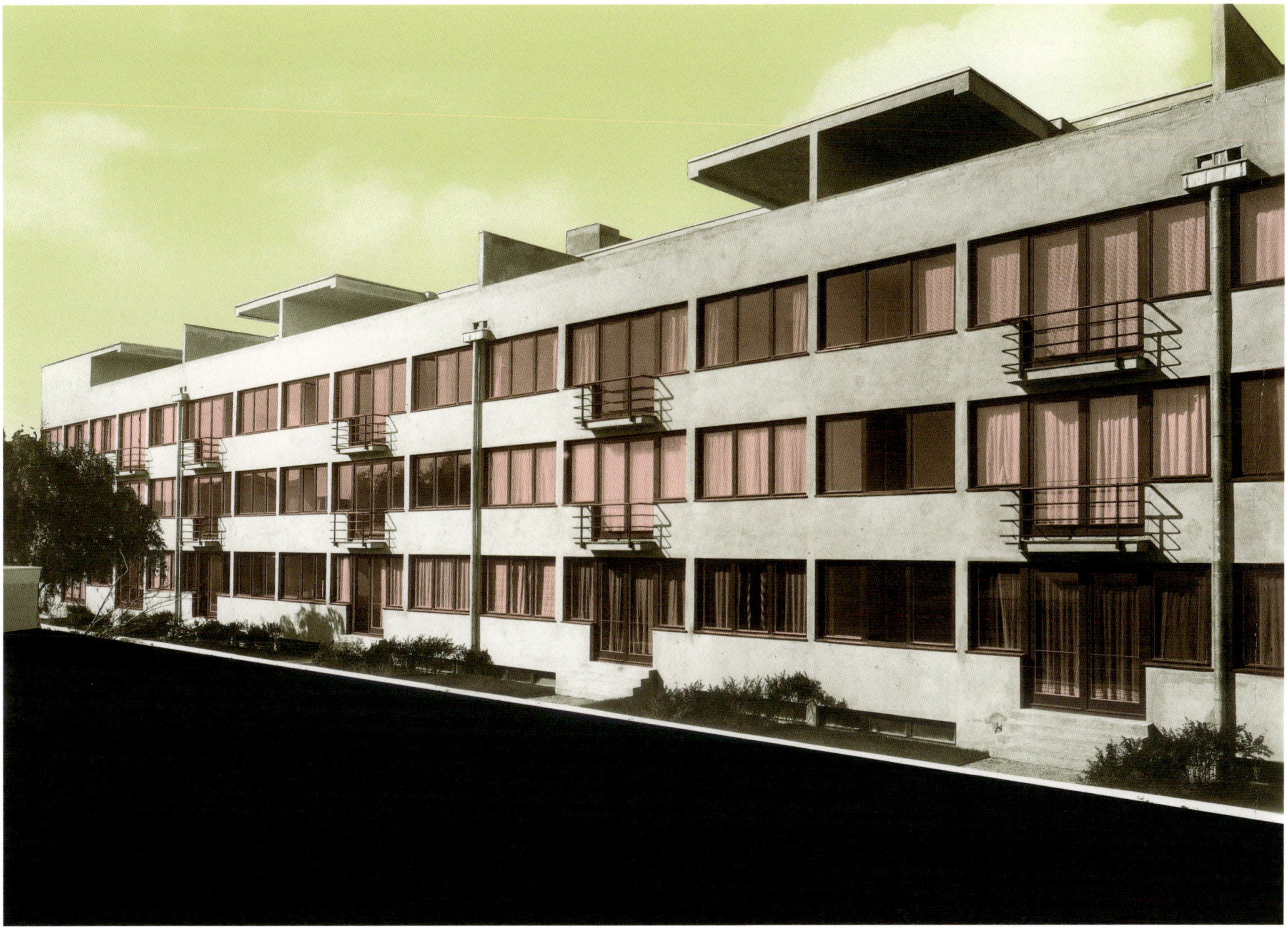

Thomas Ruff, *w.h.s.04*, 2001

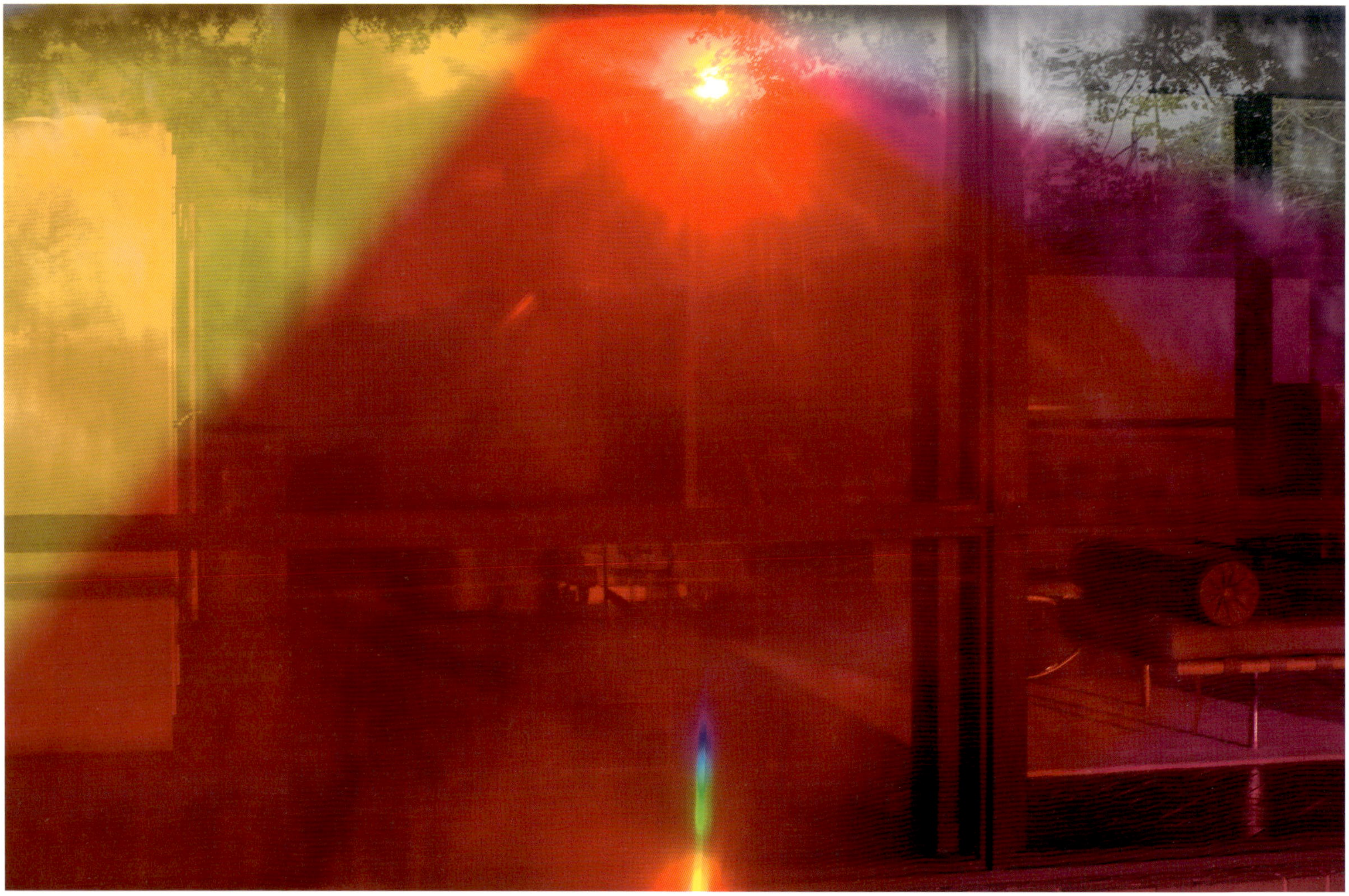

James Welling, *9818*, 2009

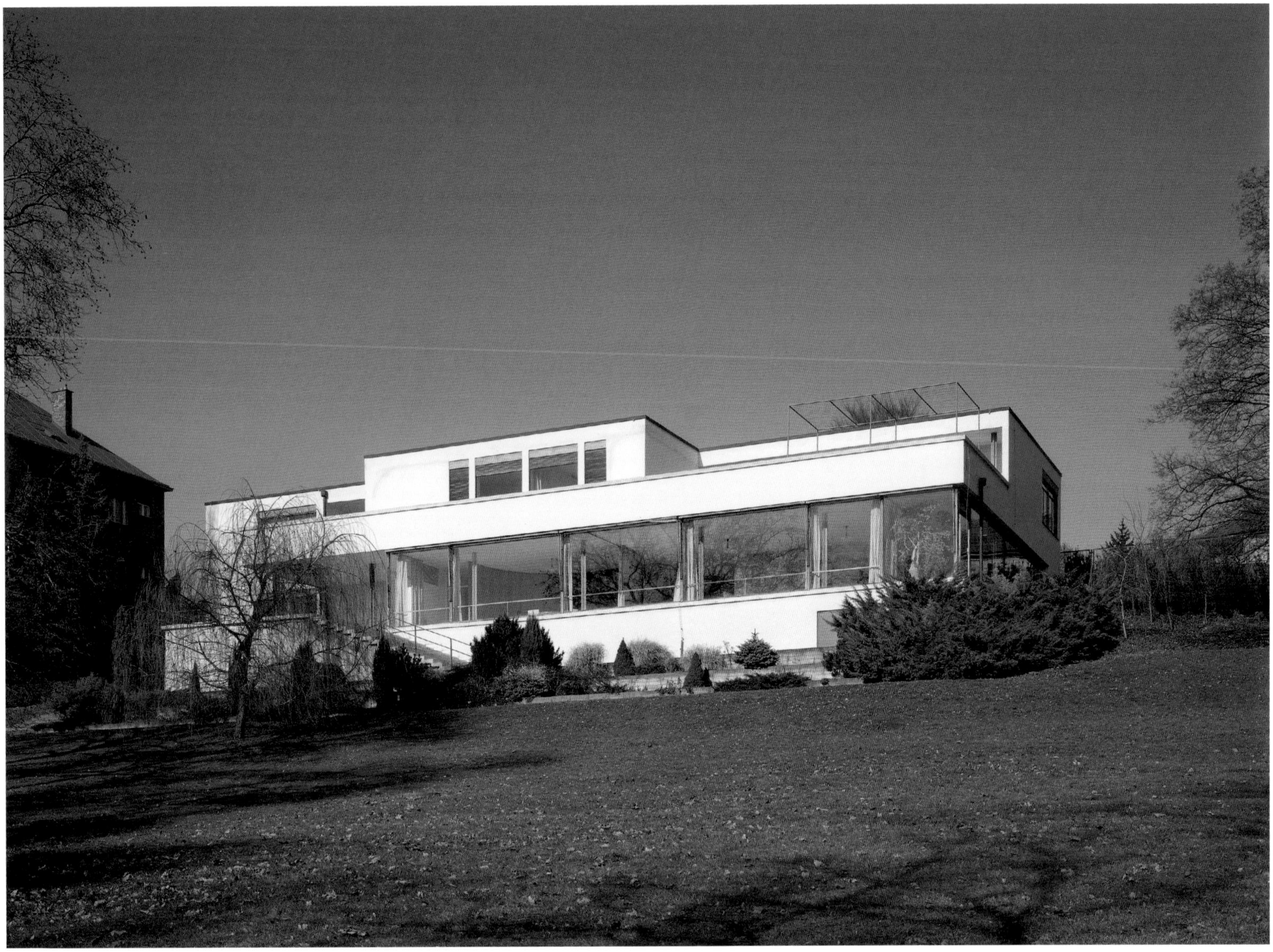

Thomas Ruff, *h.t.b.03*, 1999

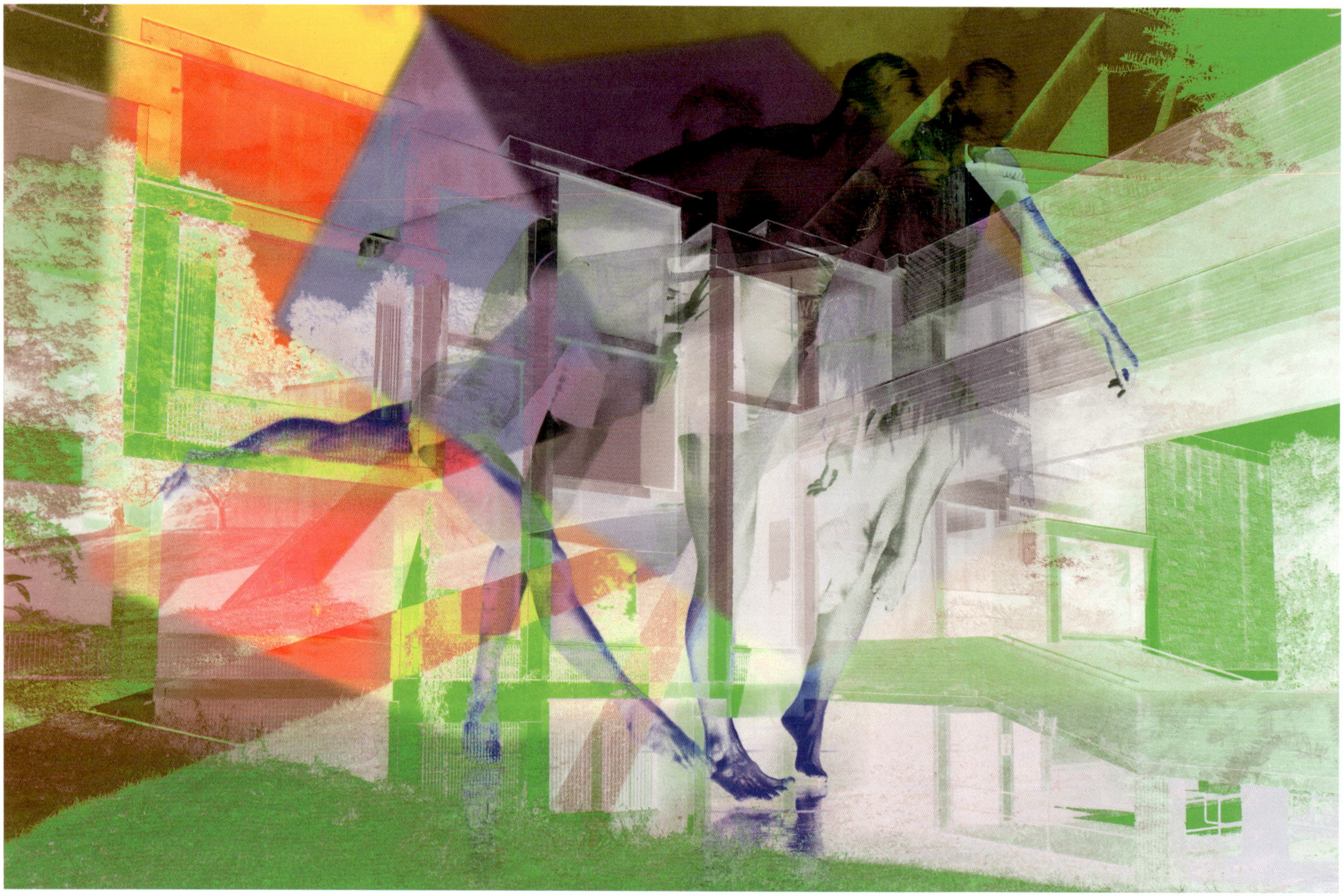

James Welling, *7690*, 2015

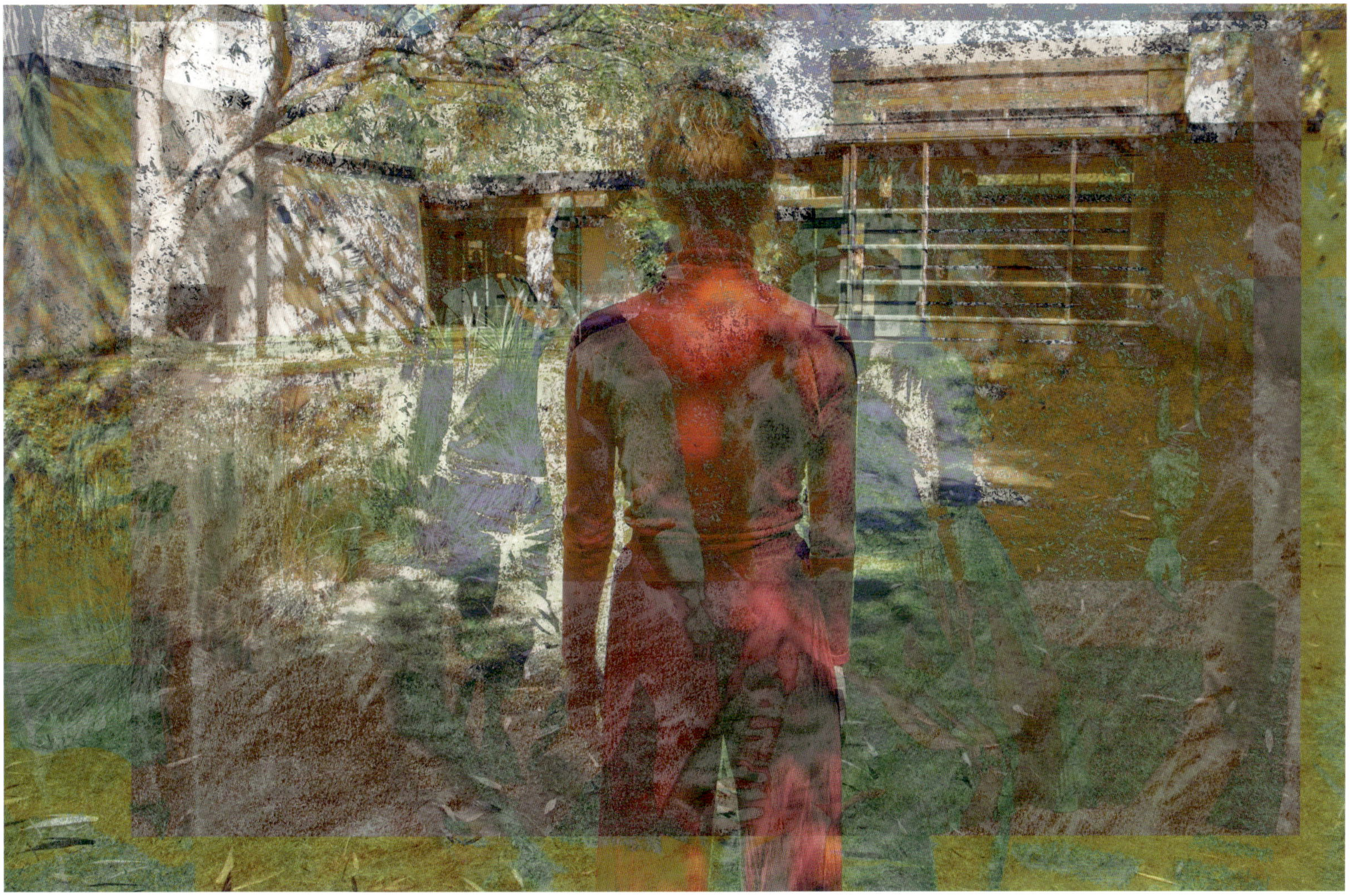

James Welling, *9947*, 2016

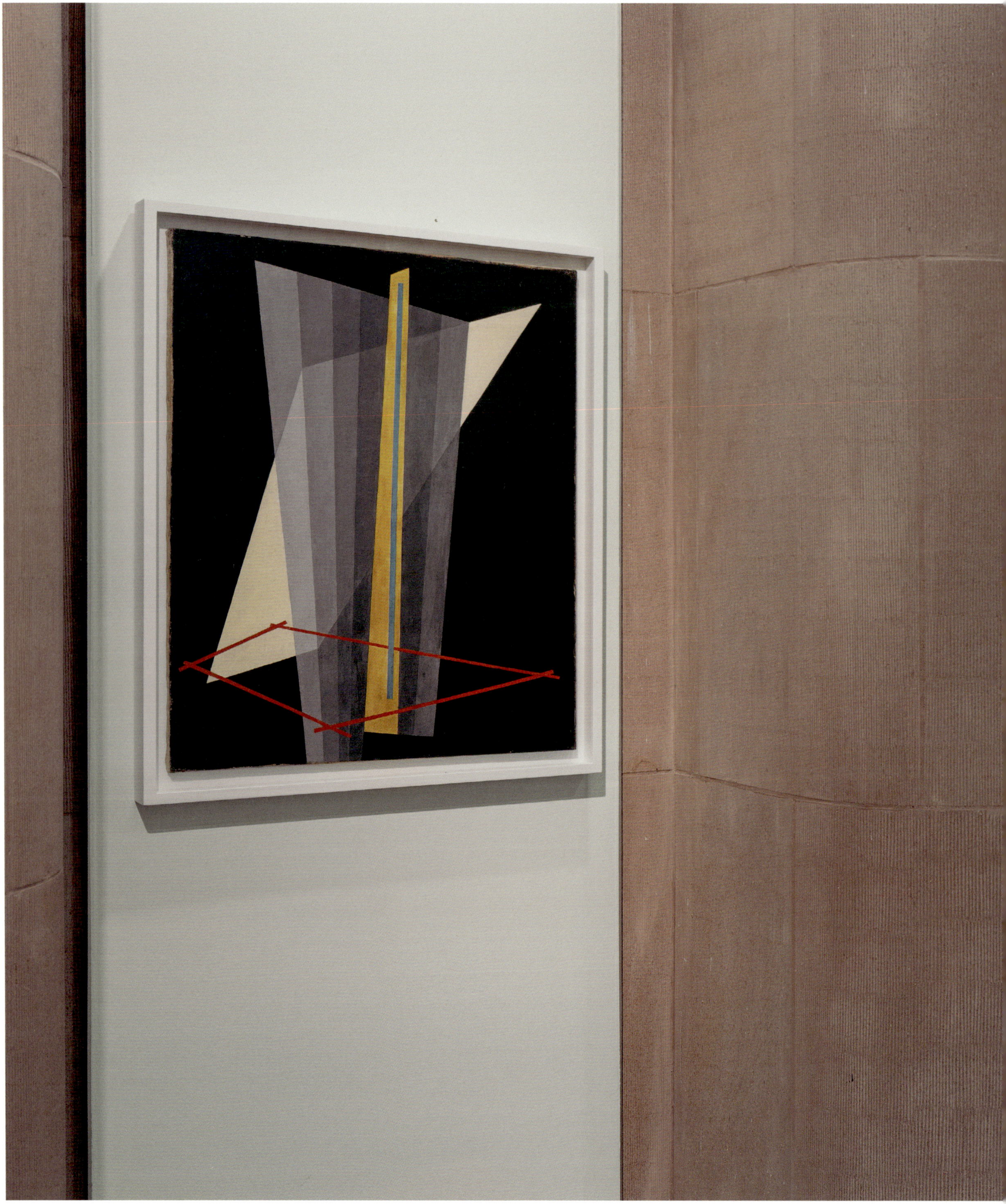

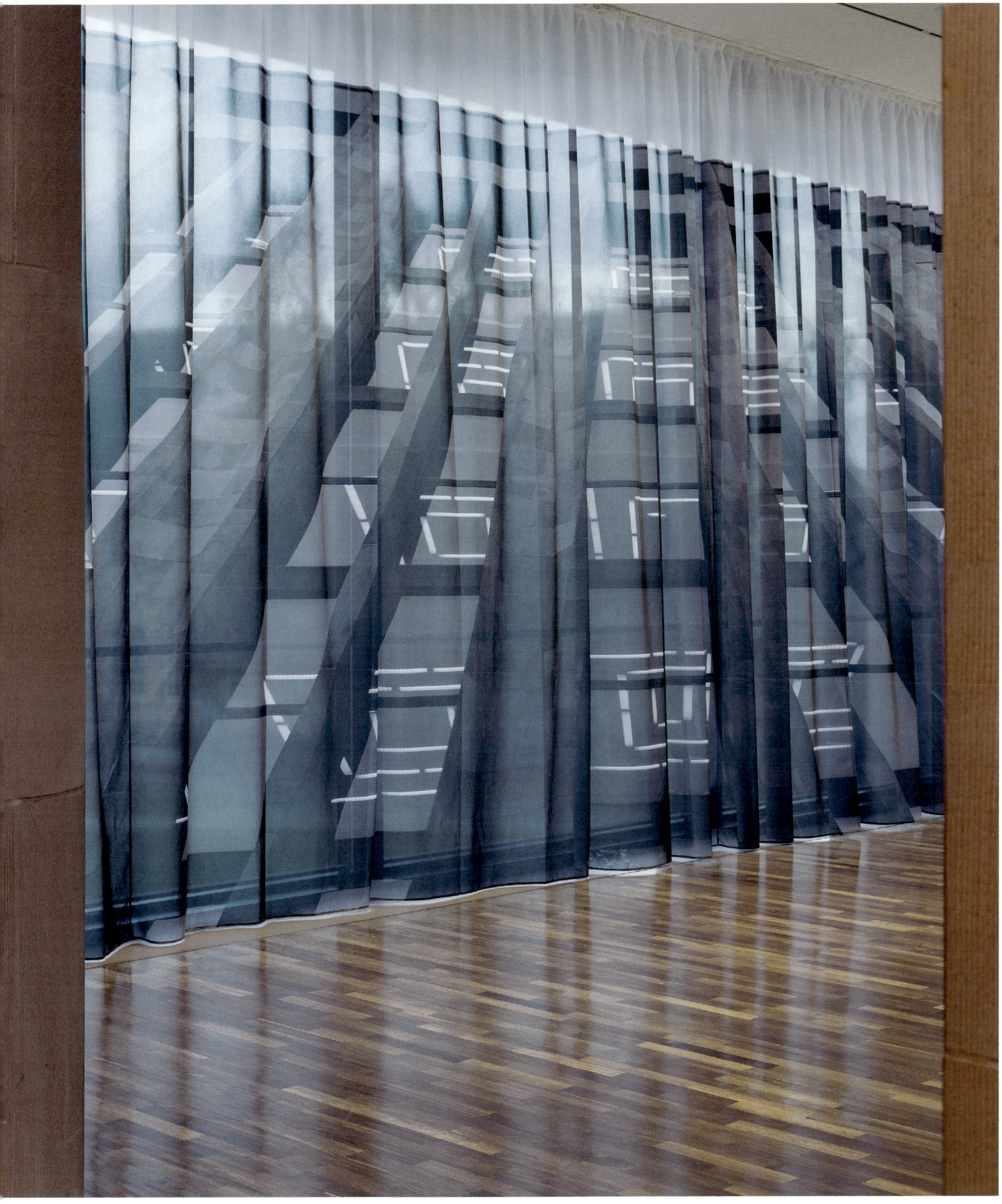

What directs our gaze? What influences are conceptions and how do we remember the past? Spaces – especially exhibition spaces – are concerned with guiding us. To what extent does our gaze contain a historical dimension? Why do we remember this way today and differently tomorrow, and what is the basis of our visual conventions today?

At the center of James Welling's 15-part series *Maison de verre* (2009) is a highly original design for a building in Paris by the architect Pierre Chareau (1883–1950). Glass plates and blocks are embedded in a metal framework. The way light falls in the space plays a central role. Contrary to Johnson's *Glass House* (1949), which merges into its surroundings, the dissimilar, earlier Parisian building (1931) inspired Welling to produce interior views. Through subsequent digital interventions, he produces reflections, shadows, transparencies and chromaticity by amplifying and exaggerating colors and distortions: The architecture and its materiality become independent abstract forms; reflected light and shadows take on a life of their own through post-processing. The modernist building presents itself in images in which an emotional experience of space comes into focus.

Thomas Ruff also colorizes interior views in his series *m.n.o.p.* (2013) and *w.g.l.* (2017). He chooses a series of muted pastels that he digitally combines with historic archival material. The color gradients recall the 1950s, the period when the images were made. They show exhibition spaces in New York and London where non-objective art was celebrated. In *m.n.o.p.*, the focus is on manipulated installation views of a collection presentation at the Museum of Non-Objective Painting (today the Guggenheim Museum, New York) with works by Wassily Kandinsky, Rudolf Bauer and other artists with works in the collection. The subject of *w.g.l.* (2017) comes from the exhibition *Jackson Pollock 1912–1956*, which was presented in 1958 at London's Whitechapel Gallery.

The setting of the drama, i.e. the architecture, is colorized, directing our gaze to the colors which we now connect in our minds with the time period. The action paintings, which use color as their basic form of expression, remain trapped in a world of historical black and white, while the elements of the visual setting are colorful, thereby drawing the eye's attention. A slightly comic effect, which is also revealing, results from the reversal of the visual habits of different temporalities.

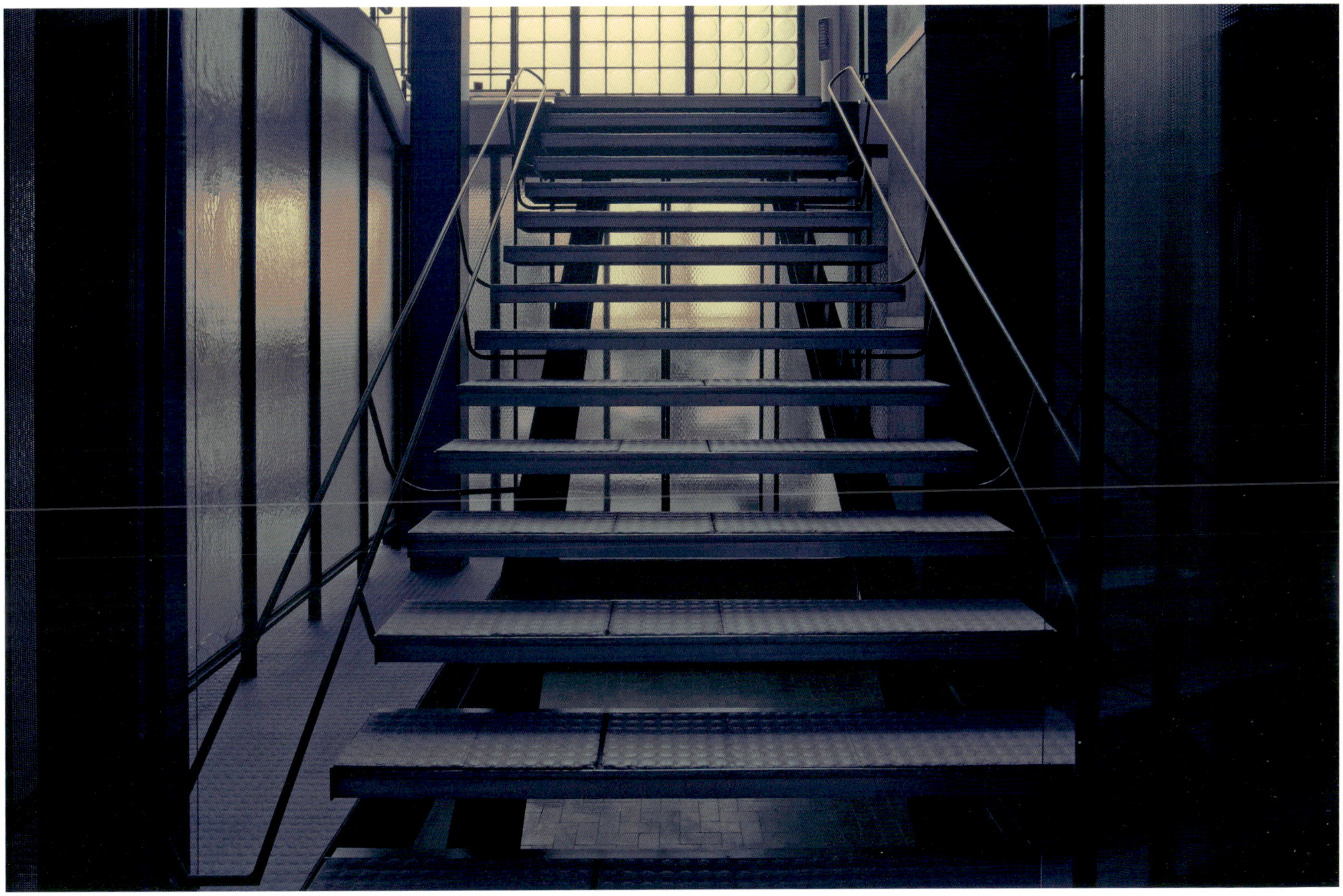

James Welling, *9552*, 2009

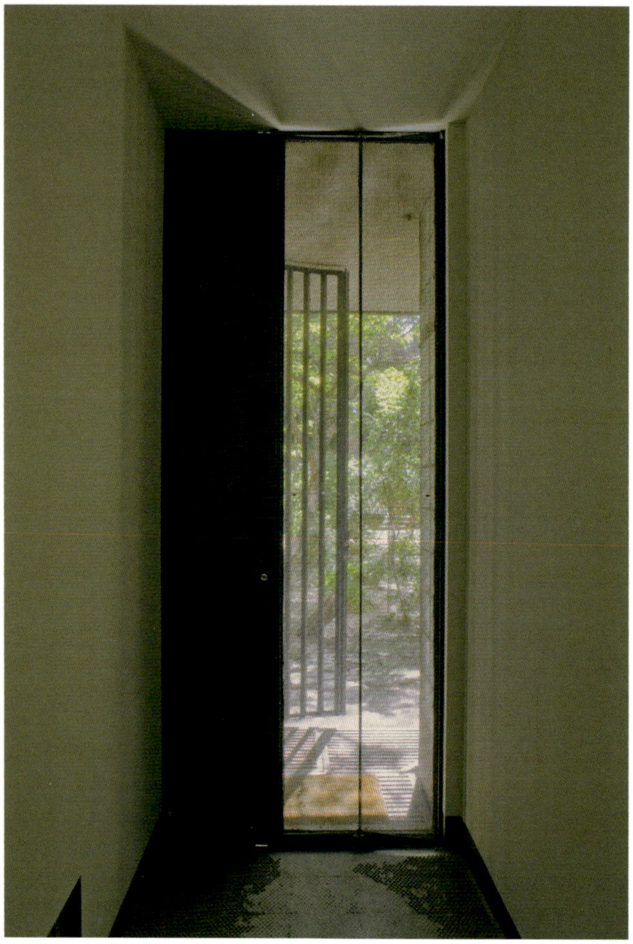

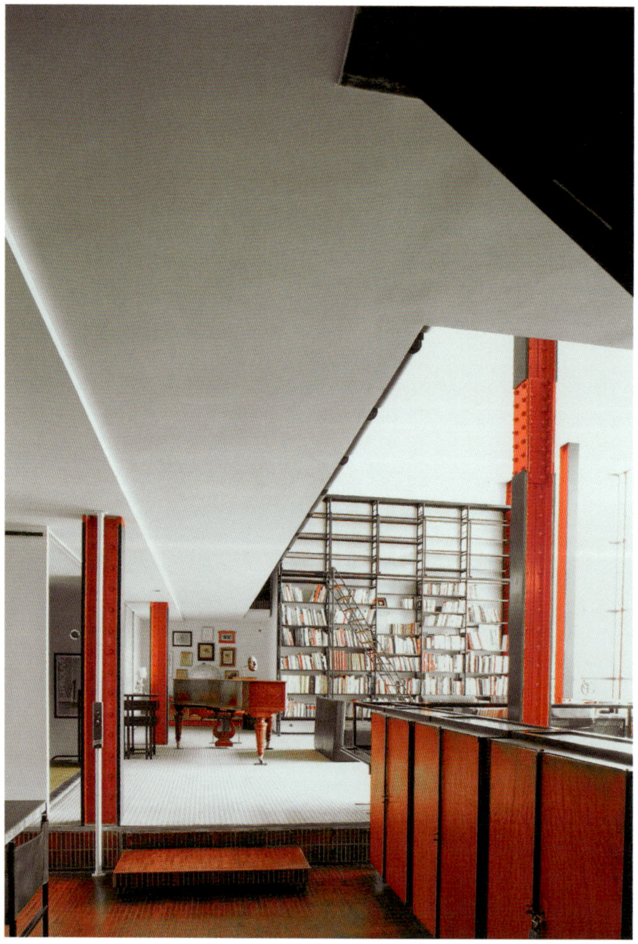

James Welling, *9262*, 2009

James Welling, *9766*, 2009

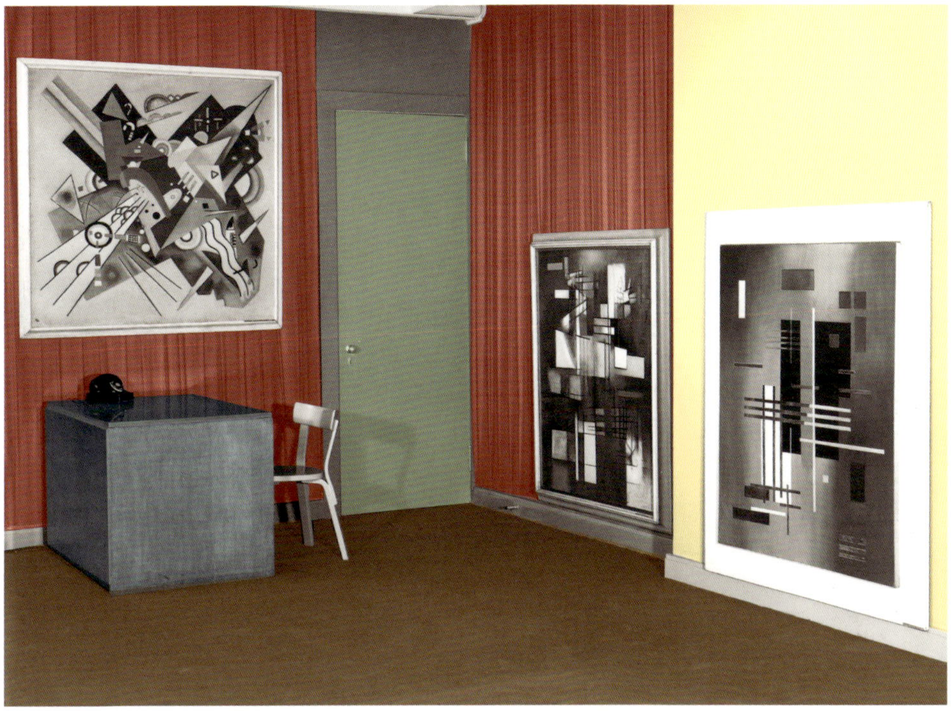

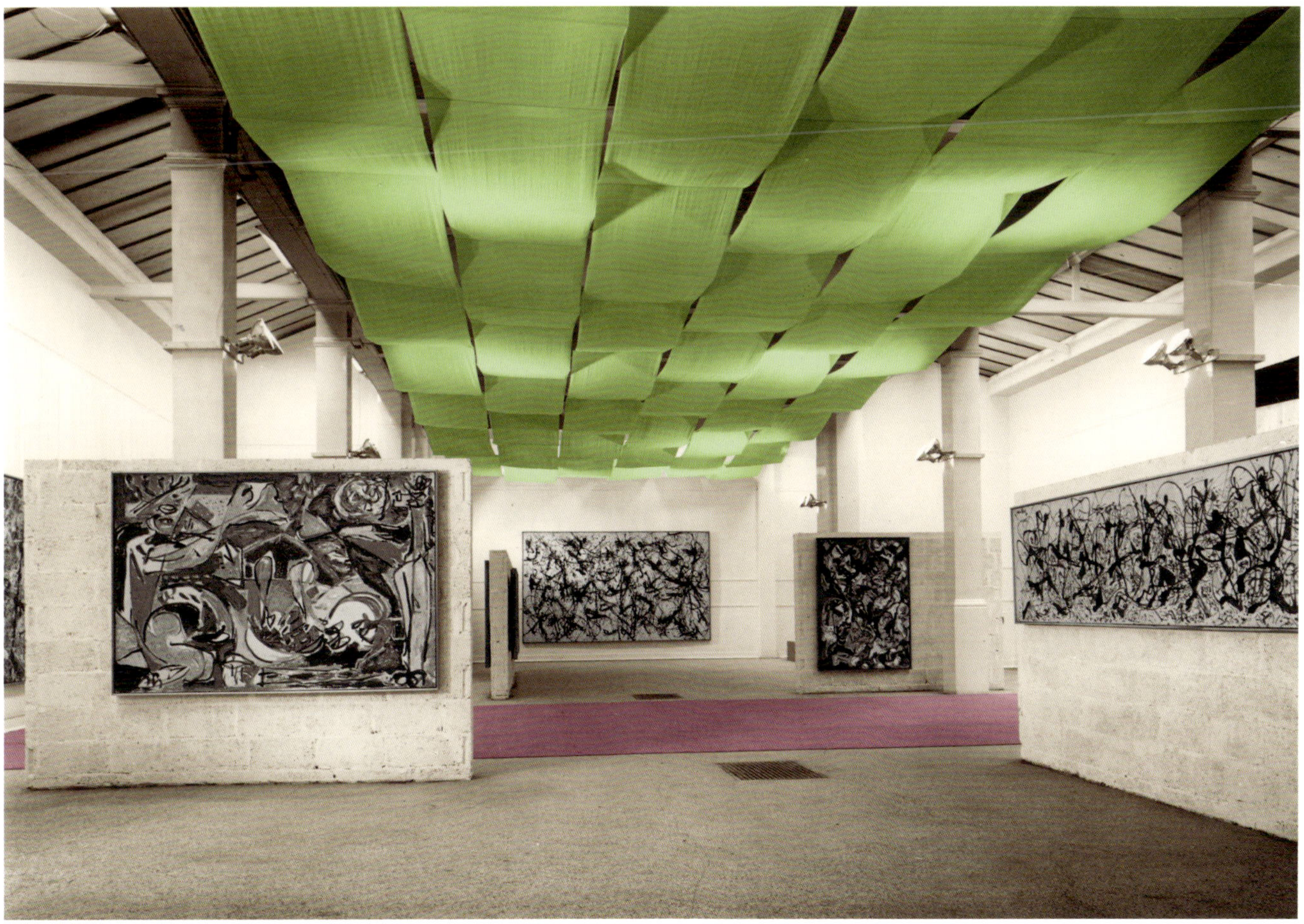

Thomas Ruff, *m.n.o.p.01*, 2013
Thomas Ruff, *w.g.l.01*, 2017

In The Earth, the Temple and the Gods *I am hoping to restore the spirit of the ancient world to a selection of material fragments. (...) I felt that I was turning photography into a veritable time machine.*

James Welling

Tripe *is about the history, the different processes, techniques and technology of photography, and how rich the photographic world really is. The series is about curiosity, discovering something new and beautiful, and wanting to share it with the world.*

Thomas Ruff

Photographs record moments. But how can photographic images connect moments from different time periods and capture more than just a moment? Do images contain more than one period of time?

In 2019, James Welling took a trip to Greece. Most of the photos he took there were in and around Athens: the Acropolis, Ancient Agora, Roman Agora and Eleusis. With his series *The Earth, the Temple and the Gods* (2018–2019), Welling seeks an interplay between present and past, often later digitally integrating layers of color into the image and placing the now colorless forms of the sculptures and buildings in relation to their colorful past. In this way, he references the significance of 19th century photographic documentation, even though his sought-after outbreak of colors is a contemporary, not a historical reconstruction. This is a question of contemporary digital visual processes and seemingly artificial colors that begin to sparkle in history and meaningfully link past and present.

Ruff's series *Tripe* (2018) was created one year before Welling's trip to Greece. The point of departure were large-format paper negatives made by Captain Linnaeus Tripe (1822–1902) on assignment by the British government from 1856 to 1862 in South India and Burma (today's Myanmar). The negatives partly show no longer existing temples, palaces and monuments, thereby pointing to the past. The painterly retouches that Tripe made on the backs of the negatives are shown in the digital reinterpretation of this kind of manipulation. On the computer, Ruff transforms the scans of Tripe's paper negatives into positives and superimposes duplicates with altered colors. Enlarged prints bring out the texture of the paper as well as the historical manipulations, alterations and damage on the negative, material inscriptions and visual conveyors of history.

During a visit to New York's Metropolitan Museum of Art in 2018, James Welling came across a Roman bust from the 3rd century AD of Julia Mamaea (180–235 AD), a Roman regent and mother of emperor Alexander Severus. To produce his series *Julia Mamaea* (2018–2021), Welling made 200 colorful variations of a negative from a single digital image.
The gelatin relief prints hand-crafted by the artist with aniline dyes and ink of different variables – the result of his engagement with 19th and 20th century printing techniques – produce slightly to radically different expressions on Julia's face. Although made from the same negative, each printed version suggests a different emotional state, a different gender, a different era. The serial cycle of works shifts between representation and abstraction while simultaneously undermining photography's supposed documentary fidelity to reality.

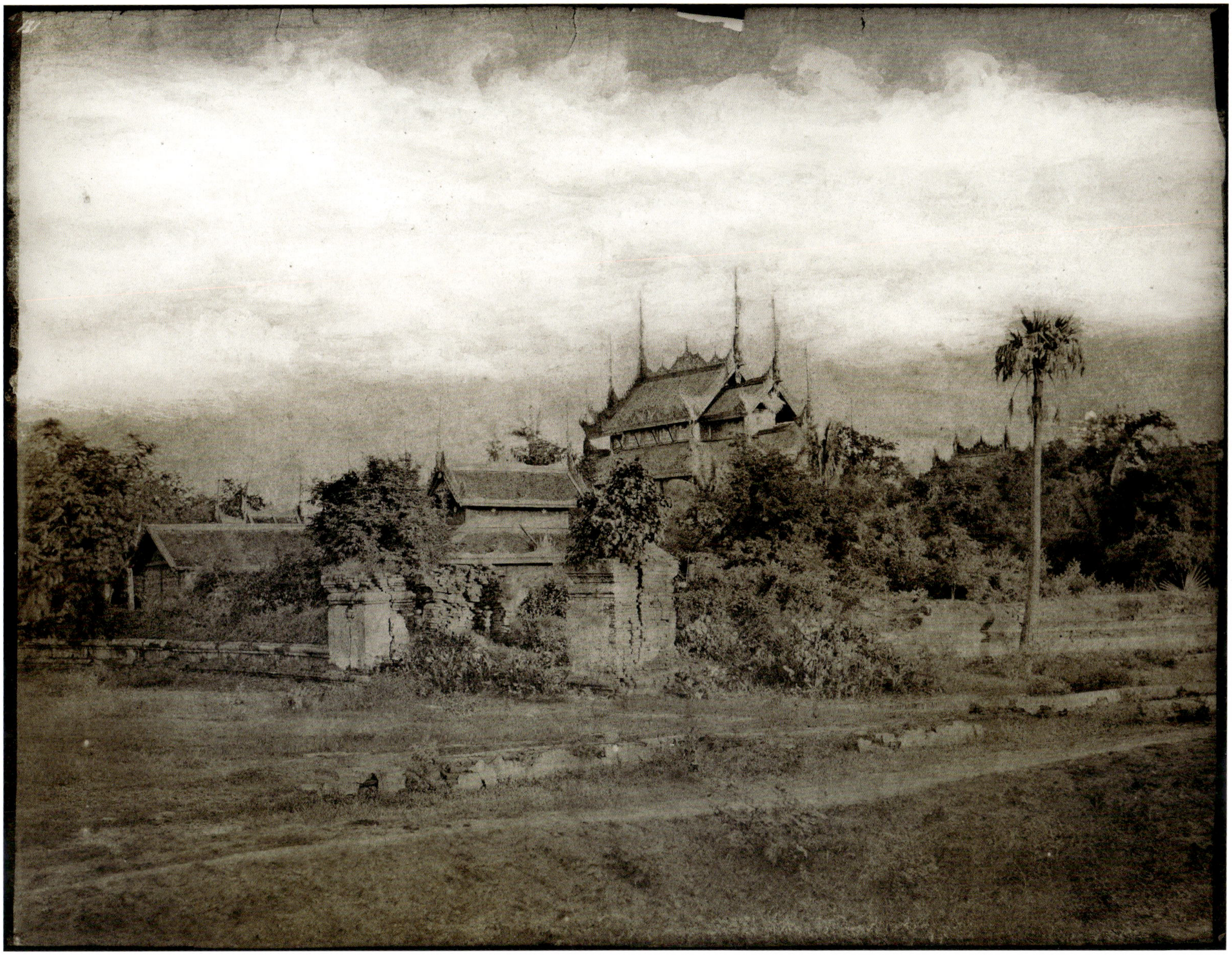

Thomas Ruff, *tripe_09 Amerapoora. My-au-dyk Kyoung*, 2018

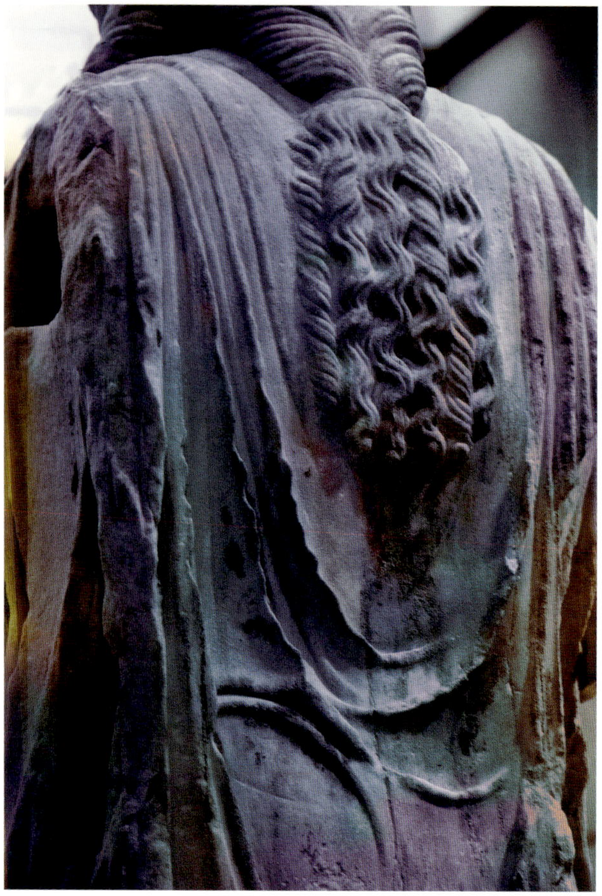

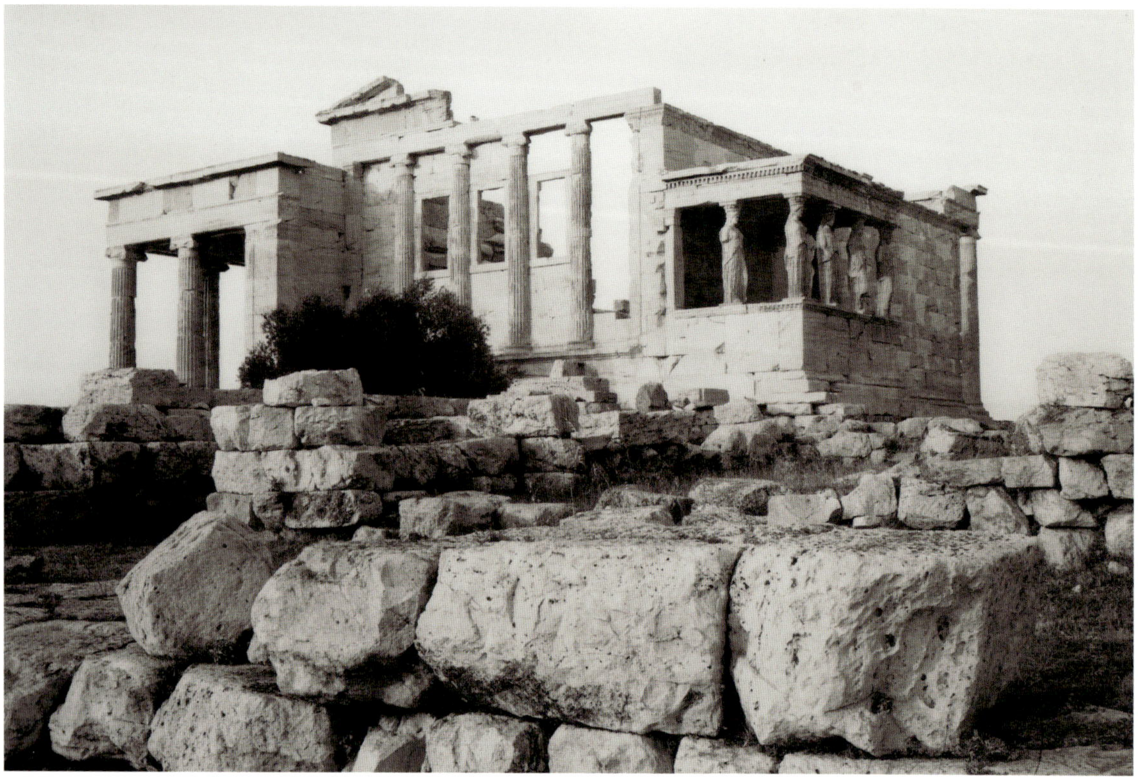

James Welling, *Acropolis Museum. Karyatid*, 2019
James Welling, *Erechtheion. Western Facade*, 2019

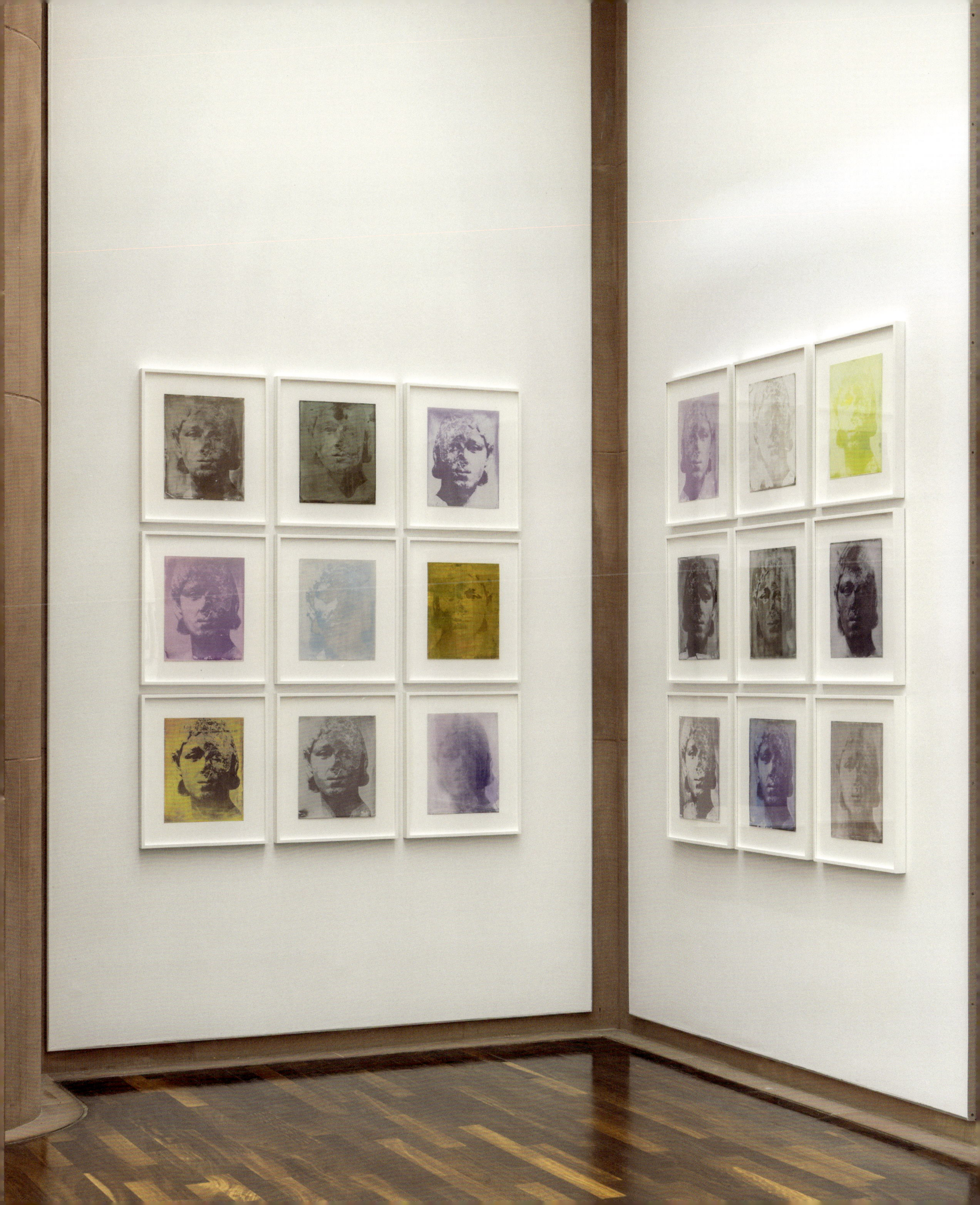

For photography, the computer is a wonderful, new tool, an extension of the darkroom.

Thomas Ruff

A lot of my work is intuitive and comes from just trying different things. (...) I enjoy operating between representation and abstraction, creating conditions where you don't really know what you're looking at.

James Welling

What constitutes the photographic image? What are the minimal conditions a photograph must fulfill? Or can photographic images contain a kind of visual nothingness?

In a sequence of five images, two hands perform touching gestures. *Hands* (1974–1975) is a series of photograms in which James Welling stages his own gesticulating hands. A photogram takes the photograph back to its fundamental conditions – creating with light on photosensitive paper without the use of an external camera. Rather than the objects used in countless modern photograms, Welling employs his own two hands. Does photography emerge out of touch (from physical and chemical processes)? We like to consider the photographic image to be "objective," even though it is ultimately the product of an apparatus. Welling contrasts this conception of photography with the hands of the artist, whose gestures, as if painted by light, are performatively and by chance captured on photo paper in the darkroom. His hands, which are usually necessary for pressing the shutter, become the subject matter of these (shadow) images and experiments with ground-figure and positivenegative relations.

Welling continues his experiments in the mid-1980s. His series *Degradés* (1986–2006) was made in the darkroom by exposing color photo paper in particular colors and toning intensities determined by filters and enlargement tools, while half of the paper is covered and worked on at a time. A soft, horizontal line between the exposed color surfaces was created by rotating a piece of cardboard, producing the impression of an imaginary, endless landscape.

Equally fascinated by historical photograms from the 1920s, with his series *Fotogramme* (2012–ongoing), Ruff has developed a contemporary, digital version of this camera-less technique. With the help of objects generated by 3D software, Ruff simulates the direct exposure of objects on photosensitive paper in a virtual darkroom. In producing these works, Ruff plays with the possibilities of digital image creation, which allow him to act outside the limitations of haptic objects and analog photograms.

Digital images and camera-less work also play a decisive role in a series Ruff has been working on since 2001. Images from Japanese anime and manga that he downloads from the Internet serve as the point of departure for his *Substrate* (2001– ongoing). With photo editing software, Ruff manipulates and superimposes a diverse array of images into a single image so that formless, psychedelic-looking fields of color emerge, eliminating any recognizable concreteness.

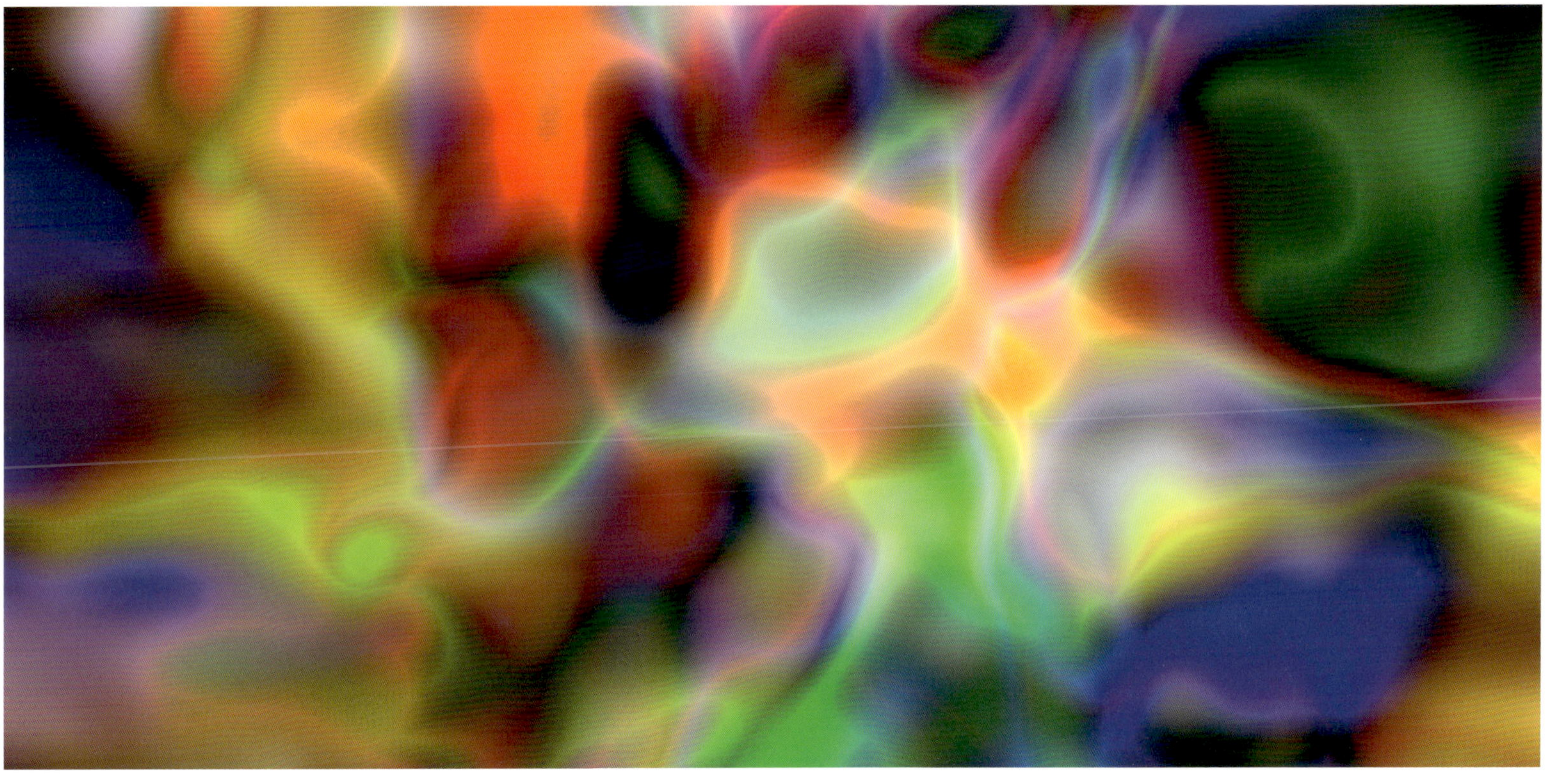

Thomas Ruff, *Substrat 7II*, 2002

James Welling, *# 9*, 2001

James Welling, *IOBV*, 2002

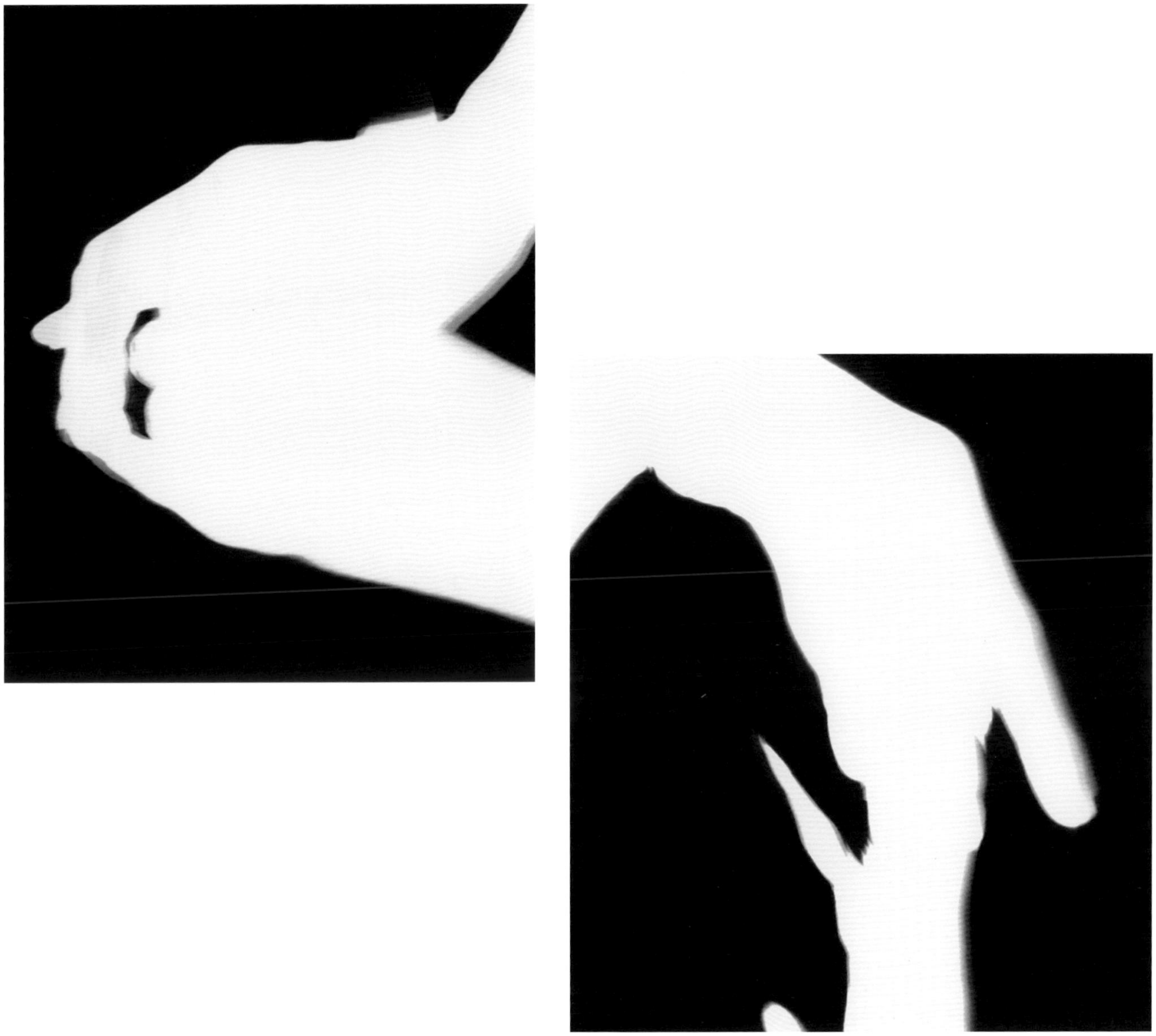

James Welling, *Hands*, 1975

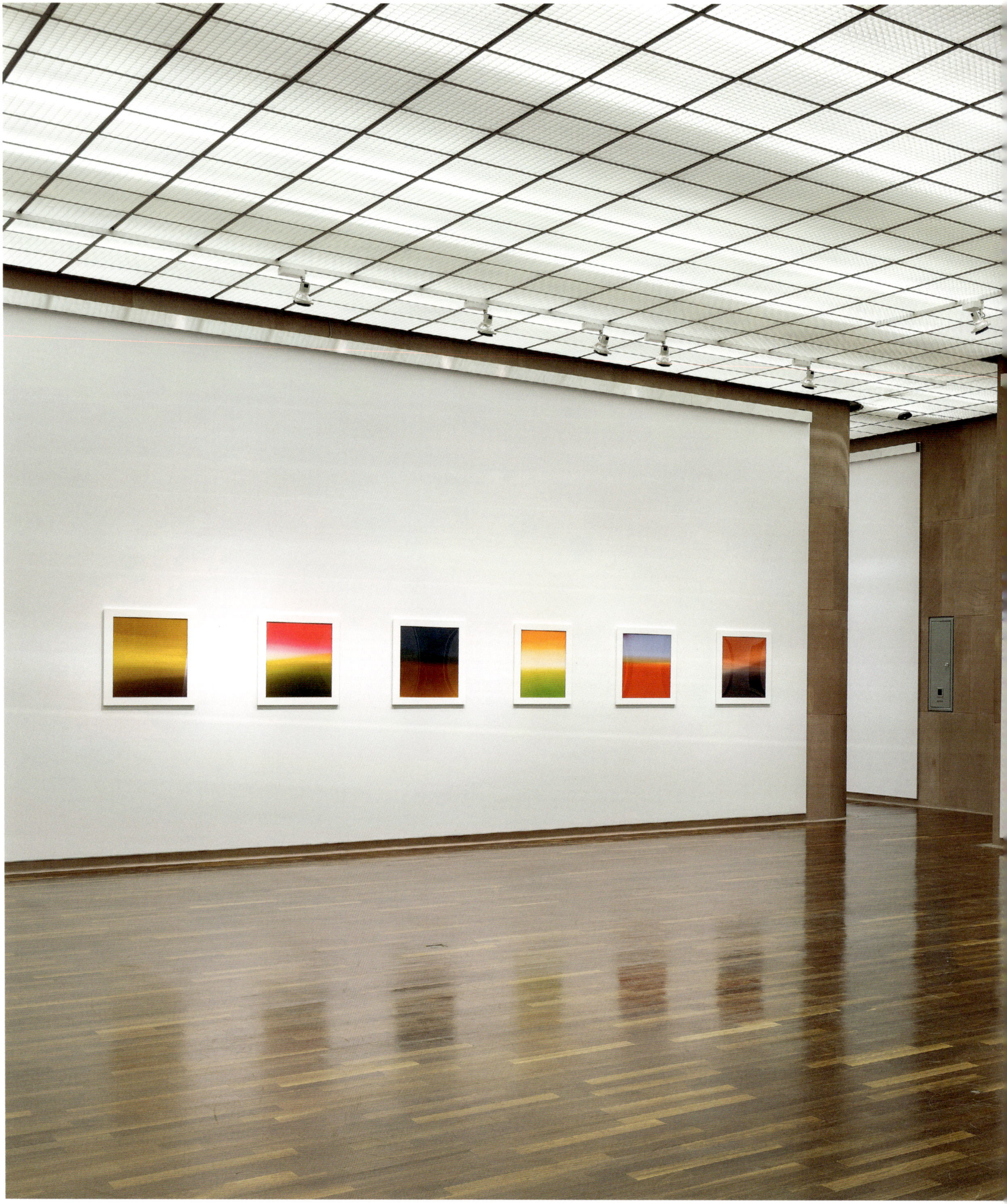

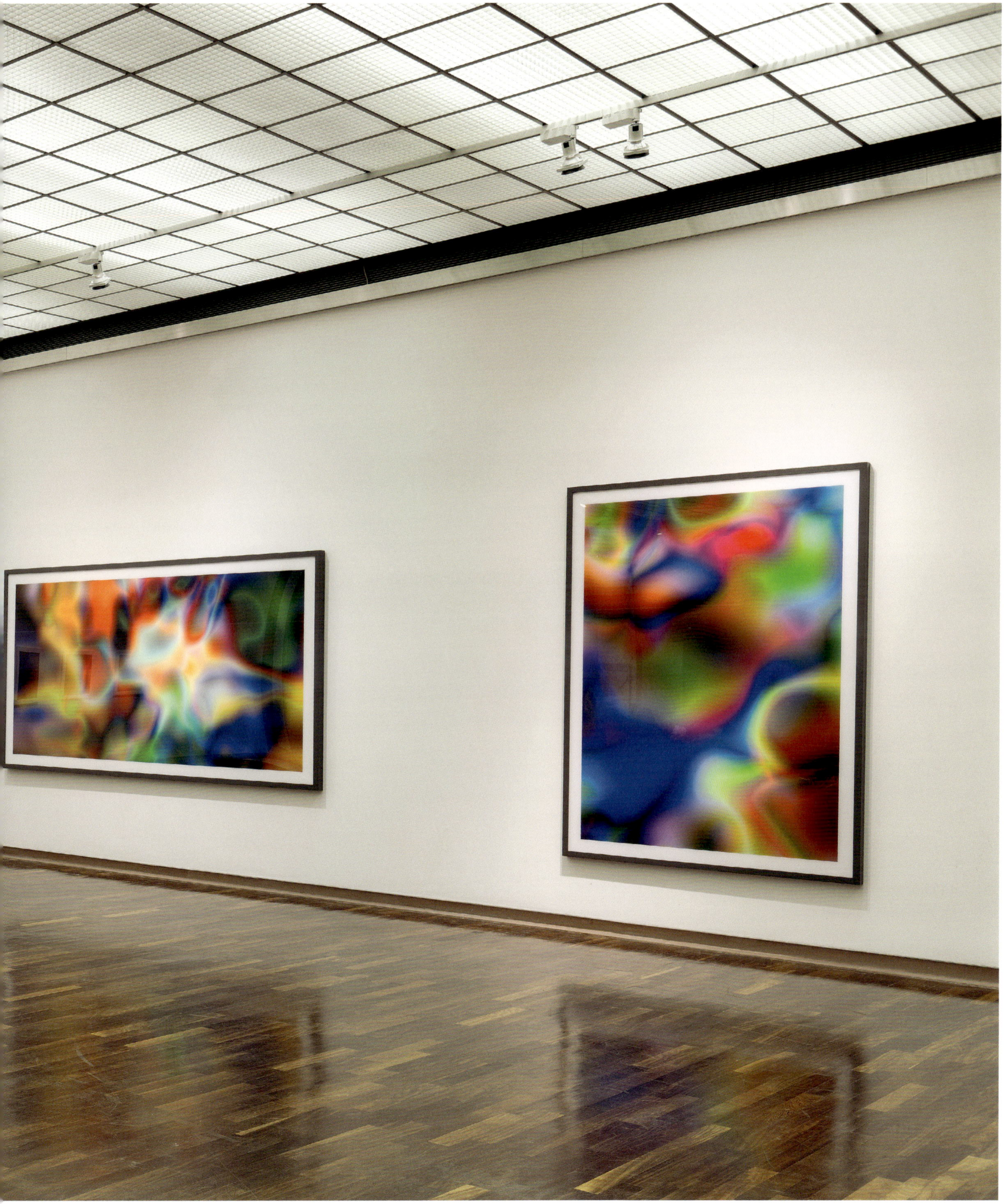

What you see isn't what you really get. There is something else – the effect of photography.
James Welling

When you look at a photo, you're looking at the past. In the star images, you're not looking at one past, but many pasts.
Thomas Ruff

Do photographic images allow us to discover something new? What properties of photography lead us to previously unknown perspectives or new experiences? A photographic image always suggests representation, but what if it shows more or something different than what is there?

In his early series, James Welling questions the conventions of the medium and its venerable documentary function. He makes a conceptual break from traditional conceptions of photography by explicitly constructing objects and images for the camera rather than finding them out in the world. *Aluminum Foil* (1980–1981) consists of black and white close-ups of crumpled aluminum foil. The images can be seen as abstractions without recognizable objects, but other interpretations suggest themselves: starry sky, torrential rivers, barren landscapes or geological layers. The strong illusory power of photographic images is conjured and simultaneously parodied by the demystification that occurs when we recognize that it is, in the end, just aluminum foil.

With its vast quantity of stars in the unfathomable distance exploding our powers of imagination, how does one capture a starry sky in a photographic image?

Thomas Ruff focuses on this paradox in his series *Sterne* (1989–1992), using scientific footage recorded with a special telescope at La Silla Observatory in the Andes from the archive of the European Southern Observatory, since traditional cameras would not produce satisfactory results. From cropped selections from the negative, he makes greatly enlarged prints that look and feel like a cross between a map of the sky and a non-representational array of white dots on a black background. For further expeditions into the universe, Ruff also draws on source material from high resolution cameras. The images in *ma.r.s.* (2010–2014) are based on NASA footage of our neighboring planet that the artist digitally manipulated. He converts the black and white views, originally recorded from directly above, into colorized, oblique views. In this way, the surfaces of Mars seem accessible even though Ruff's photographic images are not realistic.

Welling's *Fluid Dynamics* (2009–2012) also resemble satellite footage of planetary surfaces, so- called false-color images. The structures, color patches, islands and gradients are not, however, visualized geodata, but are created in Welling's darkroom: Under the lamp of a photo enlarger, gestural photograms featuring streaks of color and flow lines emerge out of wet photographic paper. When he edits them on the computer, Welling adds selected shades of color to the digitized photograms so that the works shift between gestural traces of painting, abstract photography and scientific footage.

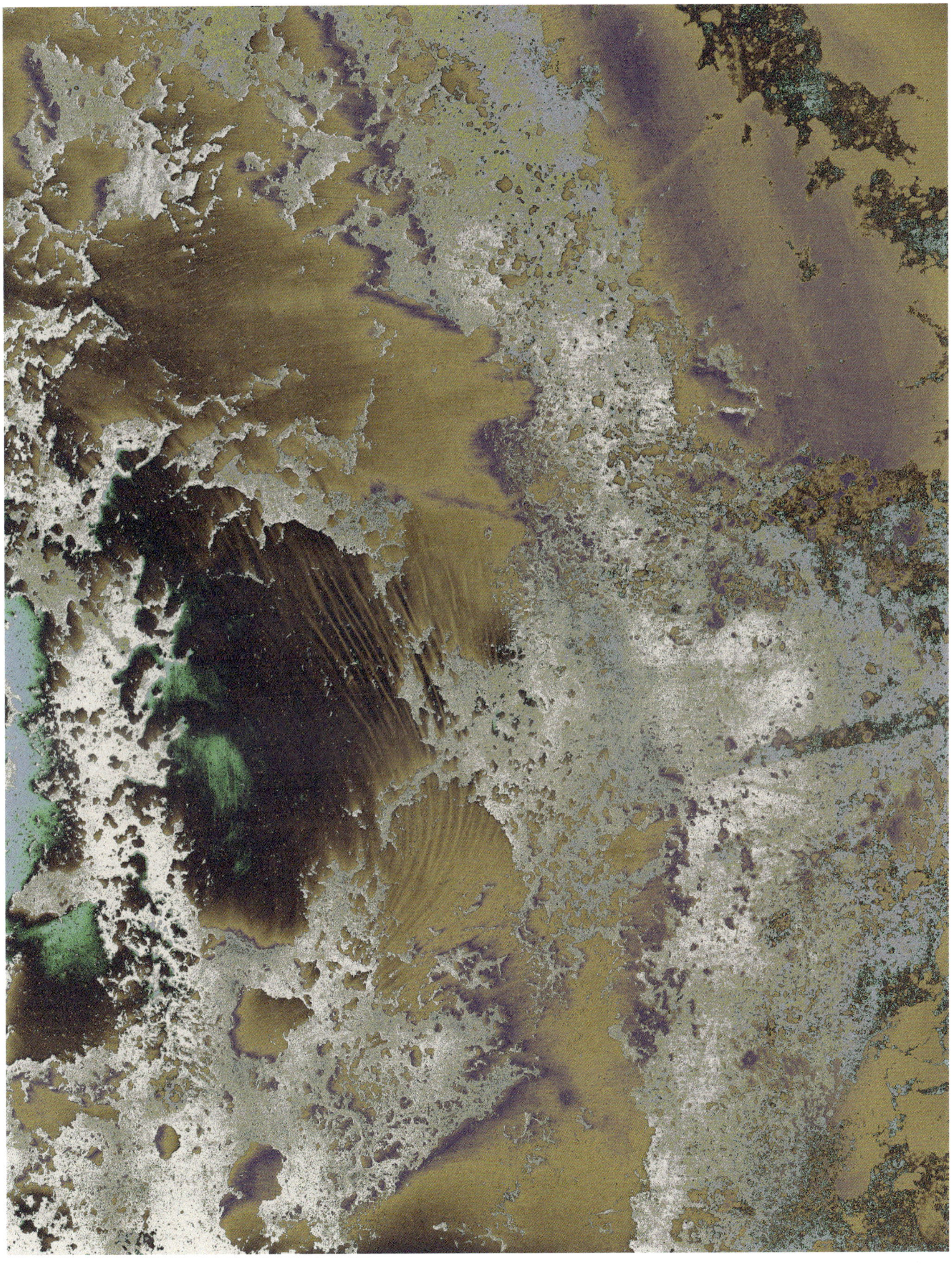

James Welling, *G19BC*, 2012

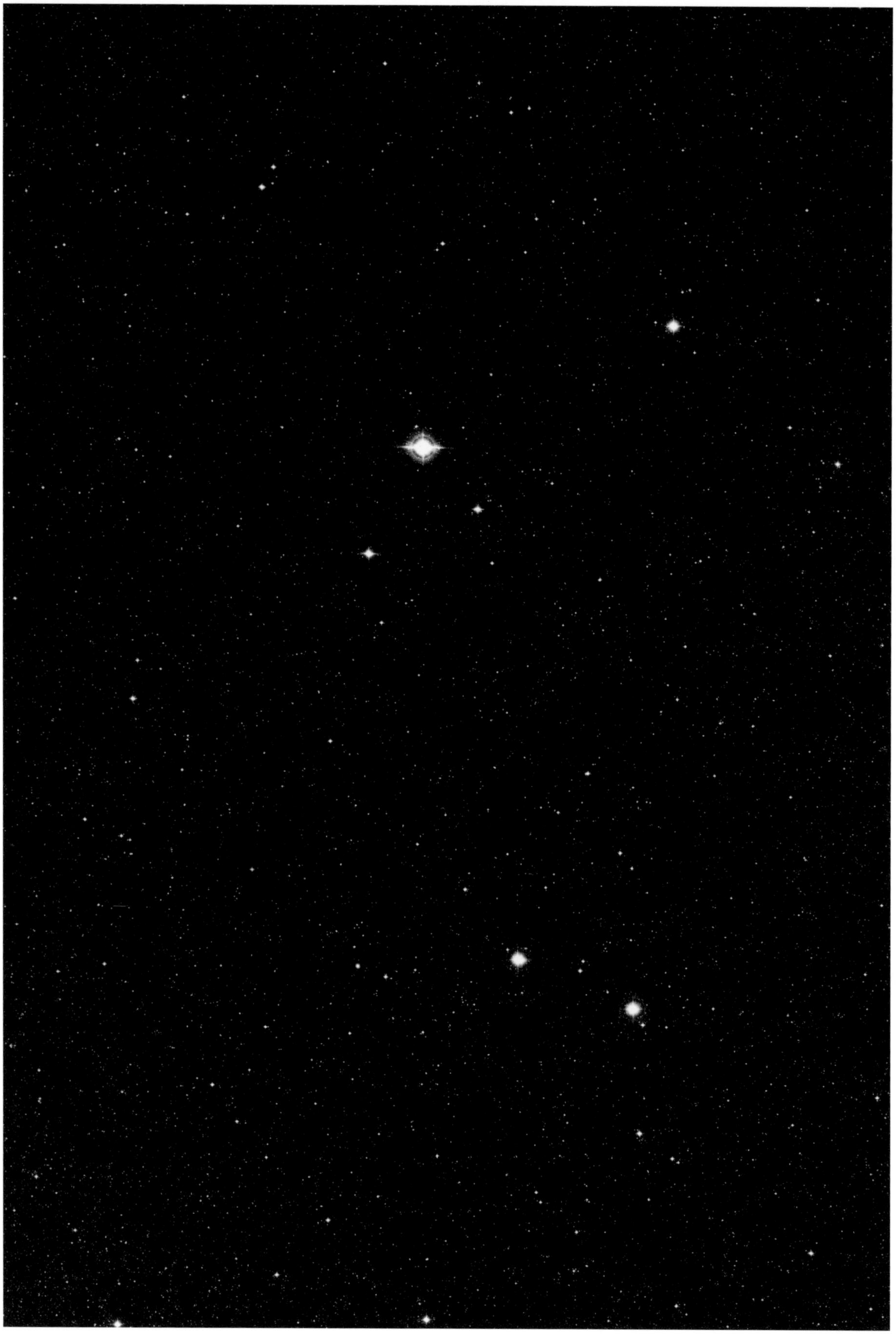

Thomas Ruff, *08h 52m/-60°*, 1992

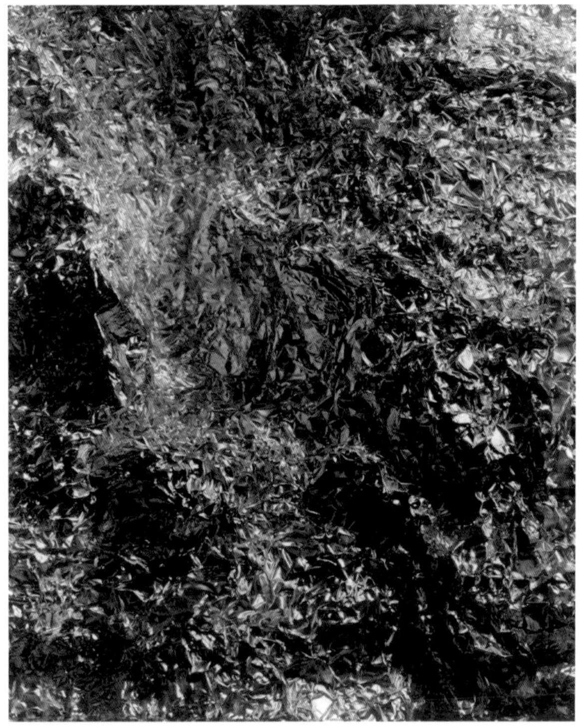

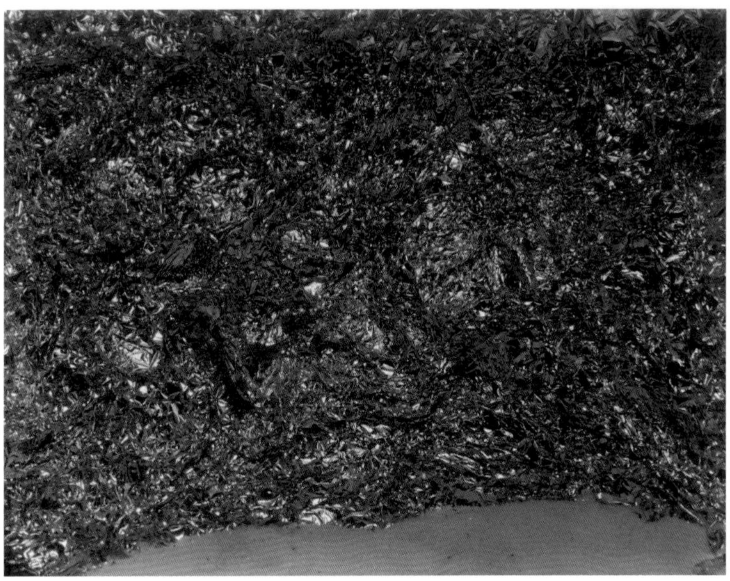

James Welling, *Triptych*, 1980
James Welling, *August 16B*, 1980
James Welling, *January 8*, 1980

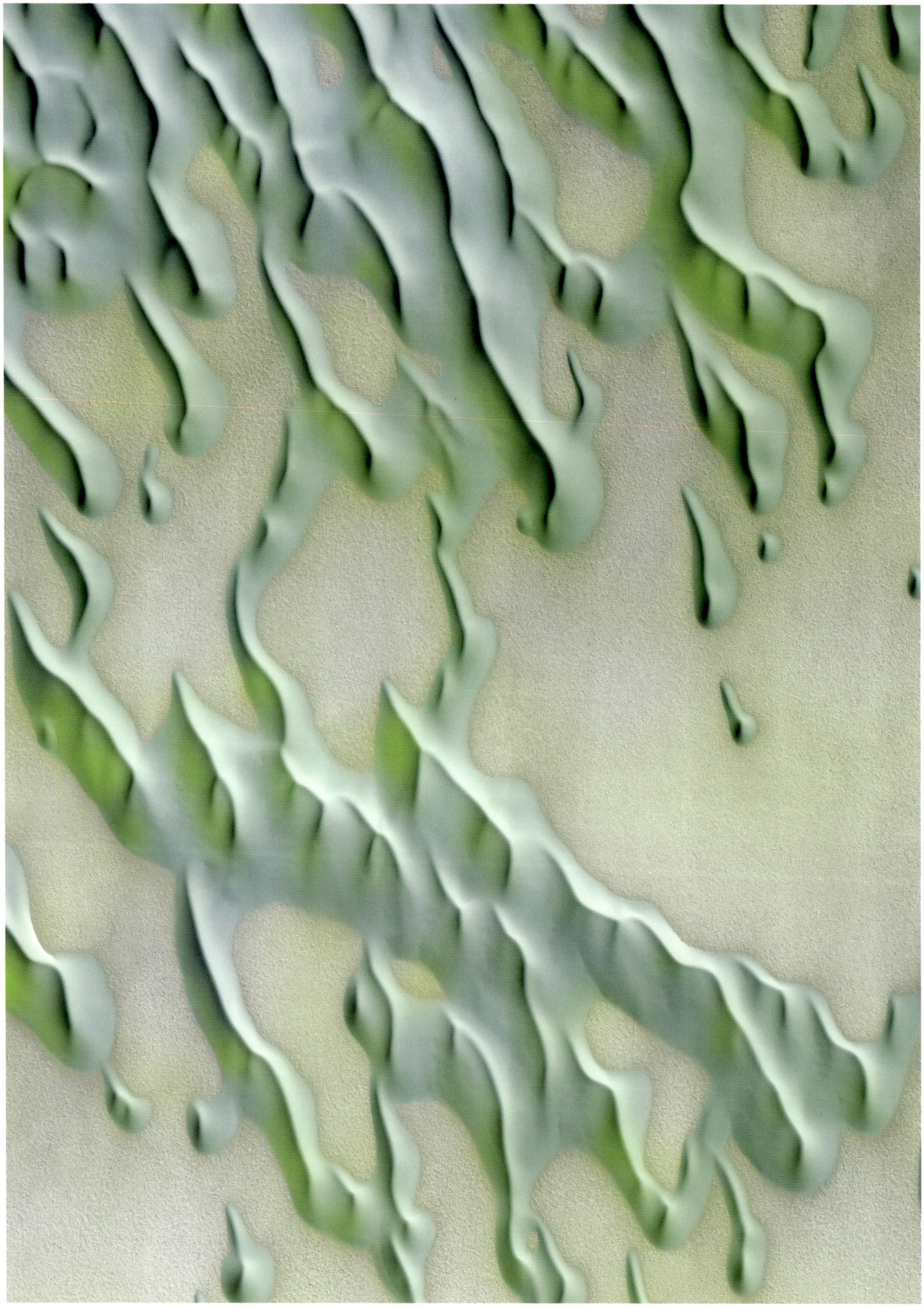

Thomas Ruff, *ma.r.s.07_I*, 2012

WHY IMAGES? THOMAS RUFF AND JAMES WELLING IN THE CONTEXT OF PHOTO THEORY

Stefan Gronert

The photographic is a comprehensive category of everyday life, so any discussion of it necessarily requires the clearest possible differentiation between the ways in which it is used in each case. It matters whether we are talking about the use of photography in the context of social media, journalism, science, forensics, or even fine art – a comparatively exotic, small field. There is also the historical dimension, because it is not only in the age of digitalization that our concept and use of photography has changed significantly in a short period of time. In the context of art, already prior to the emergence of the digital image, we have witnessed an exceedingly discontinuous history, one that reveals considerable continental differences even in the supposedly harmonious Western sphere – though it is not possible to pursue that subject here. So what are photographic pictures supposed to do, or rather capable of doing when they appear in the context of art? This general question, which will be further elaborated, belongs to the field of photographic theory, and it is precisely this theory which aims to provide insight into how pictures are supposed to be seen, or rather what they themselves are capable of achieving with respect to the transmission of knowledge – as concrete examples are used to illustrate.

It may therefore be particularly interesting to compare two apparently very different positions that, despite all the distance between them, are based on *challenging* the conventional expectations of photography. The *tertium comparationis* that connects the work of German artist Thomas Ruff with that of American artist James Welling on a theoretical level is apparent in the deviation from the understanding of a photographic picture as a 'mirror', 'trace', or 'document' of reality. In light of the often invoked 'deluge of images', it is of particular interest to observe the extent to which photography can adopt a position that reflects on the intrinsic *meaning* of pictures, and thus sees itself as a *critical* form in relation to the overabundance of the photographic in life.

STARTING POINTS

A first tour of the exhibition *Dark Matter*, or a browse through the publication at hand rather soon reveals that the approaches of both artists elude those common stylistic terms or labels that distinguish between factual-documentary photography, on the one hand, and abstract-experimental photography on the other. Proceeding in this way reveals both extremes, irreconcilable as they are, within each of the two positions at work here: with Ruff, it is the *Interiors* (1979–1983), the *Stars* (1989–1992), and the *Portraits* (1981–2001); with Welling, it is *Aluminum Foil* (1980–1981), the *Railroad Photographs* (1987–2000), or *Meridian* (2014–2015), which at first glance each possess a (somewhat innocent) documentary quality. There is, on the other hand, also an experimental approach in Ruff's *Substrates* (2001–), *Photograms* (2012–), and the *l.m.v.d.r* series (1999–2001), just as in Welling's

Degradés (1986–2006), *Glass House* (2006–2009), or *Choreograph* (2014–2020) series. The sweeping overview of both photographers' oeuvres thus reveals such diversity that one might be tempted to speak of a disparate authorship in each of the two. Visual heterogeneity appears to be a component of artistic identity here. Thus, subject-centered thinking is compelled to ask the question: Are these indeed 'crises', radical developments of the respective approach, or how can such diverse forms of the image be linked to one subject? Or perhaps this (merely) articulates the technical shift from analog to digital photography?

If the belief in an unchanging artistic identity is already an inappropriate simplification, it will be revealed in the course of this essay that the questions just formulated are primarily the result of looking at the depicted *motif*. However, it is precisely this perception of the pictures that is misleading. Instead, it will be shown that both Ruff and Welling are much more interested in an *analytical* examination of photography itself. They thus stand in fundamental contradiction to that pictorial concept of the successful snapshot that Henri Cartier-Bresson summed up in 1952 in the legendary phrase "the decisive moment." To further nuance the assertion formulated above: both Ruff and Welling are concerned with 'reflexive' pictures under an altered historical horizon.

DIFFERENCES

Before getting to the convergences between the two artistic positions which have already been implied here, Ruff's and Welling's quite disparate biographical and cultural contexts should first be summed up in a few words.

Following initial studies in painting and then modern dance, the elder of the two photographers, James Welling (b. 1951), pursued his artistic education from 1971 to 1974 in the multimedia-oriented Post Studio Art class taught by John Baldessari at the California Institute of the Arts (CalArts) in Valencia, on the outskirts of Los Angeles. After initial work in the field of video,[1] Welling turned to photography in 1975. From a historical perspective, it goes without saying that the context of his early work in this environment was of a conceptual nature, but as he put it, "it was a sly comment on conceptual art."[2] Apart from the documentary work *Diary/Landscape* which he began in 1977, as well as the *Architectural Photographs and Portraits* (1976–1978), Welling produced the abstract photograms *Hands* as early as 1974/75, as well as the figuratively even more reductive *Aluminum Foil* series. The experimental trait in Welling's oeuvre, evident already at an early stage, was quite soon recognized as a critical examination of the medium of painting.[3] In this regard, Welling also occasionally produced abstract watercolors during this period.[4]

Thomas Ruff (b. 1958) grew up in the Black Forest, and in 1978 he began studying at the Kunstakademie Düsseldorf. He thus belongs to the first generation of students of Bernd Becher, who held the first professorship for artistic photography in West Germany at the Kunstakademie. Through Becher, Ruff's connection to the documentary-objective tradition of photography was predetermined, even though he would soon move away from it in a rather decisive way. The genesis of his work is comparatively easy to trace,[5] from its documentary beginnings in 1979 with *Interior*s to his first appropriations, which are already evident in 1989 with *Stars*, the first motifs not having been photographed by himself. The next decisive turning point a short time later was marked by digital manipulations (*Blue Eyes*, 1991) and since 1999, by more extensive processing of original pictures (*l.m.d.v.r.*), as well as the use of Internet images (*Nudes*, 1999–), all of which no longer require the use of a camera: the photographer has bid farewell to his traditional instrument. In connection with this logically consistent media-reflexive development in Ruff's work, his approach has been referred to as ‚analytical', even ‚scientific'.[6]

CONNECTIONS

A greater difference in terms of the origin and genesis of the work of these two artists is hardly conceivable in the Western hemisphere. Although the significance of artistic subjectivity should not be overestimated on a theoretical level, a relevant comparison of their two positions can nevertheless begin with the question of whether there was a reciprocal artistic reception between them.

In 1987, and thus well before the age of digitization and the accompanying information deluge, Welling had his first European gallery exhibition in Paris; Ruff exhibited in another Paris gallery that same year. Furthermore, Welling and Ruff were both prominently represented at documenta IX (1992) in Kassel. Welling had solo exhibition in Germany at the Sprengel Museum in Hannover in 1999 and at the Kölnischer Kunstverein in 2000, and vice versa, it was quite possible to come into contact with Ruff's work in the United States.[7] From 1989, he showed regularly in solo exhibitions at Gallery 303 in New York, where Welling had lived and worked since 1978. And since 2000, Ruff has been working with the David Zwirner gallery, who have represented Welling since 2005. It is therefore difficult to imagine that the two artists would not have been aware of each other's work – consciously or subconsciously.

These opportunities for reciprocal reception do not necessarily imply any connection in terms of content. In this respect, the individual background of each artist provides further insight. According to his own accounts, Welling became acquainted with the Bechers's approach to photography during his studies at CalArts, and attended a lecture by Hilla Becher in Los Angeles. Yet that encounter appears to have left him relatively unaffected.[8] He recently remarked, "I am much closer to my New York peers than to the Düsseldorf school. Thomas Ruff's work has an anarchic touch that I can identify with."[9] It was the curator Martin Germann who tacitly echoed precisely this statement when he characterized Welling's oeuvre as follows: "With its lush abundance of paradoxes, photography offered itself as an ideal field for Welling, whose artistic practice has been dedicated to a dissection of its vocabulary, styles, and narratives for almost 40 years. His autodidactic approach is less rigorous than the 'scientific' method of his respected Düsseldorf colleague Thomas Ruff. Rather, it can be understood as anarchistic, an elegant deep dive into the quarry of an expanded history of photography."[10]

Ruff, on the other hand, says he first encountered Welling's work in Germany around 2000, and despite its dissimilarity to his own work, he does see connections: "James is just as curious as I am – and neither does he accept photographic conventions, and therefore ventures out in search of new images."[11]

SIMILARITIES

Despite their considerable relevance, the significance of Ruff and Welling's statements about their work must at least be put into perspective. Let us therefore try to define the two approaches more precisely on a general, categorical level. In this respect, it makes sense to pick up on a suggestion by Markus Kramer. In 2012, he ascribed the following four traits to Ruff's work: visual heterogeneity, painterly optics, serial approach, and appropriation.[12] With the exception of the last point, these qualities may also be applied to a characterization of Welling's work. This requires a brief explanation.

In contrast to artists such as Andreas Gurksy or Jeff Wall, who celebrate the single image or masterpiece, and accordingly develop (comparatively) few works, Ruff and Welling work in series or sets of images defined by their respective technical modus operandi, their motifs, and formats or displays. With Ruff, they tend to encompass rather shorter periods of time, for example the *Newspaper Photos* (1990–1991) and *ma.r.s.* (2011–2013), whereas Welling tends to spend a longer period of time on some series, such as *Light Sources* (1977–2005) and *Glass House* (2006–2014). The pictorial motifs differ considerably within the oeuvres of the two artists. While Welling's work can be said to focus on the recurring themes of nature, abstraction, and the figure, Ruff's choice of motifs is almost impossible to reduce to a common denominator – which greatly relativizes their meaning.[13] That said, it is worth noting that they both explored architecture and technical devices.

However, if one subjects the 'painterly quality' attributed to the works of each artist to comparative scrutiny, upon closer examination, decisive differences are revealed between their two approaches. While Welling might use reflections and filters in his *Glass House* images to drastically alter the empirical appearance of the Philip Johnson building in terms of color, thereby cancelling out the supposed transparency of the photograph, Ruff achieves a similarly alienating effect in his *l.m.v.d.r.* and *m.n.o.p.* (2013) series by using identifiably digital means. As such, different lineages of tradition then emerge – the link to a pictorial history of painting on one hand, and to the digital visual world on the other. While Welling questions photography from a material standpoint, attaches great importance to the photographic paper used,[14] and accordingly often employs conventional photographic techniques, although from 2009 he does include digital processes, Ruff has largely dispensed with the camera since 1990, and processes material he has found on the computer rather than having photographed it himself.

DIFFERENCES

At this point, at the latest, we have exhausted the set of shared similarities; in fact, we have already gone beyond it. Although Welling has a loose – primarily biographical – affinity with the Pictures Generation circle, and had his first exhibition at the Metro Pictures Gallery in 1981 with *Aluminum Foil*,[15] his skepticism about photography,[16] setting aside his earliest works immediately after completing his studies, is not to be mistaken for appropriation in the narrower sense (as in works by Sherrie Levine, Louise Lawler, or Richard Prince). He does use existing imagery from time to time, but not as the main theme. This constitutes a fundamental difference between his and Ruff's work, which is produced largely without involving the artist's hand through a sequence of indexical-technological transformations defined by the artist.[17] In this respect, Ruff's approach questions authorship – while nevertheless not entirely negating it. As Kramer puts it, he no longer appears as the originator of a form, but as the originator of a technological transformation idea.[18]

The above-mentioned metaphor of the artist's hand is particularly interesting with regard to this artistic comparison, because it actually appears as a motif in Welling's early work – where it likewise indicates a ruptured form of individuality. In *Hands* (1975), Welling's own hands appear as mere shapes; using the technique of the photogram and, in pursuit of this move toward abstraction, in some cases he further inverts the result.[19]

Ruff's *Photograms*, which were created a good 40 years later, are pictures of the digital age. They are radical, especially against the backdrop of analog photographic technique, insofar as here he dispenses with a real object, a light, as well as light-sensitive material (paper). In a computer (since these pictures were in fact created in cooperation with the Jülich Supercomputing Centre), Ruff installed a virtual darkroom in which virtual objects were projected, moved, and illuminated with several likewise virtual light sources, so that they could generate visual impressions that were subsequently transferred to actual photographic paper. This purely digital process of production allows Ruff to circumvent the disadvantages of the traditional manual process, insofar as the image size is now flexible, the images may generally be in color, and they no longer have to remain in a state of (analog) uniqueness. What had already been heralded in his *Cycles* (2008–2009) and *Substrates* is amplified in the *Photograms* as the title's allusion traditional technology makes manifest the transition to the *virtual* image, which is entirely devoid of any reference to the visible real world, and yet is able to stimulate the corresponding imagination solely on the basis of a traditional notion of the photo's representational function. The optical similarity of such a digital image to forms of abstract painting can hardly be denied, but is relativized at least at the moment of viewing the original and its reflective Plexiglas surface.

CONCLUSIONS

Both artists are aware that photography in the context of art is not obliged to fulfill the function of pictorial duplication or documentation – that shall remain the task of photography on the other side of art. Their pictures allow us to recognize things, and are thus only in the rarest of cases entirely abstract, but at the same time, they do not merely depict anything. Significantly, both artists make it a point in their monographs to comment on the way their images were made and the technical peculiarities of their bodies of work.[20]

As indicated thus far, Ruff's and Welling's pictures relate in a reflexive way to extra-aesthetic reality, and especially to the photographic picture-world: they do not mirror it, but rather reflect the possibilities and limitations of photography in different ways. Welling's work primarily focuses on a pictorial self-reference with particular attention to the materiality of the photograph. In his mediation of photographic and painterly discourse,[21] he does not fundamentally question the aesthetic form of the picture, but rather examines it in ever new attempts. Particularly interesting in this regard is the *Choreograph* series. Welling for the first time uses digital techniques in the colorization of superimposed black-and-white photographs, resulting in a high degree of abstraction. Ruff, on the other hand, is less concerned with photographic self-referentiality in terms of content. In the digital age, he is much more interested in a radical reflection on media *qua* photography. With astonishing consistency, he explores the technical forms and modes of use of the photographic in terms of inner aesthetics. In his *Photograms*, he even goes so far as to focus on the virtual, that is, no longer ‚really' photographic, but instead, the exclusively digitally generated form of the photograph. Yet Ruff does not transgress the boundaries of art, and rather adheres to the objecthood of the photographic image and, along with it, to the form of distribution of ‚art', whereby he strives for a high optical density in large formats that may occasionally overwhelm the viewer. But if anyone still thinks they have to look for depictions of reality within them, they will not find what they are looking for.

1 See *James Welling: Metamorphosis*, Heike Eipeldauer and Martin Germann, eds., texts by Ingried Brugger, Martin Germann, Philippe Van Cauteren, and Hal Foster in conversation with James Welling, exh. cat., Stedelijk Museum voor Actuele Kunst, S.M.A.K., Ghent; Bank Austria Kunstforum, Vienna (Munich: S.M.A.K and Prestel Verlag, 2017), p. 185.

2 James Welling, "CalArts in the Early 1970s," in *Where Art Might Happen. The Early Years of CalArts*, Philipp Kaiser and Christina Végh, eds., with texts by Géraldine Gourbe, Thomas Lawson, Annette Jael Lehmann, Glenn Phillips, Christian Rattemeyer, Janet Matina Sarbanes, Rebecca van Dyck, trans. Michael Stoeber (Munich, London and New York: Prestel, 2020), pp. 299, and 292–299, passim.

3 See Alain Cueff, in *James Welling: New Abstractions: DG BANK-Förderpreis Fotografie*, ed. Thomas Weski, exh. cat., Sprengel Museum, Hannover (Hannover: Sprengel Museum, 1999), p. 5.

4 See *James Welling: Metamorphosis*, pp. 28, 94.

5 See, in principle, *Thomas Ruff: 1979 to the Present*, ed. Matthias Winzen, with texts by Per Bj Boym, Ute Eskildsen, eds., exh. cat., Staatliche Kunsthalle Baden-Baden (Cologne: Buchhandlung Walther König, 2001); *Thomas Ruff: Modernism*, Markus Kramer, trans. Mitch Cohen (Heidelberg and Berlin: Kehrer, 2011); Markus Kramer, *The Technological Hand* (Heidelberg and Berlin: Kehrer, 2018); Claus Gunti, *Digital Image Systems: Photography and New Technologies at the Düsseldorf School* (Bielefeld: Transcript Verlag, 2019).

6 See Thomas Weski, "Der wissenschaftliche Künstler," in *Thomas Ruff: Photographs 1979–2011*, Thomas Weski and Okwui Enwezor, exh. cat. Haus der Kunst, Munich (Munich: Schirmer/Mosel and Haus der Kunst, 2012), pp. 21ff.

7 This said, Ruff's work has not yet been recognized with a major museum exhibition in the United States.

8 James Welling, "CalArts in the Early 1970s," p. 296.

9 Hal Foster, "A Conversation with James Welling," in *James Welling: Metamorphosis*, p. 153.

10 Martin Germann, "Von der Berührung. Zur Kunst von James Welling," in *James Welling: Metamorphosis*, p. 87.

11 Thomas Ruff, email to the author, 29 August 2022.

12 See Markus Kramer, *Photographic Objects: Thomas Ruff, Wade Guyton, Seth Price, Kelley Walker, Spiros Hadjidanos* (Heidelberg and Berlin: Kehrer, 2012), p. 44.

13 Markus Kramer, *Photographic Objects*, p. 45.

14 *James Welling: Metamorphosis*, p. 183; on the making of the Glass House series, see "A Conversation with Sylvia Lavin," *James Welling: Glass House* (Bologna: Damiani editore, 2010), pp. 21-40.

15 For context, see Douglas Eklund, *The Pictures Generation 1974–1984* (New York: The Metropolitan Museum of Art and New Haven: Yale University Press, 2009).

16 For an interesting reference to a parallel with Gerhard Richter, Eklund, cf. Douglas Eklund, *The Picturess Generation* 1974–1984, p. 226.

17 Markus Kramer, *Photographic Objects*, p. 151.

18 Markus Kramer, *Photographic Objects*, p. 144.

19 See *James Welling: Metamorphosis*, p. 183.

20 See *James Welling: Metamorphosis*, pp. 181ff, where Germann has characterized this attitude as "hypertransparent;" on Ruff, see *Thomas Ruff*, ed. Iwona Blazwick, exh. cat., Whitechapel Art Gallery (London: Whitechapel Art Gallery and New York: Artbook/D.A.P, 2018).

21 *James Welling: Metamorphosis*, p. 37, where Heike Eipeldauer recognizes in Welling a self-reflection on the photographic medium along the lines of a modernist discourse on painting.

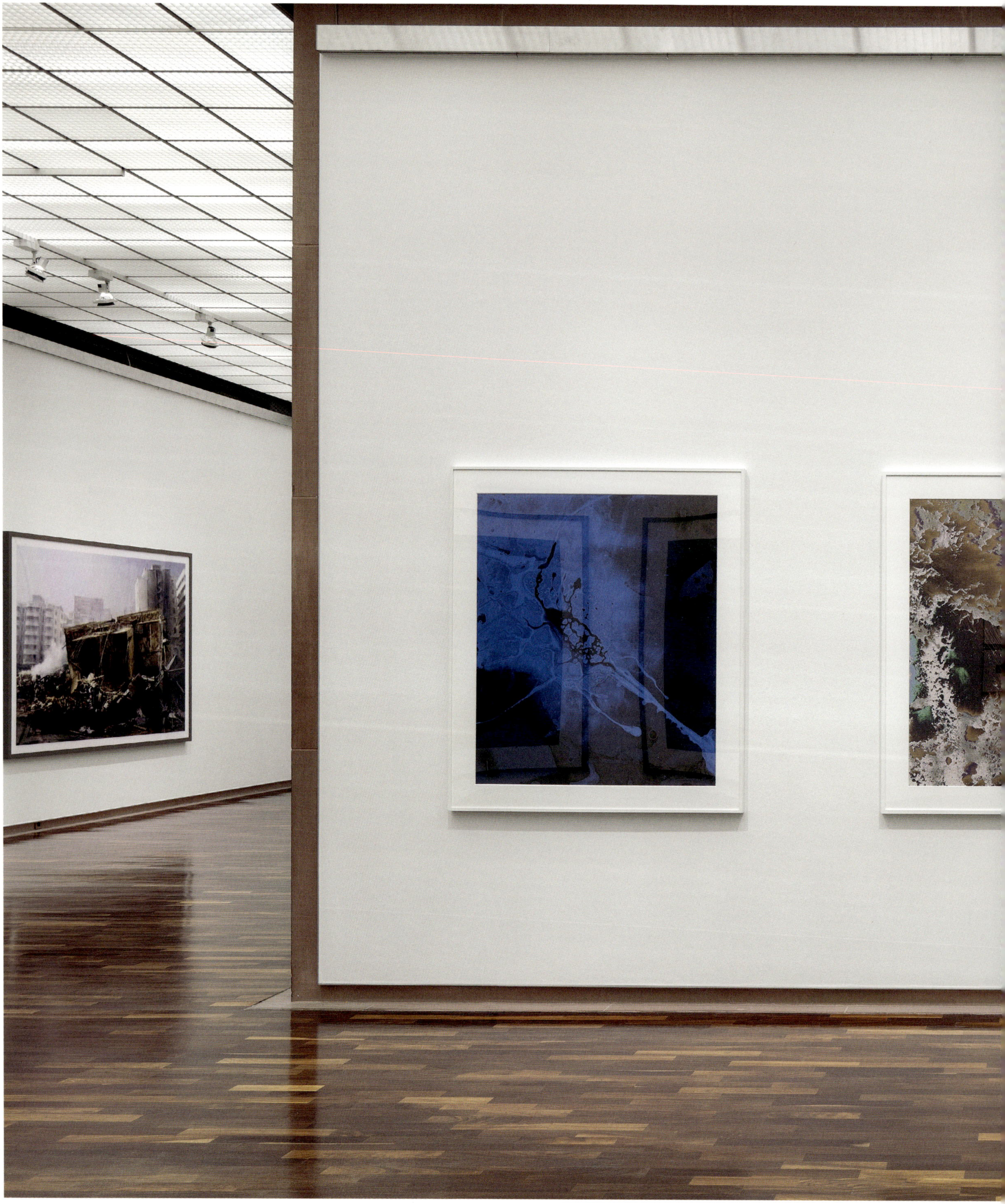

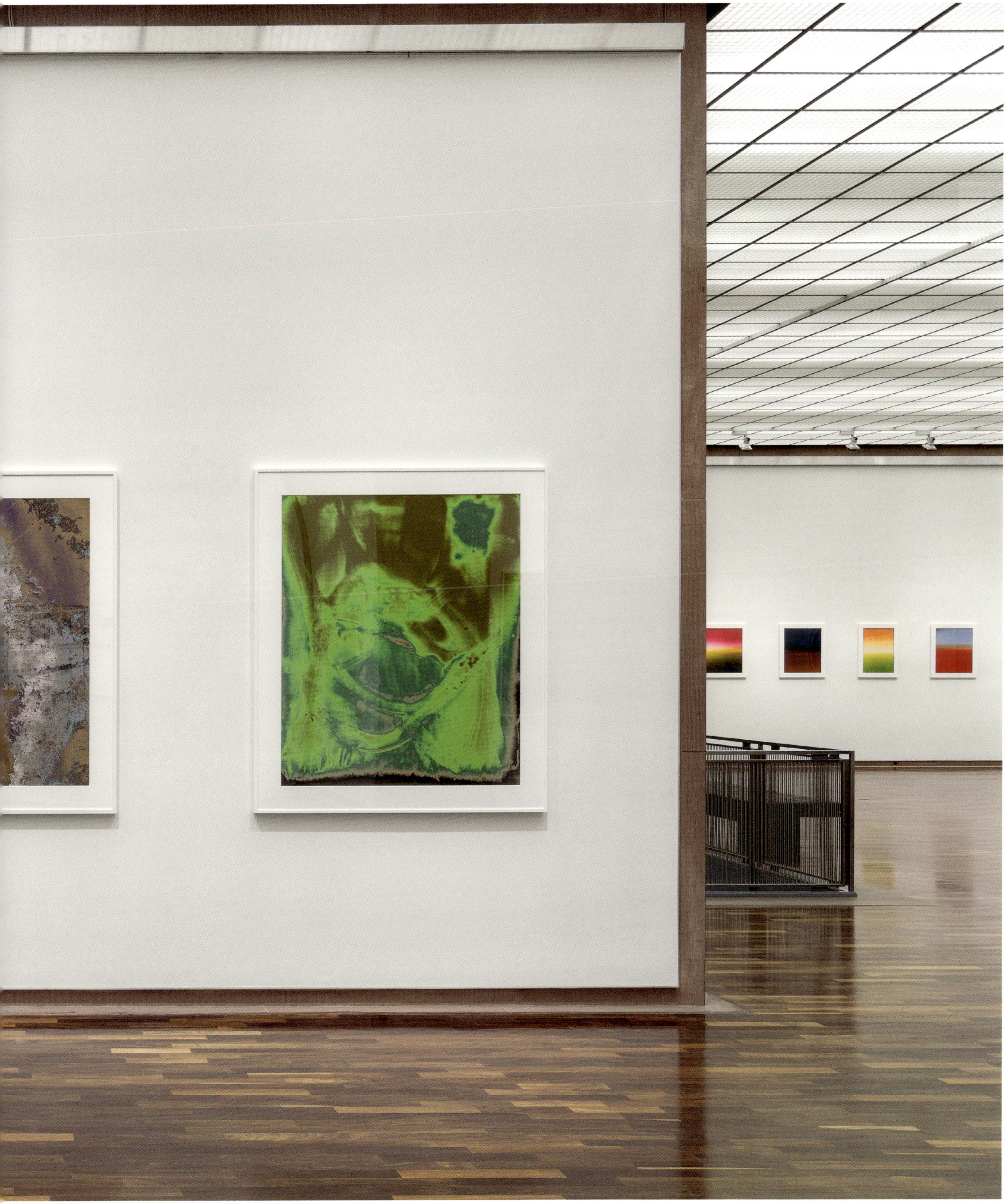

Far more goes on between image and viewer than you think. (...) It's a question of resolution. You can compare it to Heisenberg's uncertainty principle: the closer you look, the less you recognize.

Thomas Ruff

I want to record things in the photograph that unfold over time. The ideal work for me is a photograph that takes the viewer through several stages of understanding in untangling it. Experience is layered, so the goal is a layered photograph that could work on a couple of levels of meaning, not simultaneously but sequentially.

James Welling

How do we deal with the sheer quantity of photographic images around? Will images at some point become arbitrary due to their circulation in the mass media?

Starting from the awareness that when a roll of film is processed, only nine out of ten exposures fit on a contact sheet, for James Welling, the tenth exposure becomes its own "throw-away image." Playing with this arbitrariness, each tenth image becomes an homage to the emancipation of photography from a subject, a connection based solely on the medium's dependence on light. This results in the 70 black and white images in the series *Light Sources* (1992–2001). The breadth of subjects and forms in the selected pictures encompasses the look of a picturesque postcard to clinically objective pictures and personally inflected reportage – Welling brings a diverse array of photographic subjects and their aesthetic containers before our eyes. All that connects them is his observation of the widest variety of expressions of light. Technically, chemically and formally, photography is highly dependent on light. Without it, the camera cannot capture any recognizable subject and capturing light is the basis of every photo-technical process.

The point of departure for Ruff's series *jpeg* (2004–ongoing) are images disseminated around the world through the Internet as well as scanned postcards and illustrations from coffee-table books that have become part of a visual memory circulated in the media. In the early 2000s, Internet data rates were still relatively low and digital, pixel-based images could only be disseminated in the highly compressed JPEG format. Ruff greatly enlarges the compressed files on his computer, making the raster structures caused by the compression extremely clear. A new, mosaic-like image results – not unlike Impressionist paintings – that, seen up close, resembles an abstract, geometrical color pattern, but that from an appropriate distance merges into a concrete image. Ruff consciously reveals the structures of the pre-existing images and, with shortened titles, draws attention to the way digital images are constructed, disseminated and perceived.

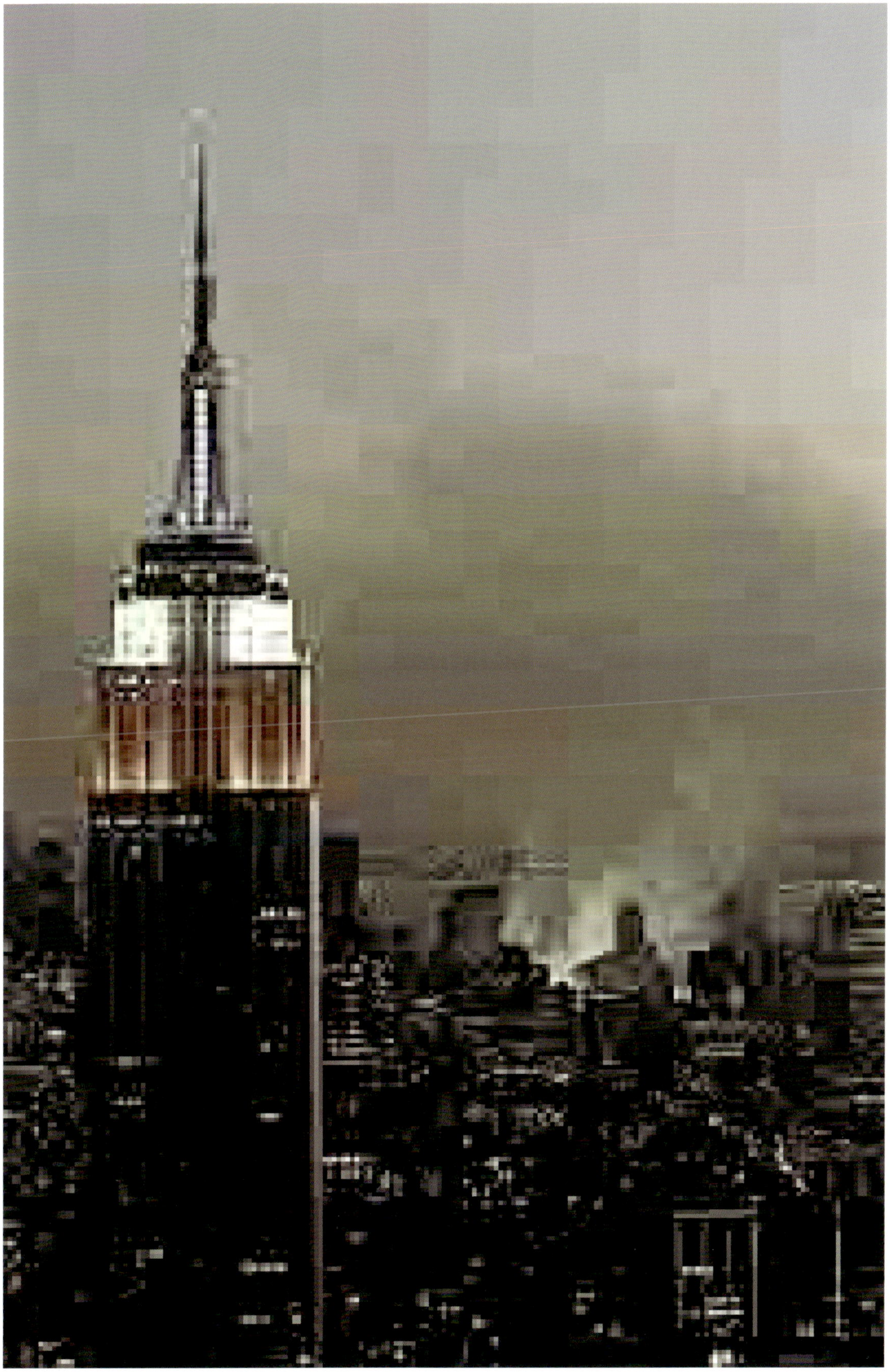

Thomas Ruff, *jpeg ny06*, 2005

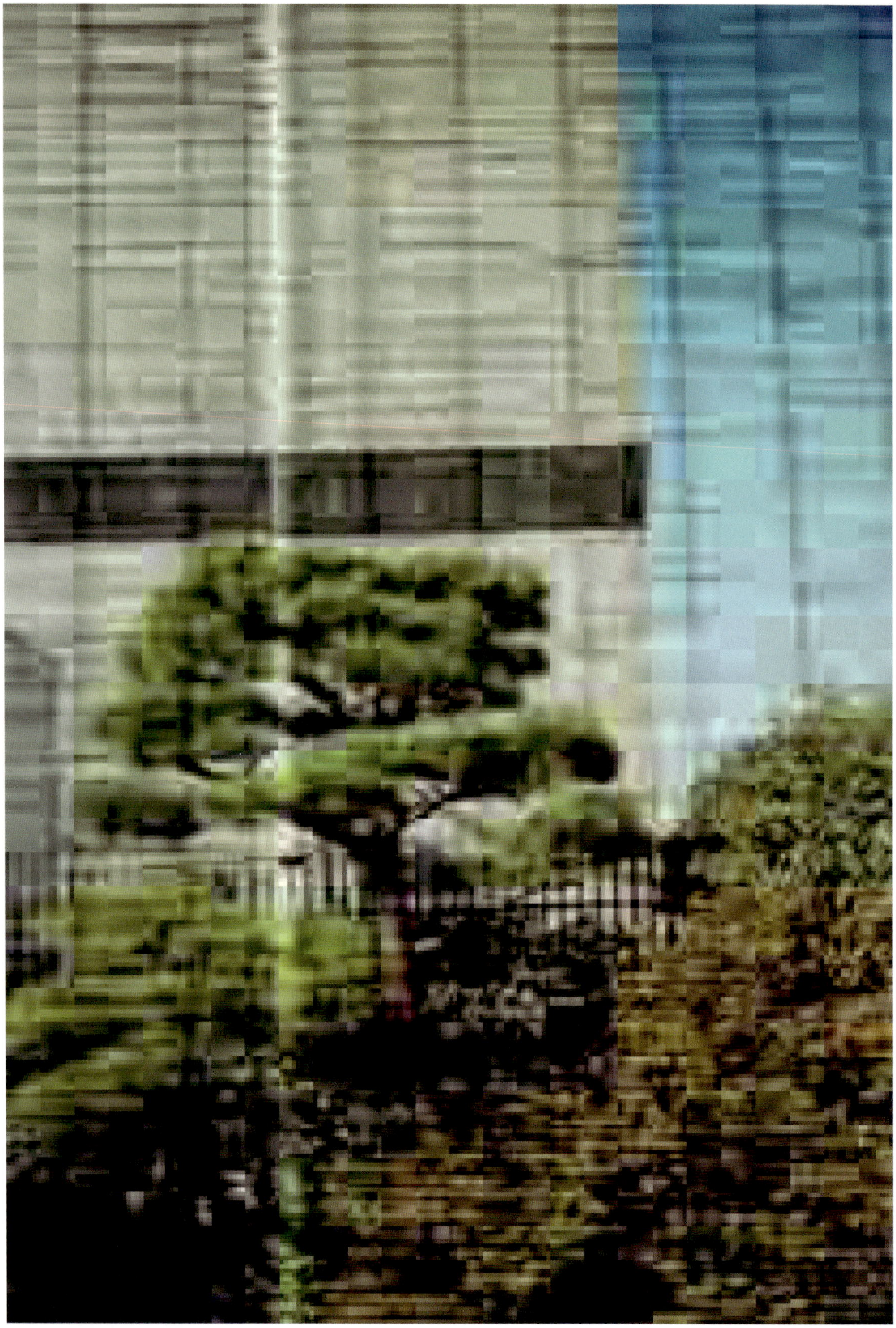

Thomas Ruff, *jpeg kj01*, 2004

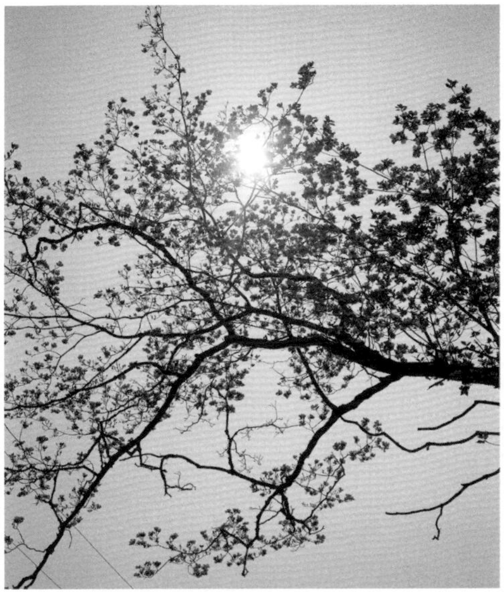

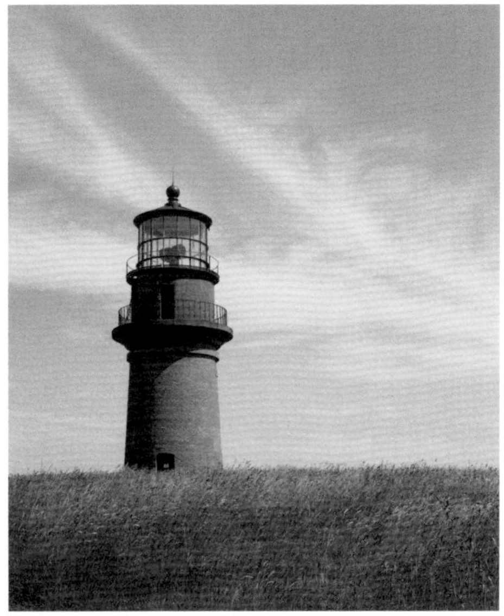

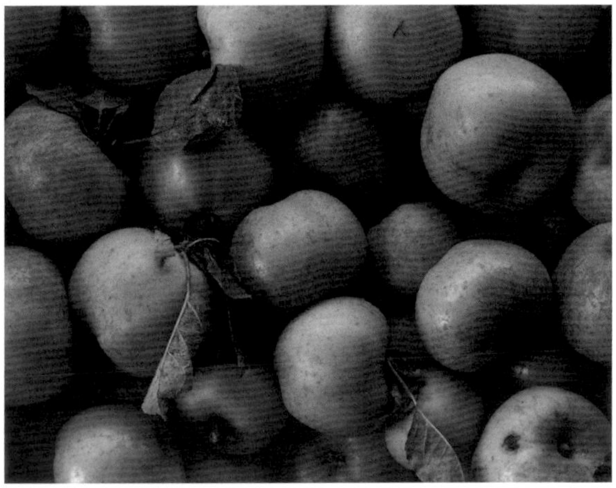

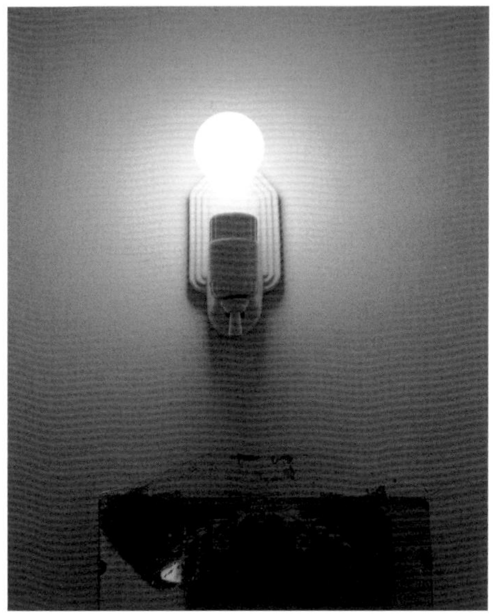

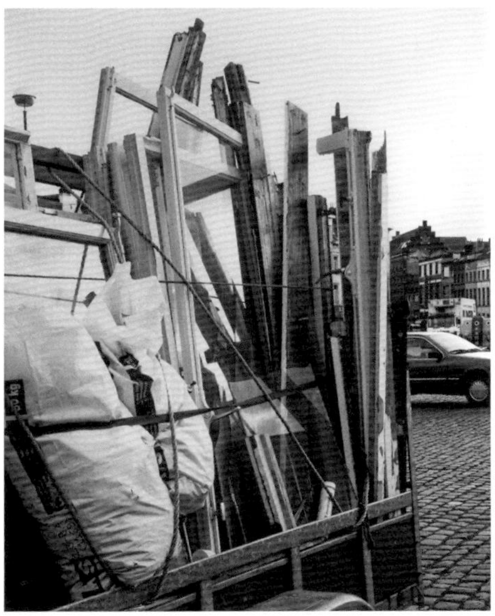

James Welling, *Meriden*, 1992
James Welling, *Gay Head*, 1996
James Welling, *Daylight*, 1994
James Welling, *Light Bulb*, 1996
James Welling, *Windows, Place de la Duchesse*, 1996

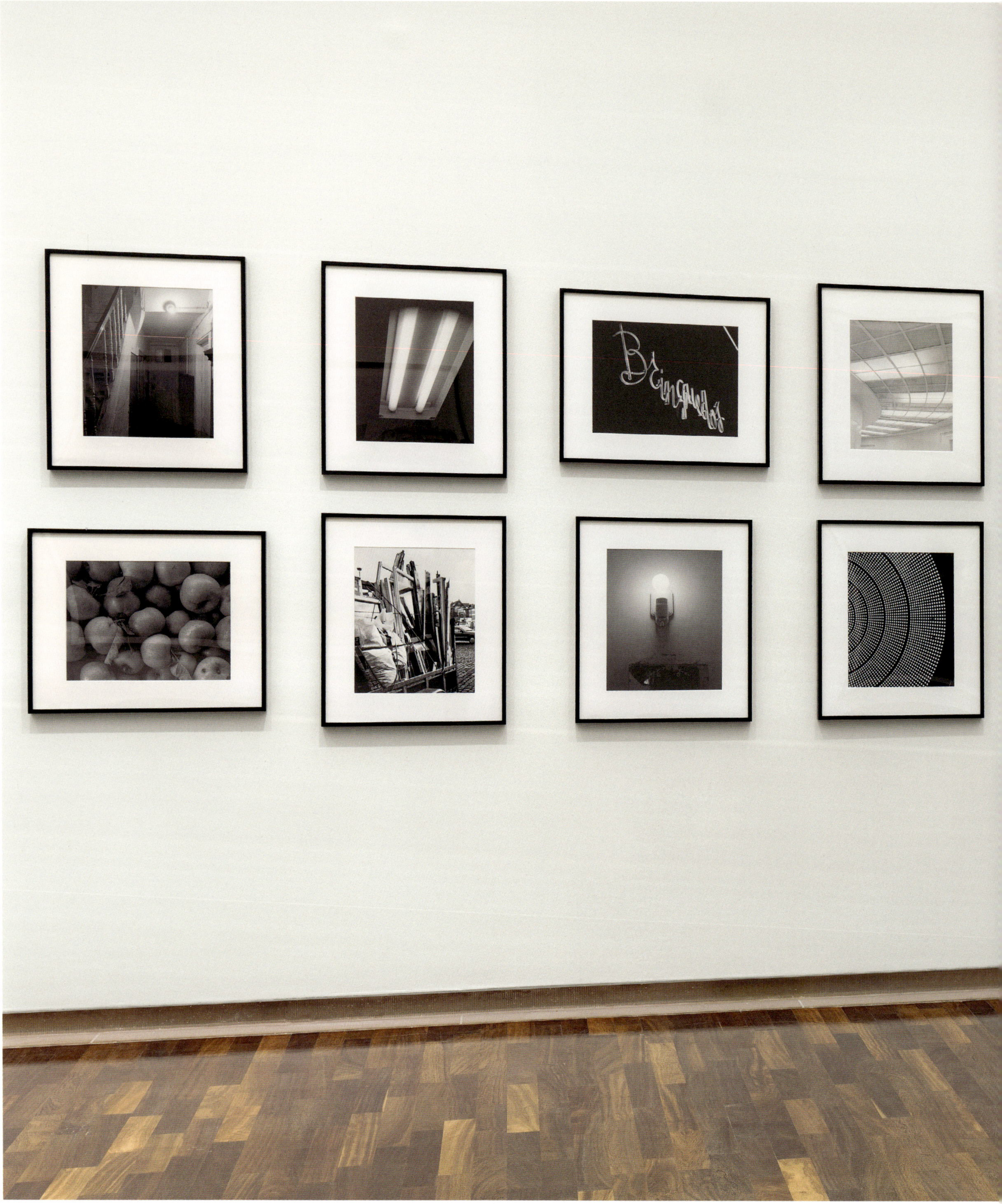

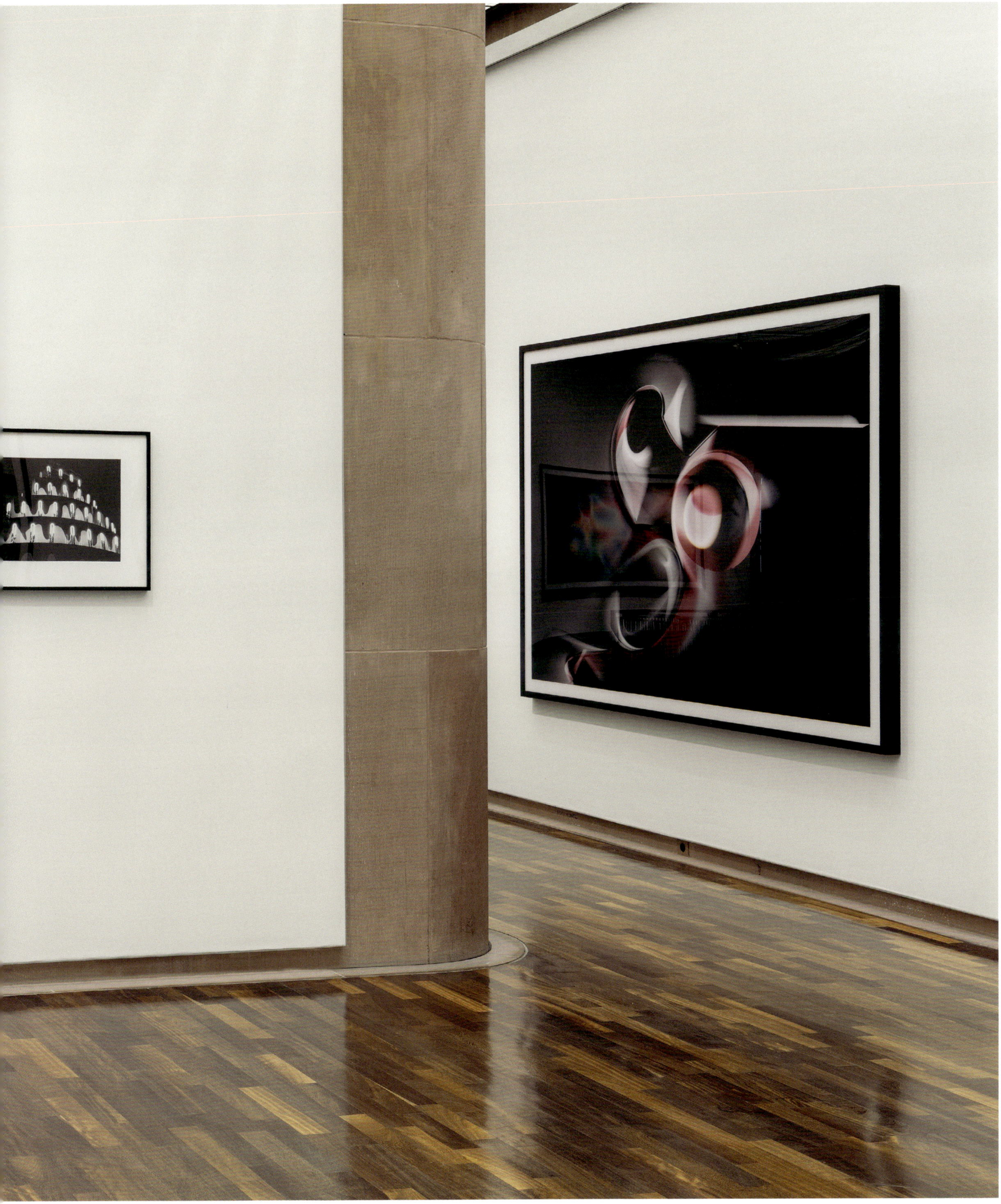

Photographs are still images, of course, only the model for photography for my generation is probably no longer reality, but images that we know of this reality. (...) That is, I don't work on reality, but make an image of the image of reality.

Thomas Ruff

I thought a lot about this shifting sense of time in my pictures. I felt that they could have been made anytime between 1841 and the present.

James Welling

What is an obvious photo subject? Things that are important to us and make an impression on us: our family, parties, vacations, our surroundings. At the start of their careers, Thomas Ruff and James Welling focused on subjects from their immediate environment: People and places with whom they were connected.

For his series *Los Angeles Architecture & Portraits* (1976–1978), Welling primarily takes photos along his way to work. The pictures show artificially lit places, fragmentary structures of city architecture and how they play with our perception of light and shadow on surfaces. The places at which Welling pointed his large-format camera, which required long exposures, were part of his everyday life, informing and shaping it at the time. Equally formative were the people around him, his friends and other students, who he approached with the same aesthetics as architecture.

The series *Diary of Elizabeth and James Dixon (1840–41) / Connecticut Landscapes* (1977–1986) is tied to the Los Angeles series. In it, Welling amplifies the aspects of identity, history, memory and everyday places. He takes photos of his great-great grandparents' travel diary. He is fascinated by the pressed flowers taped in it, seeing them as an early way to preserve traces and print similar to photography. Welling combines pictures of the travel diary with photos of his parents' house and the surrounding landscapes where he grew up. To match the style of the mid-19th century when the travel diary was made and photography was invented, Welling uses an antique plate camera in addition to his reflex camera.

Around the same time, Thomas Ruff creates his first photo series *Interieurs* (1979–1983) while studying at the Kunstakademie in Düsseldorf. He finds his subjects in his apartment in Düsseldorf and familiar surroundings, mostly in his hometown in the Black Forest with his family, relatives or parents of his schoolfriends. In closely cropped frames, his pictures show details of apartment buildings built in a lower middle-class style in the 1950s and 60s, a period of industrial growth in Germany. In *Interieurs*, Ruff does not portray people as much as interiors, furniture and wallpaper that act as stand ins for them, their wishes, and hopes.

In the series *Porträts* (1981–2001), Ruff takes the same objectifying position as in his architecture photos. The portraits of his friends do not divulge any personal emotions. Our expectation that the portrait genre will reveal the personal or personality is repressed here in favor of seriality and neutrality.

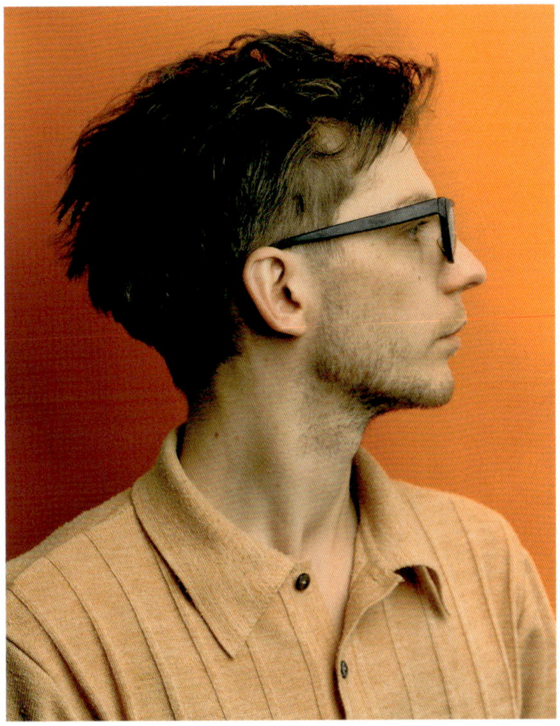

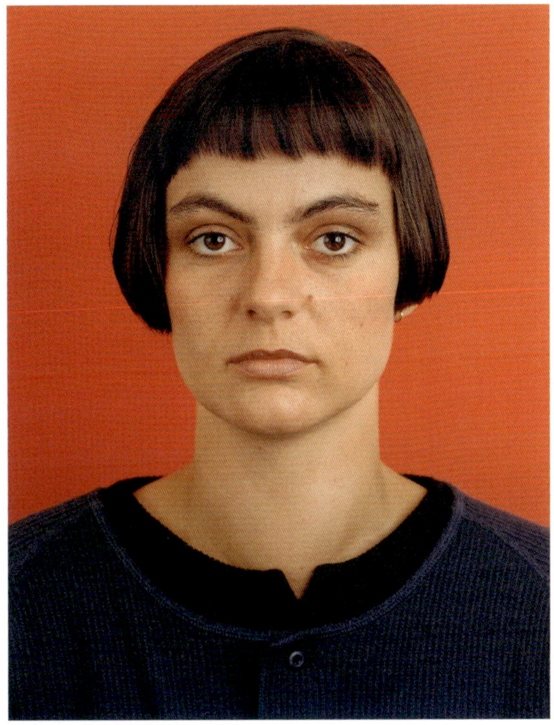

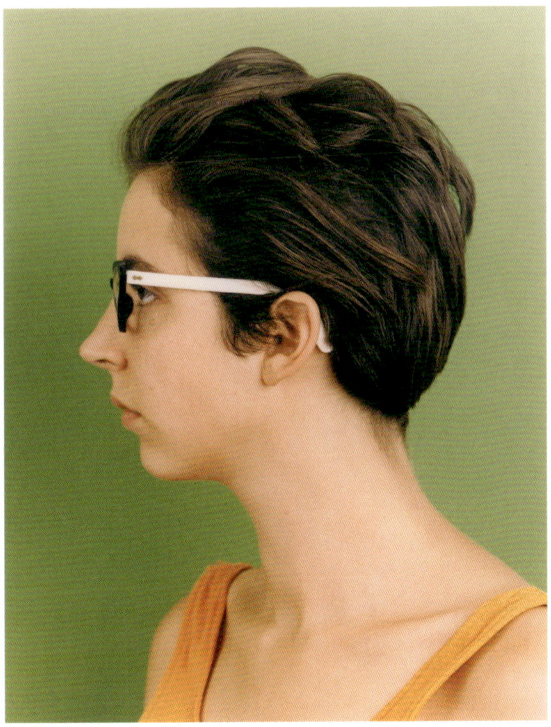

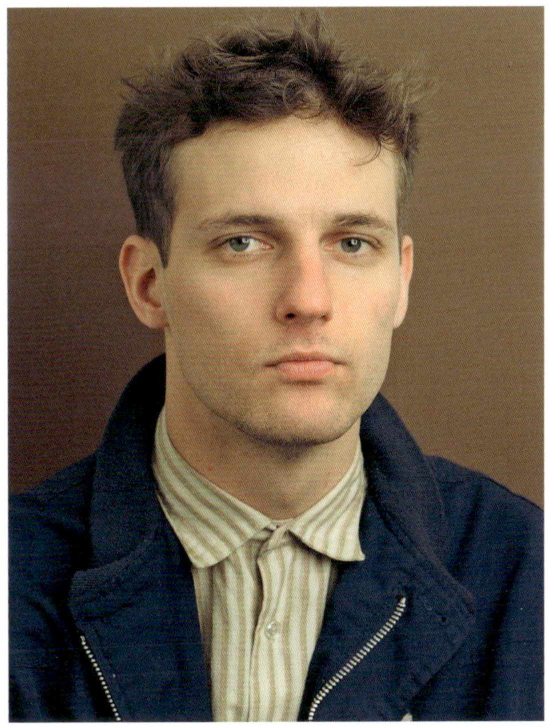

Thomas Ruff, *Porträt (T. Ruff)*, 1983
Thomas Ruff, *Porträt (P. Grote)*, 1985
Thomas Ruff, *Porträt (C. Bernhard)*, 1985
Thomas Ruff, *Porträt (J. Röing)*, 1984

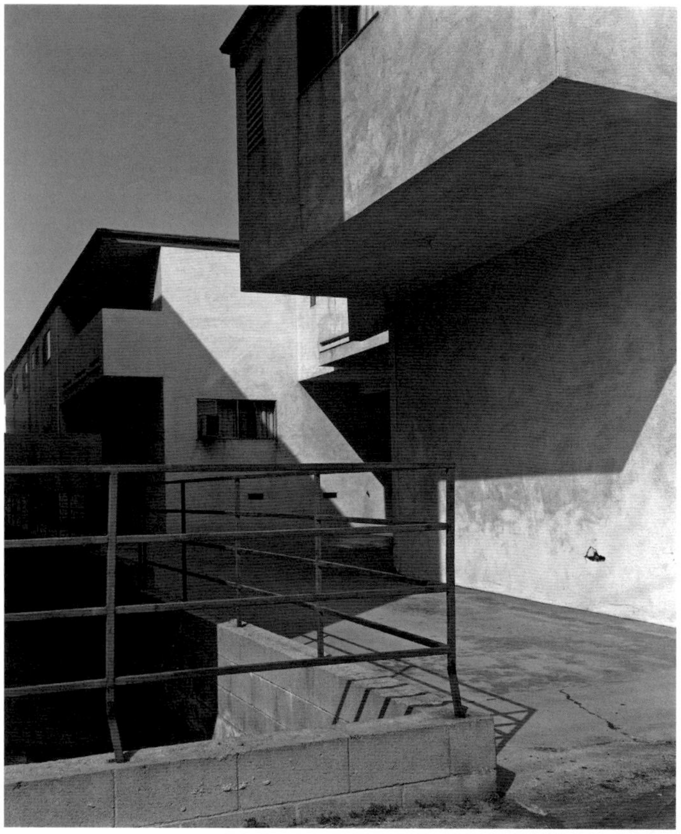

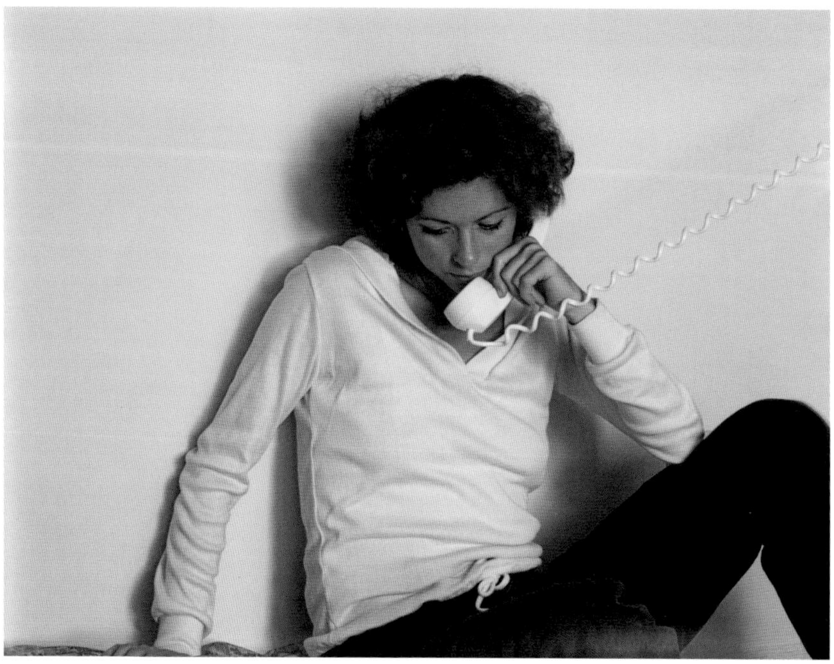

James Welling, *LA - C 120*, 1977
James Welling, *Laura Hawkins*, 1978

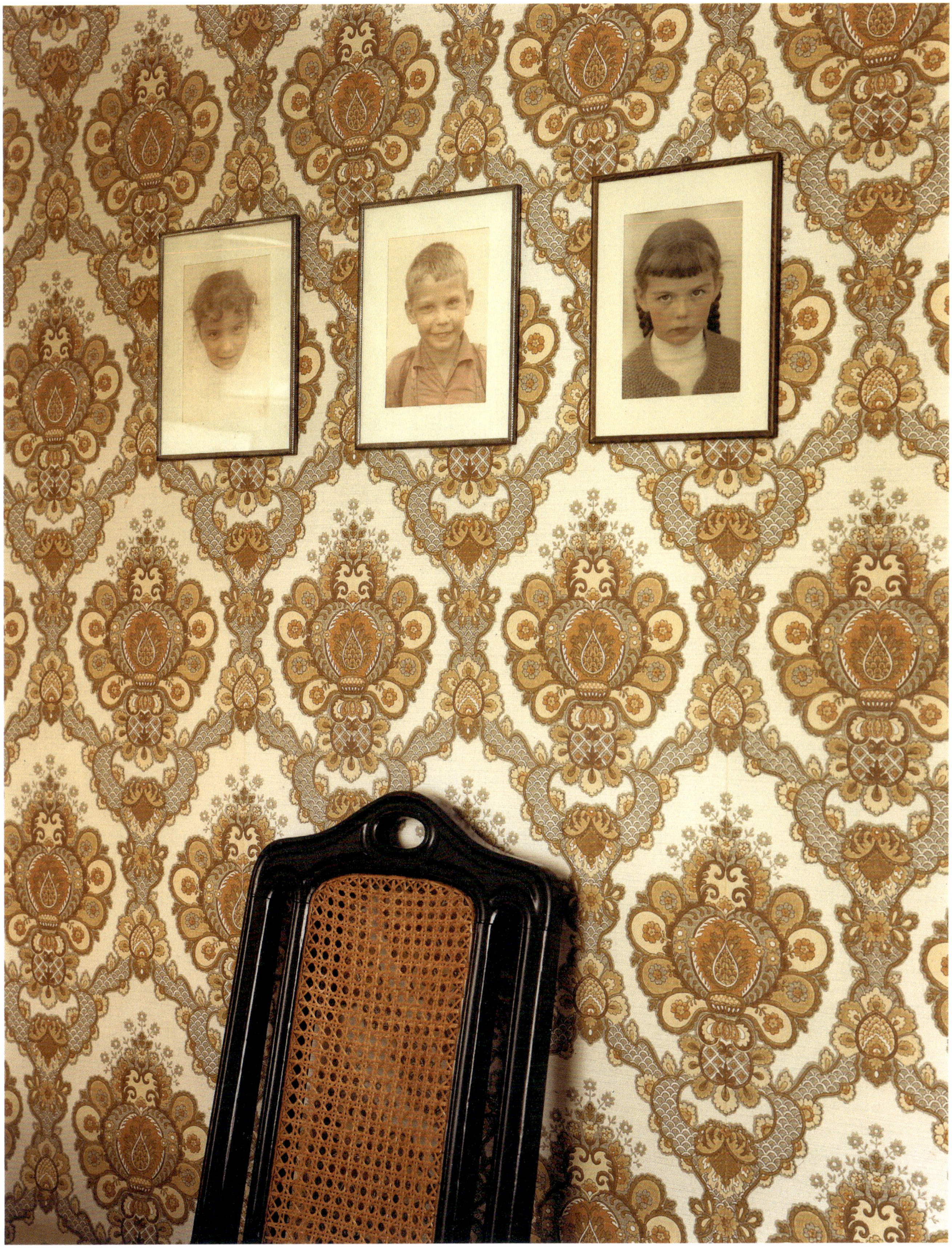

Thomas Ruff, *Interieur 5A*, 1979

COMPLETELY DETACHED: ARCHITECTURE AS A SPRINGBOARD. THOMAS RUFF AND JAMES WELLING

Christina Végh

When new building materials such as glass and reinforced concrete found their uses in the *Neues Bauen* (New Building) of the early 20th century, we seemed to have moved closer to the dream – already slumbering in those sacred cupolas – of lending the illusion of weightlessness to the heavy loads associated with our built reality.[1] On the poster created for our exhibition, the works *d.p.b.02* (1999) from the series *l.m.v.d.r.* by Thomas Ruff, and *Lavender Mist* (2014) from the series *Glass House* by James Welling seem to float in space, completely detached and superimposed one over the other. Both artists have captured iconic buildings in their works – Ludwig Mies van der Rohe's "Barcelona Pavilion" (1927) and Philip Johnson's "Glass House" (1949), both of which are understood as architectural manifestos insofar as they were concerned with the dissolution of facade and building membrane, and hence the blurring of distinctions between interior and exterior space, transparency, a fundamental lightness, and a state of suspension in a spatial continuum made possible by an open ground plan.

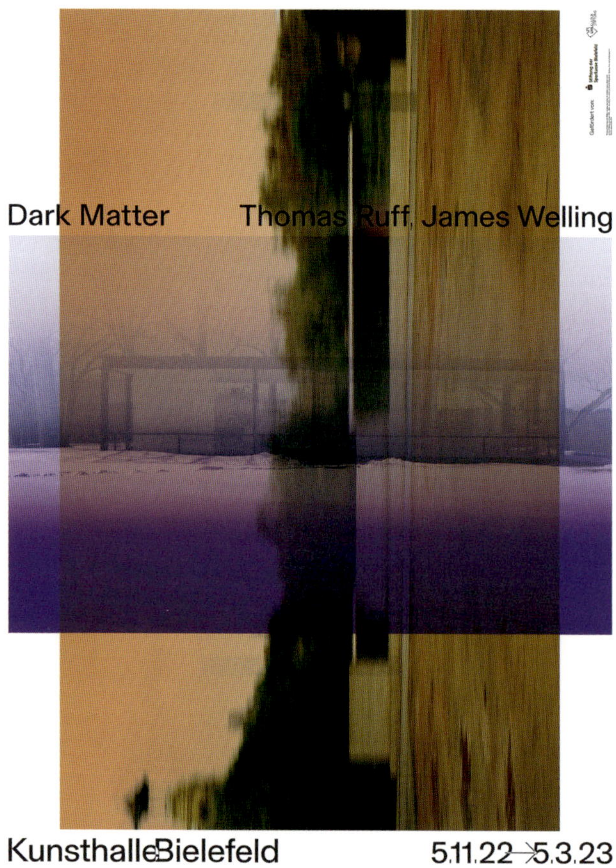

Poster design for the exhibition *Dark Matter. Thomas Ruff, James Welling*, design: strobo B M

These monuments of modernism depicted by Ruff and Welling might not be recognizable at first glance. But before I elaborate on their individual works, I want to emphasize that it was they who suggested that we reproduce their two works for the poster in a layered and superimposed manner, much like a faulty proof run at the printer's. In this unusual proposal, a conception of photographic images comes to light that Ruff and Welling share, despite all the differences between their artistic practices, which could be described as an ostentatious openness to the mobility and mutability of the medium of photography in relation to its historical and contemporary forms of production and distribution.

For quite some time now, as "inhabitants of the photographic universe,"[2] we have been surrounded constantly by photographic images that pretend to candidly depict the world, but which in fact have a hand in determining the way we see the world. Hence, for this announcement of the exhibition *Dark Matter*, two existing works are projected one over the other, given that the two artists tend to work rather often with techniques of layering and superimposition. And the fact that the historical references are entwined – Johnson's "Glass House" would have been inconceivable without Mies van der Rohe's earlier "Barcelona Pavilion", and the two architects were also linked by a complex relationship of friendship, dependence, and competition[3] – is, of course, most favorable to Ruff and Welling, who invariably explore rather nebulous historical clouds of image and image production.

When we speak of the openness to the mobility and mutability of the medium of photography, this also includes "liquid intelligence," as Jeff Wall has put it, in the field. This refers to the "aqueous" chemical processes underlying photography, which are uncontrollable and, not least for this reason, remain suppressed in the conceptions of photography shaped by modernism.[4] James Welling's artistic practice is characterized by his great interest in photochemical and printing processes in order to use the near infinite possibilities they offer to dissolve or undermine the limited nature of the human eye and the limitations imposed by technical equipment, camera optics, and printing technologies. In his earliest works, the *Polaroid Photographs* (1975–1976), where he focused on interiors and everyday situations, Welling experimented with long exposures using an oven and a refrigerator to achieve developer temperatures that contributed to richer color. The *Chemical* photographs (2009–2014) resulted from the unorthodox method of pouring and painting photographic developer and fixer over photo paper. From such combinations of watercolor and photography emerged aqueous abstractions that abjured any depictive function in favor of painterly and processual effects and, precisely because of this, thematized photography as such, its conditions of creation, and the expectations imposed on it. The *Degradés* (1986–2006), in turn, are photograms created with multiple exposures using a color enlarger, whereas for the set of images titled *Julia Mamaea* (2018–2021), an ancient motif is created using the 19th-century technique of collotype printing: each image of the Roman noblewoman is printed from the same negative, with ever-changing coloration. As though the printing process were capable of squeezing time out, the facial expression changes from image to image, developing a presence and suggestive power that in some of the works in the series give her a certain contemporary appearance. In addition to such photochemical and photomechanical processes, Welling began using digital techniques and the Photoshop color palette in 1998.

Such sets of works, which clearly display experimentation and manipulation, alternate with series that purport to be documentary in character (including *Los Angeles: Architecture and Portraits* [1976–1978], *Connecticut Landscapes* [1977–1986], *Railroad Photographs* [1987–2000], *Light Sources* [1977–2005], and *Wyeth* [2010–2015]). Here, too, unusual photographic techniques and forms of manipulation are at play, incorporating a media-reflexive layer and defying any simplistic reading. *Light Sources*, for instance, a body of work in which the most diverse possible pictorial motifs invoke the notions of 'arbitrariness' and 'chance' and thereby object to the notion of order, was created over a period of years by making use of the 'throwaway' final frames from rolls of 120mm black and white film. In other words, leftover photographic material was used for 'simple' and seemingly random images. Or, put another way, from a situation of availability of photographic means, the artist derived a conceptual procedure that sabotages the conventional claim of a series of works to inherently follow a certain internal order. Diarmuid Costello and Dominic McIver Lopes describe Welling's approach as follows: "By persistently exploring the resources and possibilities of photography from the inside (of photography), Welling is arguably doing philosophy by other means. Each of his series offers a practical demonstration of some hypothetical photographic possibility."[5] The joy of experimentation and the applied forms and techniques thus do not pursue an end in themselves, but derive in each case from the materiality of the photograph and accordingly serve to sound out or measure their respective scope of options.

It goes without saying that photographic possibilities have expanded considerably in the digital age. With the advent of digital techniques, photographic images have become much more variable in their development, production, and reception, but at the same time, they have also become rather unstable, since they are not bound to a specific medium (paper) when they deluge us every day in ever greater numbers. This is the point of departure for Thomas Ruff: His practice is defined by the handling of data sets, by observations of the changes in our viewing habits, by the analysis of historical as well as contemporary functions of photography and its distribution channels. Already in his first series, *Houses* (1987–1991), he replaced historical retouching with digital manipulation, while in *Negative* (2016), he inverts the digital image into its 'negative', evoking the memory of an original data set whose function has long since become obsolete. Finally, his *Substrates* (2001–ongoing) heralds in an incredibly attractive way, in abstract iridescent color gradients, something akin to the 'essence' of photography in the age of the digital deluge of images: Ruff translates the digital flow of images here, as it were, directly into an imaging process by superimposing countless manga images found on the Internet, applying great computing power until a sublime beauty emerges from the image entropy.

While Welling traces the alchemical allure of the photographic, Ruff embarks on pleasurable expeditions into the field of digital imaging processes, opened up by immense computing capabilities, which generate paradoxical constellations of detailed images without any reference to reality. Ruff, for example, uses NASA satellite images as source material for the series *cassini* (2008–2011) and *ma.r.s.* (2010–2014) and, with digital processing, alters the original bird's-eye view by using compression to form a landscape that is more 'tangible' for the viewer and mentally traversable, which he furthermore colors in supposedly naturalistic orange and green hues. With their maximum possible data and image quality, and their visually suggestive power, the large formats, transport us into a fantastic environment that allows us to experience the surroundings of Saturn (*cassini*) or the surface of the planet Mars (*ma.r.s.*) in minute detail and almost tangible beauty. Ruff plays here with the fact that virtual experience increasingly seems to replace real experience, a development which, as far as the depths of the cosmos as an experiential world are concerned, has thus far no alternative: we see something that we think we know, but in fact we never have seen, and never actually will see.

In many of his series of works, Ruff demonstratively condenses the historical power photographic images are capable of unleashing, and the numerous technical processes required to achieve this on large-format photographic image surfaces. In his series *Newspaper Photographs* (1990–1991) and *press++* (2015–ongoing), he presents press images found in archives by enlarging them many times over, literally exposing in the large format their technical features, such as their rasterization, thereby revealing their immense dependence on context for interpretation and, consequently, their susceptibility to manipulation. Just what is hidden in photographic images and their applications? They serve to consolidate economic power (*Machines*, 2003–2005) and underpin European colonial claims (*Tripe*, 2018); in a globalized world, we ultimately agree on the smallest digital pictorial unit, the JPEG (*jpeg*, 2004–ongoing), which Ruff elevates to the status of an aesthetic agent despite its paucity of data. Ruff's approach is readily described as the 'deconstruction of photography', since it is always also about historical or contemporary techniques of photographic imaging. The artist himself speaks of "investigations" instead of "deconstructions," meaning that he is interested in open-ended explorations in which curiosity and associative play are crucial, and on which the "liquid intelligence" mentioned above has a bearing. Ruff insinuates scientific analysis and leads the question of objectivity *ad absurdum*, while staging the paradoxes of the experience of reality in a powerful way: Ruff's works "ride that line between the outcome of a serious investigation and the inside joke of an absurdist melodrama. Speaking on the untrustworthy authority of the photographic image – its deep promises of 'truth' and 'reality' being little more than surface deposits on thin sheets of paper."[6]

ARCHITECTURE AS A SPRINGBOARD

Ruff seeks "images that have no reality in the real world;"[7] Welling insists, "I don't want to reproduce the thing that exists, but rather the effect of it."[8] But why do both artists, who from the very beginning of their careers have sought to relieve photography of its depictive function, constantly renew their interest in built physical reality, in architecture, which like few other things is the epitome of fixedness, representing stability and immovability in the midst of the processes of our concrete everyday life?

There may of course be quite pragmatic reasons behind this preoccupation with architecture: buildings usually hold still and make up a substantial part of our environment. The fact that they invariably reflect our social beliefs and values, our history, makes them a compelling motif. The first series of works by both artists – Ruff's *Interiors* (1979–1983) and *Houses* (1987–1991), Welling's *Polaroids Photographs* and *Los Angeles Architecture & Portraits* – are images that delineate the personal environment, their homes (in Düsseldorf and Los Angeles, respectively), their individual spaces (Welling's *Polaroids*), the homes of family members (Ruff's *Interiors*). The impulse is the same in both, the photographic approach diverges. Welling is fascinated by the nocturnal theatricality and suggestive power when, using a large-format camera that demands long exposure times, he finds the quiet emptiness of the city in numerous buildings illuminated by lights and lettering, allowing space for abstraction between light and shadow. Ruff, too, in his search for *Houses*, prefers the streets of Düsseldorf when they are deserted, but he tends to opt for gray overcast mornings in early spring.[9] He prefers a distanced or impassive gaze that resists possible narrative readings of the streets punctuated by postwar architecture. Houses and streets appear in absolute facticity, while Welling's photographs oscillate between image and imagination, between documentation and dream with an unpredictable ending. Thus, from the very beginning, both artists seek a slight deviation from documentary photography. They decouple the photographic image, in Ruff's case, by exaggerating the documentary, in Welling's, by a subtle subjective charge.

Added to this is the fact that Ruff's and Welling's archaeological, conceptual, and philosophical approaches, in a sense, systematically revisit historical photographic positions: for Ruff, Eugène Atget, Walker Evans, and Ed Ruscha, as well as

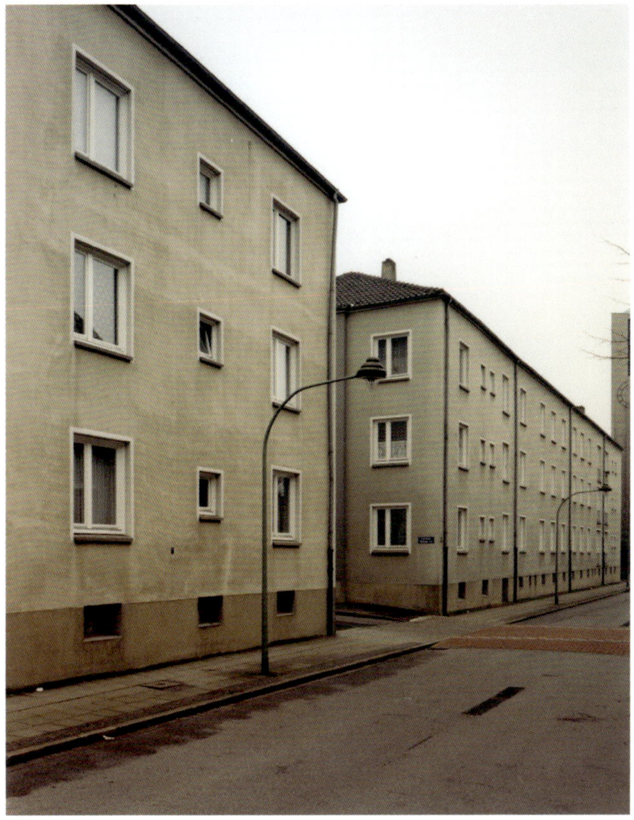

Thomas Ruff, *Haus Nr. 7 I*, 1988

Bernd and Hilla Becher, and for Welling, Stephen Shore and Paul Strand – all of whom have focused on architecture and cityscapes. But in contrast to these historical positions, which have (at least for the most part) limited themselves to the examination of architecture, in Ruff's and Welling's work, architecture constitutes only one subject among many. This also indicates that architecture is only a pretext for both artists to develop their actual questions. The depicted architecture serves as a springboard to reveal forms of detachment from the image in contrast to historical positions.

Both *l.m.v.d.r.* and *Glass House* involve atypical contexts of origination, that is, they are commissioned works, something both artists rarely engage in, but which in these cases produced two substantial series of works. Both series fit into a pre-existing sequence of photographic images of the buildings that proved crucial to both Mies van der Rohe and Philip Johnson in communicating their architectural practice.[10] These buildings have been canonized and celebrated in the commemorative manner as artefacts of a heroism that has long since been subsumed by capitalist commerce. When Ruff

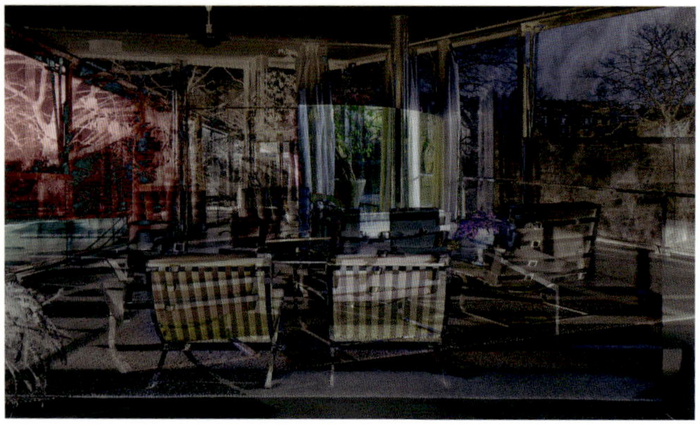

Thomas Ruff, *h.t.b. 09*, 2000

and Welling seek an approach to the iconic buildings that only actually became such as a result of photographic documentation, it is these aspects, the historical photographs as well as the history of their reception up to the present day, that form the actual point of departure.

Between 1998 and 2001, Ruff thoroughly researched the buildings Mies had realized before his emigration to the United States.[11] To this end, he used source material he made himself – that is, his own photographs – as well as archival materials when the building could no longer be documented in any other way. His work *d.p.b. 02* (1999) is one that does not address the motif itself, but rather its status in our pictorial memory. The colorized image appears distorted, as if Ruff had used a camera from the period when the building was created, although the technology of the time would not have been able to cope with a photograph taken from a moving car.[12] Yet the far more likely possibility of digital post-production springs to mind, which determines our perception of the world today, and has thus been presented here. The building's appearance is, after all, sufficiently familiar to recognize even in its blurry silhouette – at least that's what the image suggests. Similarly, the photographs of "Haus Esters" and "Haus Lange" (*h.l.k. 01*, 2000) and the "Villa Tugendhat" (*h.t.b. 01*, 2000), where the coloration and light sources appear to have been manipulated – sometimes quite obviously, at other times almost imperceptibly – deny their very claim to facticity: the latency of digital artificiality catapults them into the sphere of the unreal. Ruff counters the expectation of architectural photography as documentation and (contemporary) testimony by evoking the impression of simulation. In *h.t.b. 09* (2000), an interior view of "Villa Tugendhat", the focus is on the interior as is characteristic of modernism; Ruff translates the sought-after relationship between inside and outside laconically, one-to-one, in terms of design: the green hues of the surrounding scenery and the black and white of the historical photograph – which he appropriates as an image source and reveals in the rasterization – appear mirrored and superimposed, as he unceremoniously inverts the chromatics. The manifestos of the *Neues Bauen* no longer need to be read in the original; a careful look is sufficient to grasp the ideas and their historicity in the large-format tableau.

The architectural program of the "Glass House" is also one of James Welling's points of departure. The building, which Johnson conceived as his own residence, whereby exclusive living is understood a complete absorption in a cultivated park-like landscape, prompts Welling to take a performative approach. Transparency and reflections encourage visitors to wander back and forth between inside and outside in the permeably structured space. Welling follows the architectural layout and draws his circles around the house, meanwhile responding to his experience of transparency and reflection by holding transparent and reflective materials (colored gelatin filters and sheets of glass and plastic) in front of the lens of his digital camera. The contemporary viewer is of course inclined to suspect digital retouching; yet the photographs were in fact taken in a performative act, during which Welling painted *en plein air*, so to speak, with his photographic equipment. Post-production would take place in a controlled way after the event. On the other hand, he was looking for a way to address the coincidences

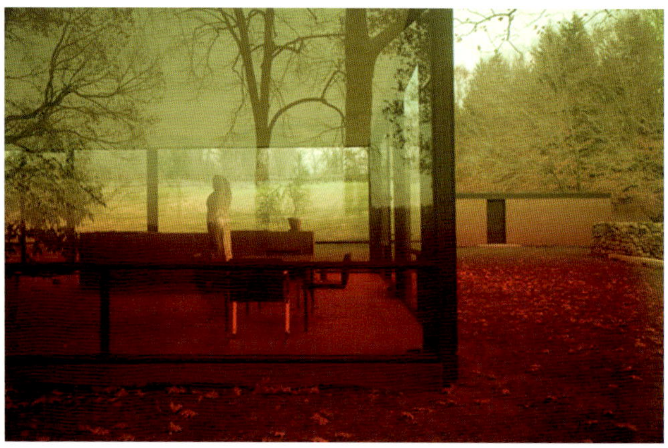

James Welling, *0696*, 2006

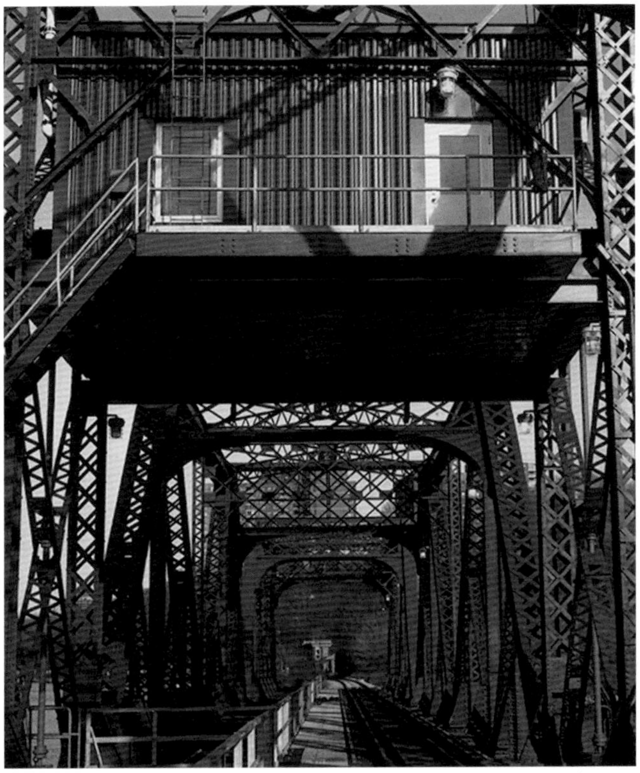

James Welling, *Movable Bridge, NY,* 1990

on location (light changes according to weather and time of day) with means that themselves contain a certain degree of uncontrollability (overlapping color filters in front of the lens). He thereby behaved on a visual level like an echo, throwing back the effects of the house and thereby amplifying them. The splendor of nature reflected in the house and the light that floods the rooms in different hues during the course of the day mutate alternately into full-frame kaleidoscopic splinters of color, from delicately elegiac pastel gradations to psychedelically charged reflections in space: "I would print unnatural orange and purple, and I would go outside and see the same colors in a shadow or in a flash in the sky. (...) As I became sensitized to unnatural colors, I realized that they were not unnatural, I just didn't notice them earlier. Becoming attuned to color has led me to think that we actually see more color than we normally perceive. I guess in some way I am trying to liberate color."[13]

James Welling already showed an interest in architecture as a student. While studying at Carnegie Mellon University, he attended lectures by Richard Buckminster Fuller, Charles Eames, George Nelson, and Paolo Soleri. In the 1980s, he worked in the Department of Architecture and Design at MoMA, co-founded by Philip Johnson in 1930, which included working on Mies's archival records. Architecture plays a role not only in the above-mentioned series of works, but also in the series on buildings by Henry Hobson Richardson (1838–1886), an American architect of the late 19th century who is considered a pioneer of modernism. His designs for train stations are recurrent in Welling's *Railroad Photographs* (1987–2000). The approach in these two groups of works varies considerably from the *Glass House* series: they are black-and-white photographs suffused with an elegiac melancholy that captures the dawn of modernity, the expansion of transportation systems, and thus economic prosperity in general. The images at the same time appear as if they have fallen out of time to become tokens of a bygone era. They are reminiscent of the historical modernist photographic positions of Alfred Stieglitz or Walker Evans. Like Ruff in his series of works on Mies, Welling uses historical photographs of buildings whenever it is impossible to document them today; however, he does not reveal the historical source, but rather feigns a strangely historicizing temporality in the entire series. Welling explained his intention as follows: "I wanted to make complicated photographs that play with time."[14]

In contrast to the artists of the 'Picture Generation' with which Welling was initially identified, the conceptual approach is less clearly discernible, but like his *Glass House* series, the 'effects' underlying the motif here, too, assume a life of their own, and become the artistic approach itself. Early industrialization sprawling into the North American expanse and the onset of modernism there thrust open a window of time to numerous images from photographic history, reminding Welling of his own biographical experiences, which he traces. Railroads and the architecture of early modernism represent a long-gone spirit of optimism that was able to provide a counterpoint to, or implicit commentary on the contemporary situation during the 1980s, especially against the backdrop of the AIDS crisis.[15]

Thomas Ruff's early photographs of the streets of Düsseldorf, the *Houses*, in which he candidly captured the unpretentious anonymous postwar architecture of Germany between the 1950s and the 1970s with the greatest possible objectivity, were indeed received with curiosity and admiration,

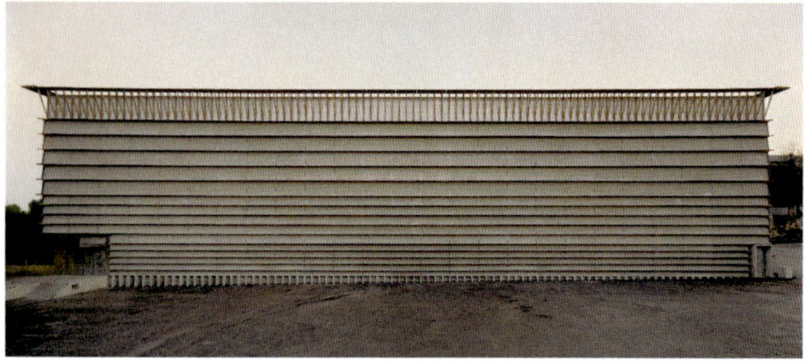

Thomas Ruff, *Haus Nr. 4 II (Ricola, Laufen)*, 1991

not least among architects. Ruff was subsequently invited by Basel architects Jacques Herzog and Pierre de Meuron to make photographs of their buildings for the 5th Venice Biennale of Architecture in 1991. This encounter gave rise to numerous other projects, an ongoing artistic exploration of architecture, and also collaborations involving Ruff as a co-designer of buildings. First came a series of photographs of early buildings by the Basel office, including more mundane ones such as the warehouse for Richterich & Company in Laufen (*Ricola, Laufen*, 1991) and a railroad signal box at Basel's train station (*Signal Box*, 1994), but also the private museum for the Ingvild Goetz Collection in Munich (*Sammlung Goetz*, 1994).

In the image of the warehouse, Ruff sets the building free from its surroundings; distracting neighboring structures and a canopy are removed in order to present the building as a simple geometric form with a facade that features rigorous horizontal layering. Bathed in uniform light beneath a pale gray sky, the warehouse appears in a monumental horizontal format as a minimalist sculpture in a neutral exhibition space, similar to Ruff's photograph of the headquarters of the Niederrheiniches Stahlkontor, which he portrayed in frontal view as early as 1988 as a simply outlined 'box' with a rigid geometrically conceived facade. Already in the early series, his artistic manipulations were becoming progressively more free, and operated according to the principle of "as much retouching as necessary, as little as possible."[16]

In *Sammlung Goetz*, the trees that had been decisive for the architects' choice of color for the facade are missing; elsewhere, Ruff removes all logos and company names and corrects the green tinting of the facade caused by the neon light; at the same time, the color correction bathes the sky in an 'inaccurate' purple in *Ricola, Mulhouse* (1994). In the case of *Signal Box*, Ruff refrains from representing the sensual quality of the unusual facade design, and instead achieves a laconic-humorous pictorial translation of the building's function as a place for the control and functional monitoring of rail traffic: he photographed it once in daylight and once at night with a residual light amplifier. Ruff's artistic choices run counter to the 'subservient function' of conventional architectural photography; instead, questions about the manipulation or function of the building become the order of the day. Nonetheless (or precisely because of!) this, some of his photographs become iconic in and of themselves, and as artworks may ultimately have contributed to the positive reception of Herzog & de Meuron's building.[17]

With *jpeg hdem 05* (2009), Ruff created a work that presents a building which had not even been completed at the time, and whose construction over many years had been accompanied by numerous public controversies. As an image source, he used a design graphic, one of many circulating on the Internet at the time. As in all the other works from the *jpeg* series, the data volume of the original is elevated to become the design principle itself, which makes the pixel visually tangible as the smallest unit of the photographic image. Despite the blurred contours resulting from the lack of data, the Elbphilharmonie in Hamburg stands out for its monumentality and elegance, which since its completion in 2016, have instantly turned it, into an urban landmark.

All of Ruff's works featuring architecture as a motif depict views of buildings which in reality do not exist in this form. The photographic image becomes detached from the referent to varying degrees, and the questions raised extend far beyond the motif. What are the disappointments and dreams behind the debates surrounding the Elbphilharmonie? Why do design images circulate on the web? Is a built structure a sculpture? Why do we ignore buildings from the 1960s and 1970s – and vice versa, why do certain buildings, including those by Mies or Herzog & de Meuron, enjoy cult status today and continue to shape our view of architecture? What is the function of photographic images of architecture, what is the relationship between the disciplines, and what could it be? In Ruff's *m.n.o.p.* (2013) and *w.g.l.*

(2017), interiors, or more precisely, exhibition spaces are the motif. As sources, Ruff used historical black and white photographs of a 1948 exhibition of works from the collection installed at the Museum of Non-Objective Painting (now Solomon R. Guggenheim Museum) in its original location at 24 East 54th Street in New York, and views of the Jackson Pollock exhibition installed at the Whitechapel Gallery in London in 1958. Both spaces presented the non-objective art being celebrated at the time; like the *l.m.v.d.r.* series, this too represents heroic modernism. Under Ruff's hand, the dramaturgy of the staging at the time and the way our recollections have accumulated are extrapolated. He translates the historical photographs into data sets and edits them, curatorially coloring the scenographic context in the hues of the 1950s and 1960s (pastel tones of blue, pink, and yellow).[18] This is reminiscent of the early days of photography, when the new medium had not yet mastered color as such, and at the same time, of the way we now remember this period. In reality, though, the elaborate wall and ceiling designs were not colorful at all; it was Ruff who added the colors we commonly associate with those decades – and who doesn't fondly remember Jackie Kennedy's pastel outfits?

How we perceive an exhibition is determined not only by the works themselves, but also by the way they are positioned within the space and the architecture that surrounds them. Reversing the visual habits of different times allows a subtle comedy to emerge, like that of the '*théatre de l'absurde*,' which simultaneously seems revelatory. The gestural abstraction, which essentially conveyed its expressiveness in color, remains entrenched in the world of historical black and white, whereas those elements that served their dramaturgic staging stand out, having been highlighted with color. The series of works unite the past and our current conception of it, and furthermore make visible the parameters that guided the viewer's gaze back then and continue to have an effect today. They depict a reality that continuously changes in our memory of the past: "Ruff can be understood ... as foregrounding the fact that it is the mutable and mediated image in transit, conceptualized as copy – arguably defining the specific condition of modernity and modernism – not the original, that is his subject."[19]

The historical dimension of our reception of reality is inscribed in every photographic image in two ways: we can only see, understand, and find interesting each form of representation of a conception of reality on the basis of preceding forms in their respective specificity. The dependence on photographic apparatus and technology moreover directly ties photography to the guiding principles of modernity, since the invention of photography is inextricably interwoven with the advent of modernity: "You have to know the conditions of a photograph in order to understand it properly" says Ruff. In somewhat more detail, Welling explains, "One of the earliest revelations about working with a view camera was that it had an innate 100-year history. The idea of the picture from Alberti onward is built into the camera, built into traditional ways of making (lens based) pictures. That is something that I find extremely fascinating and I find it less apparent when you talk about abstract painting. The history of image-making is not built into the canvas, whereas the history of image-making is always on the surface of any photography you make. Technicians made all the decisions about what kind of light rays will be rendered on this material surface. I am trying to work with and work around all of those decisions that are built into photography."[20]

The leitmotif of light as it is made manifest in modernism (electrification, the *Neues Bauen*, the invention of photography), and the fact that subjective experience becomes the source of artistic inspiration recur as themes in Welling's works.[21] The 15-part series *Maison de Verre* (2009) is centered on an idiosyncratic design by architect Pierre Chareau (1883–1950). Glass panels and blocks are set into a

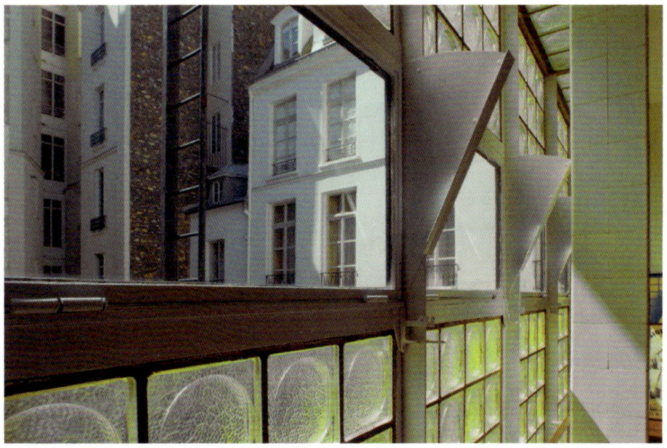

James Welling, *9407*, 2009

metal frame structure, and here too, light plays an essential role in the spatial experience. In contrast to Johnson's "Glass House", which seems to dissolve into its surroundings, the Paris building, designed much earlier, in 1931, urges the viewer to *view* the interior. Welling subsequently uses Photoshop to manipulate the reflections, shadows, transparencies, and colors in his photographs by intensifying and exaggerating colors and distortions: the interior architecture and its materiality become autonomous abstract forms, the originally red pillars in the room appear in some places as brown or blue as a result of the chromatic exaggeration, and the editing helps light reflections and shadows to take on a life of their own. This classic modernist building presents itself in images where an emotionally charged spatial experience enters into an intimate relationship with the color scaling (Photoshop) we are familiar with today.

Finally, Welling's *Wyeth* series (2010–2015), which he developed subsequent to *Maison de Verre* over a period of five years, likewise includes houses and interiors. In this case, however, it is the American painter Andrew Wyeth (1917–2009) who represents the actual focus of the work.[22] In contrast to the previous examples, in which any visual manipulations are exposed, the photographs are camouflaged as 'documentary', although here too, various image processing methods have been applied. The sequence of images presents itself as an elegiac narrative on Wyeth's home and studio in New England, where enigmatic views of the house and seemingly significant details of the interiors alternate with landscapes and still lifes. The painterly realism that Wyeth himself pursued continues to resonate under completely different auspices in Welling's choice of photographic means. This series of images is not determined by reality, but rather by the way Welling imagines the painter's view of the place, the landscape, his color palette, and even his choice of motifs. Welling refers to his conceptual approach in this series as "positively parasitic": a doorknob (*Olson House Door*, 2010) evokes the painter's hand operating it, a light reflection in the water (*River Cove*, 2010) recalls a pictorial detail in the painter's work, and an empty corner of a room (*Revenant*, 2010), bleached out in glistening white, represents a self-portrait of the painter.[23] While Wyeth painted his own self-portrait entitled *Revenant* (1949) by observing himself in a mirror blanketed with dust, Welling prints the photographed motif, the same corner of the room, in an inverted and mirrored version. By means of digital post-processing, the light flooding in acquires a glaring white, diffuse materiality that seems to embody the artist's absence, becoming, as it were, a placeholder for the artist.

To recognize the presence in the absence: this is where the gateway to surreal visual worlds opens up, or, in occultist terms, the spiritualist realm of 'ghost photography', which, along with the New Objectivity, is anchored in the history of the medium.[24] Ascribing a representational character to reality was not only the basis of the Surrealist worldview, but also informed the critical examination in the media age from the 1970s.[25] Ruff and Welling invariably bring things together on the photographic surface which do not fit together: motivic, temporal, technical, and reception-aesthetic elements collide. Whether it is subjective and physical experiences and memories of spaces, or images and imaging processes and their forms of distribution that shape our perceptions and memories, the photographic image is used in all its openness and mutability to make the architectural facade and the photographic surface visible as complex entities. Ruff and Welling conceive of reality, as it presents itself among other things in architecture, as an initially dark space. Only by means of photography do they lend shape to it. While Welling emphatically approximates an 'echo sounder', Ruff short-circuits photography's cultural-historical, technical, and scientific fields of application. Architecture, an integral part of our conception of reality, therefore forms an ideal springboard from which both artists set out at regular intervals on further expeditions into detached realities. If we bring it into focus, as Ruff and Welling do, we can see that whatever allows our reality to become perceivable is itself invisible in it, impossible to 'fix'.

1 See, among others, the reasoning of architectural historian Sigfried Gideon, who in *Space, Time, and Architecture: The Growth of a New Tradition* (Cambridge, Mass.: Harvard University Press, 1941), one of the manifestos of modernism, substantiated the prehistory of the *Neues Bauen* and its later development with numerous historical examples of sacred domed structures.

2 Vilém Flusser, *Towards a Philosophy of Photography*, trans. Anthony Matthews (London: Reaktion, 2000); originally published as *Für eine Philosophie der Fotografie* (Göttingen: European Photography, 1983).

3 Philip Johnson was an early admirer of Ludwig Mies van der Rohe. In 1930, when Mies, the last director of the Bauhaus, could barely find work due to the repressive measures by the National Socialists, Johnson commissioned him to design his apartment in New York, for which interior designer Lilly Reich, Mies's partner at the time, ultimately had sole responsibility. In 1947, Johnson organized an exhibition of Mies's work at MoMA in New York; Johnson's model for his own Glass House was Mies's Farnsworth House, which was not realized until 1950-1951, although with the Barcelona Pavilion of 1927, Mies had already introduced the basic elements of a one-room house. Finally, Johnson and Mies jointly designed the Seagram Building. While the basic structure was designed by Mies, Johnson was mainly responsible for design details and the design of interior spaces, which included The Four Seasons restaurant. See Ian Volner, *Philip Johnson, A Visual Biography* (London: Phaidon Press, 2020); Phyllis Lambert, *Building Seagram* (New Haven: Yale University Press, 2013).

4 See Jeff Wall, „Photography and Liquid Intelligence" (1989), in: *Jeff Wall: Selected Essays and Interviews*, ed. Peter Galassi (New York: Museum of Modern Art, 2007), pp. 109–110. More broadly, on the subject of the dissolution of the boundaries of photography, see Martin Germann, "Von der Berührung zur Kunst von James Welling", exh. cat. *Metamorphosis*, Heike Eipeldauer and Martin Germann, eds., texts by Ingried Brugger, Martin Germann, Philippe Van Cauteren, and Hal Foster in conversation with James Welling, exh. cat., Stedelijk Museum voor Actuele Kunst, S.M.A.K., Ghent; Bank Austria Kunstforum, Vienna (Munich: S.M.A.K and Prestel Verlag, 2017), pp. 84ff.

5 Diarmuid Costello and Dominic McIver Lopes, "Spontaneity and Materiality: What Photography is in the Photography of James Welling," *Art History* 42 (2019): 159, https://philpapers.org/archive/LOPSAM.pdf (retrieved 11/2/2022).

6 Kevin Moore, "German Humor," in *No Two Alike: Karl Blossfeldt, Francis Bruguière, Thomas Ruff*, ed. Ulrike Meyer Stump, texts by Ulrike Meyer Stump, Kevin Moore, Edward Juler, and Anne McCauley, exh. cat., FotoFocus Biennale 2018, Cincinnati (Vienna: Verlag für Moderne Kunst, 2018), p. 70.

7 Thomas Ruff, "Kein Abbild, sondern ein Bild. Thomas Ruff im Interview mit Gerald Matt", in: *Thomas Ruff: Oberflächen, Tiefen / Surfaces, Depths*, ed. Gerald Matt, texts by Catherine Hug, Douglas Fogle, Kurt W. Forster, and Gerald Matt, exh. cat., Kunsthalle Wien (Nuremberg: Verlag für Moderne Kunst and Vienna: Kunsthalle Wien, 2009), p. 242.

8 James Welling, "On Photography and Influence: James Welling in Conversation with Eva Respini," in *James Welling: Monograph*, ed. James Crump, texts by Mark Godfrey and Thomas Seelig (New York: Aperture, 2013), p. 124.

9 *Thomas Ruff: Photographs 1979–2011*, Thomas Weski and Okwui Enwezor, exh. cat., Haus der Kunst, Munich (Munich: Schirmer/Mosel and Haus der Kunst, 2012), p. 70.

10 *Neues Bauen*, or New Building, with its claim to internationality, was particularly dependent on photographic documentation that circulated in relevant specialized magazines and journals. Since digital techniques have allowed architecture and its spaces to be simulated, the significance of how photogenic a building is has diminished. See *Architektur Fotografie: Darstellung – Verwendung – Gestaltung*, Hubert Locher and Rolf Sachsse, eds., (Munich: De Gruyter, 2016).

11 In 1998, Thomas Ruff was asked by Julian Heynen, then director of the Krefeld Art Museums, to prepare an exhibition of architectural photographs of villas Mies designed between 1927 and 1930. In addition to Haus Esters and Haus Lange in Krefeld, Ruff focused on the Barcelona Pavilion and the Tugendhat House in Brno. Curator Terence Riley, who was preparing the exhibition *Mies in Berlin* for the Museum of Modern Art, asked Ruff to also photograph all the other buildings that Mies executed with his Berlin office until his emigration in 1938. For those buildings that could no longer be photographed by Ruff, he drew on existing archival photographs. Thus, the series *l.m.v.d.r.* emerged from what was originally a commission, in which Ruff photographed and edited the buildings applying all the techniques he had previously used (retouching, stereophotography, digital editing). Markus Kramer comments on the series as key to the introduction of an increasingly free painterly-media-reflexive form of expression; see Markus Kramer, *Thomas Ruff: Modernism* (Heidelberg and Berlin: Kehrer Verlag, 2011), p. 29.

12 More on this in Philip Ursprung, "Grenzen des Sichtbaren: Thomas Ruff und Herzog und de Meuron," *Architektur Fotografie: Darstellung, Verwendung, Gestaltung*, Hubert Locher and Rolf Sachsse, eds. (Berlin: Deutscher Kunstverlag, 2016) (see n. 10), p. 165–176.

13 Welling, "On Photography and Influence," p. 124. On the work series, see *James Welling: Glass House*, Noam Elcott and Sylvia Lavin (Bologna: Damiani, 2011). This series of works is followed by others that take Philip Johnson's designs as their point of departure: one such series was created in MoMA's Sculpture Garden (2014–2016); Welling picks up on the interest in temporality in the video piece titled *Lake Pavilion* (2009); finally, he introduced performance as a motif in *Choreograph* (2014–2020), when he captures dancers in and around modernist architecture.

14 Carol Squiers, "A slice of Light," *Artforum* 36, no. 5 (1998): 77.

15 James Crump, "Ventriloquisms: The Art of James Welling," *James Welling: Monograph*, p. 71ff.

16 *Thomas Ruff: Photographs 1979–2011*, p. 70.

17 Philip Ursprung has asserted that Ruff's *Ricola, Laufen* (1991), in which the building is rendered as a sculpture that exposes its function as a storage facility, spurred future commissions for the Basel office to design buildings dedicated to various types of storage (including museums such as the Tate Modern in London, 2000, or the Schaulager in Basel, 2003); see Philip Ursprung, "Sammeln und Bewahren: Lager und Museen von Herzog & de Meuron," *Kritische Berichte, Zeitschrift für Kunst- und Kulturwissenschaften* 3 (2002): 24–30

18 On this series of works, see Nayia Yiakoumaki, "Colouring Photographs," in *Thomas Ruff*, ed. Iwona Blazewick, exh. cat. Whitechapel Art Gallery (London: Whitechapel Art Gallery and New York: Artbook/D.A.P., 2018), pp. 208–211.

19 Sarah E. James, "Thomas Ruff: Portraying Modernity," *Thomas Ruff*, pp. 186 and 176–187 passim

20 *Thomas Ruff: Andere Porträts + 3D*, ex. cat., 46th Biennale di Venezia, 1995 (Ostfildern-Ruit: Cantz Verlag, 1995), p. 7. See also Chris Balaschak, "Abstract, Representational, and So Forth: An Interview with James Welling," *Octopus* 4 (2008): 159.

21 The fact that both Ruff and Welling explore the photogram and thus refer directly to the artistic legacy of László Moholy-Nagy, who advocated the experimental use of the photographic as hardly anyone else did, and conceived of the photogram as a "light drawing," is consistent in view of their respective artistic practices and unites them despite all the differences in their approaches.

22 Welling sees the series as a tribute to the artist who influenced him when he was young and led him to art. Wyeth was received with some controversy during his lifetime; his painterly realism and limited view of his immediate surroundings were deemed "out of touch with the times" and conservative in professional circles, but at the same time his work enjoyed great popularity among large segments of the population. See the very informative discussion of this series of works in *Things beyond resemblance: James Welling Photographs*, ed. Philipp Kaiser, texts by Thomas Padon, Philipp Kaiser, Sharon Lockhart, Michael Fried, Suzanne Hudson, exh. cat., Brandywine River Museum, Chadds Ford, Pennsylvania (Chadds Ford, PA and Munich, London, New York: DelMonico Books Prestel, 2015).

23 See *Things Beyond Resemblance: James Welling Photographs*, p. 50, fig. 4.

24 See Andreas Fischer, *Im Reich der Phantome. Fotografie des Unsichtbaren*, exh. cat., Städtisches Museum Abteiberg Mönchengladbach (Ostfildern-Ruit: Cantz Verlag, 1998).

25 Rosalind Krauss, "The Photographic Condition of Surrealism," in *October* 19 (Winter 1981): 3-34.

I'm interested in things that reflect their origins. Photography itself does that, with its optical system that refers back to the Renaissance. My fascination with the 19th century is rooted in the same impulse.

James Welling

Photography is the greatest consciousness-changing machine affecting people.

Thomas Ruff

What is hidden behind photographic images and their applications? What happens when photos are printed? How do digital manipulations and the imitation of historic styles change a photo's aesthetics and message?

For his series *press++* (2015–ongoing), Ruff uses press photographs from the 1930s to 1970s that he found in the archives of American and Japanese newspapers. The photos he selects represent a broad spectrum of the media and news world: politics, society, science and technological developments, art and culture as well as fashion and advertising. Ruff scans the front and backside of each photo and combines the two sides so that the comments on the back not intended for public view become an equal part of the image. In addition, he reveals the traces of work left behind the photos on the way to their medial dissemination in newspapers and makes the informational content of the image, text and their combination his subject.

Ruff's fascination for historical pictures looks different in his series *Maschinen* (2003–2005). Around the turn of the century, he acquired approximately 2,000 glass plate negatives from the 1930s from the visual archive of a manufacturer of industrial machinery. The photographs were made for the company's catalog. To simplify the manual cropping of the depicted objects, the products were often photographed individually against a white background. A print was then retouched and further manipulated for final printing. In his series, Ruff highlights this extremely involved process – the analog equivalent of digital manipulation in Photoshop – by tinting specific areas of the digital image via consciously placed colors in a process similar to retouching.

Color and industrial machinery also play a significant role in Welling's series *Meridian* (2014). Welling photographs the printers at the titular printing firm, making the production conditions of distributed analog images his subject. He manipulates the color saturation of the digital images so that the offset printer looks almost black and white. At the same time, red, yellow and blue tones are amplified and appear punctually on the photographs. The fact that Welling specifically chose these colors is no accident: cyan (blue), magenta (red) and yellow are, along with black, the basis of four-color process printing, a widespread technique for producing printed color illustrations.

The digitally manipulated series is contrasted with Welling's analogue black and white series. In *Railroad Photographs* (1987–1994), Welling returns to the 19th century. With the railroad, the history of its pioneers and its meaning for industry as well as its history of exploitation, he discovered a subject that originates in the same era as photography. Welling adopts the visual language of early American industry photography along with the modernist vocabulary of the photographers Paul Strand (1890–1976) and Walker Evans (1903–1975). He tries to photograph traces of the 19th century that are still visible in architecture and the industrial landscape: photography between autonomous image, documentation and time machine.

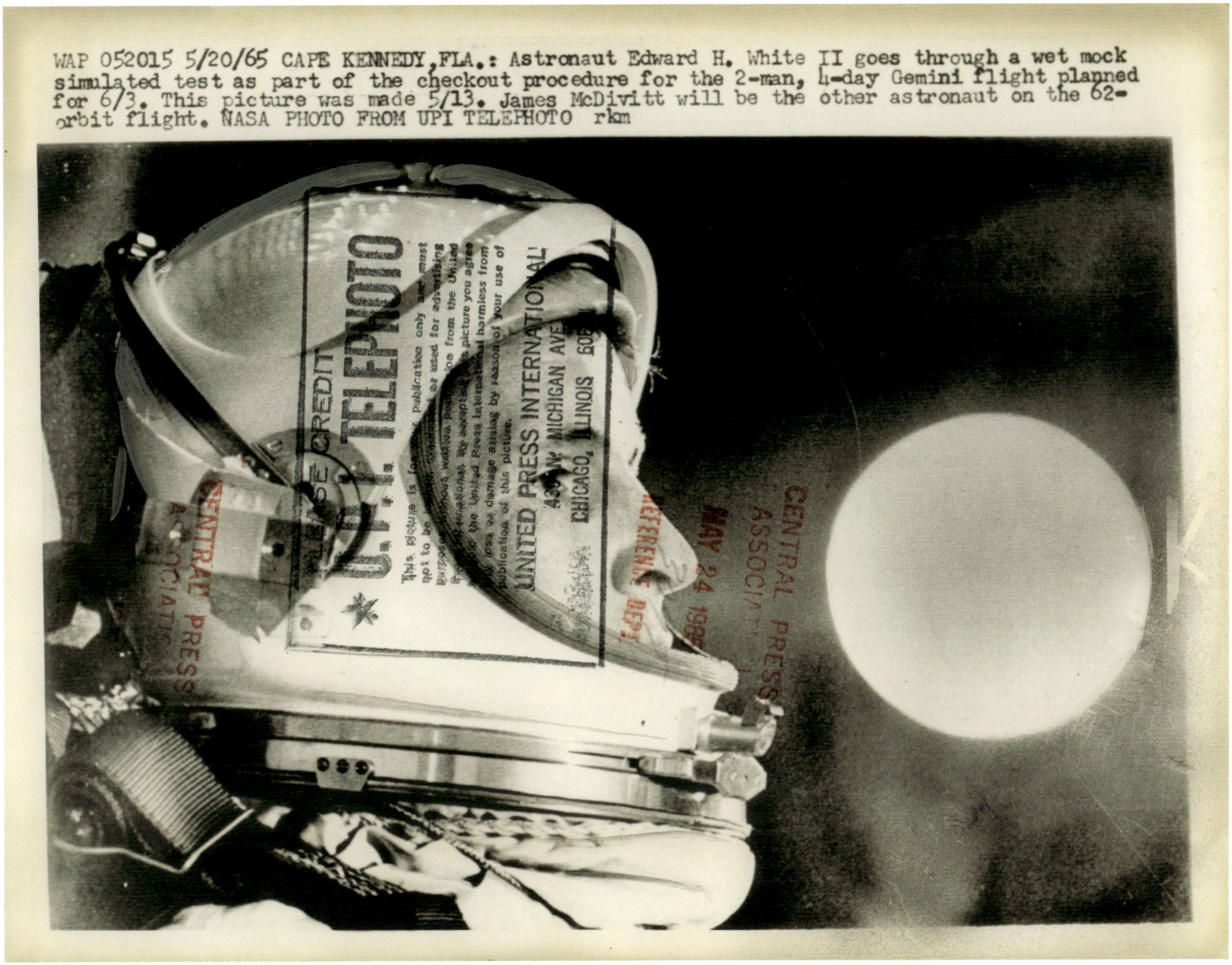

Thomas Ruff, *press++01.16*, 2015

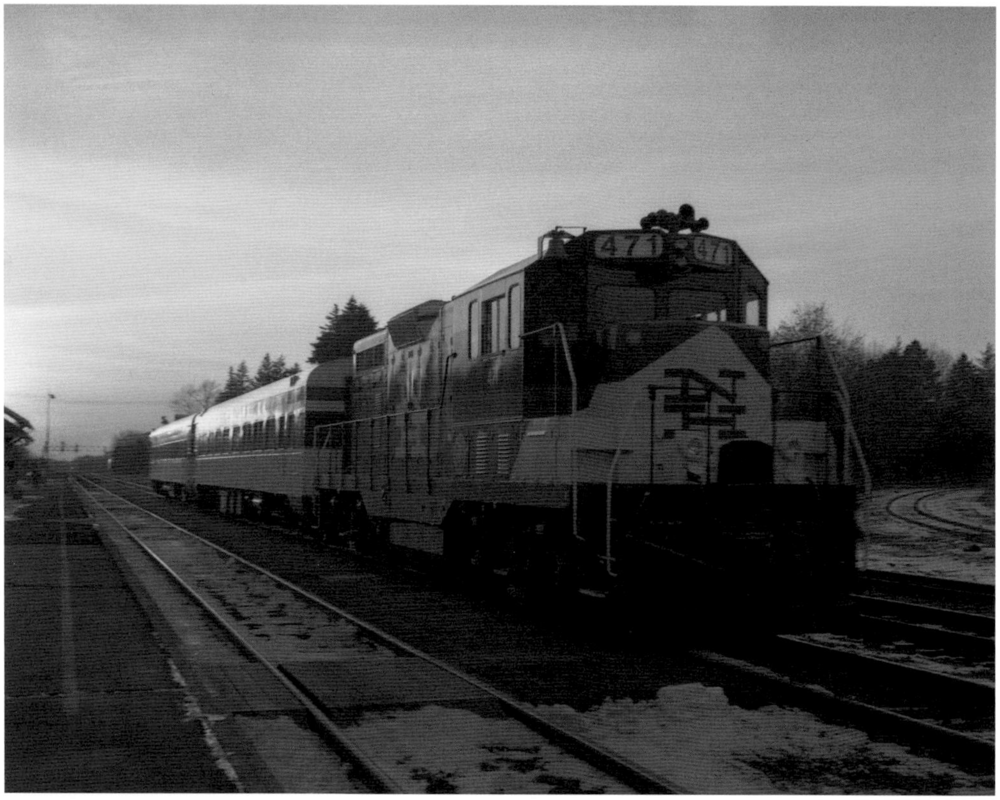

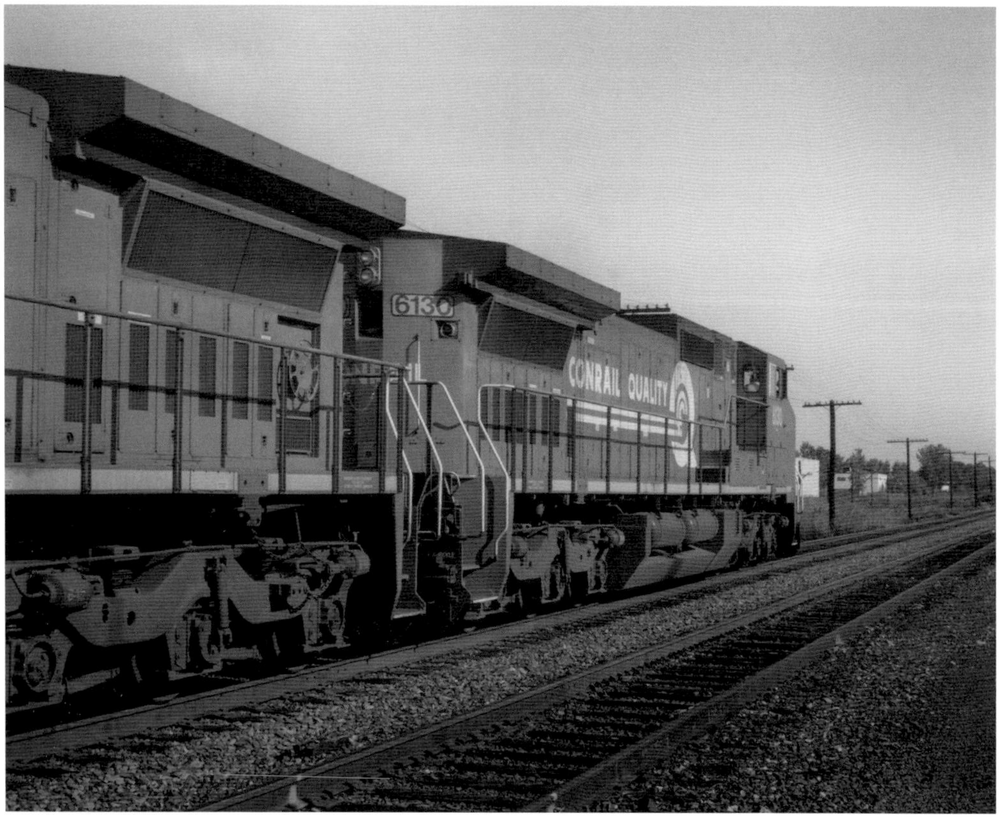

James Welling, *Old Saybrook*, CT, 1991
James Welling, *Conrail N. Bergen Yard, N. Bergen*, NJ, 1991

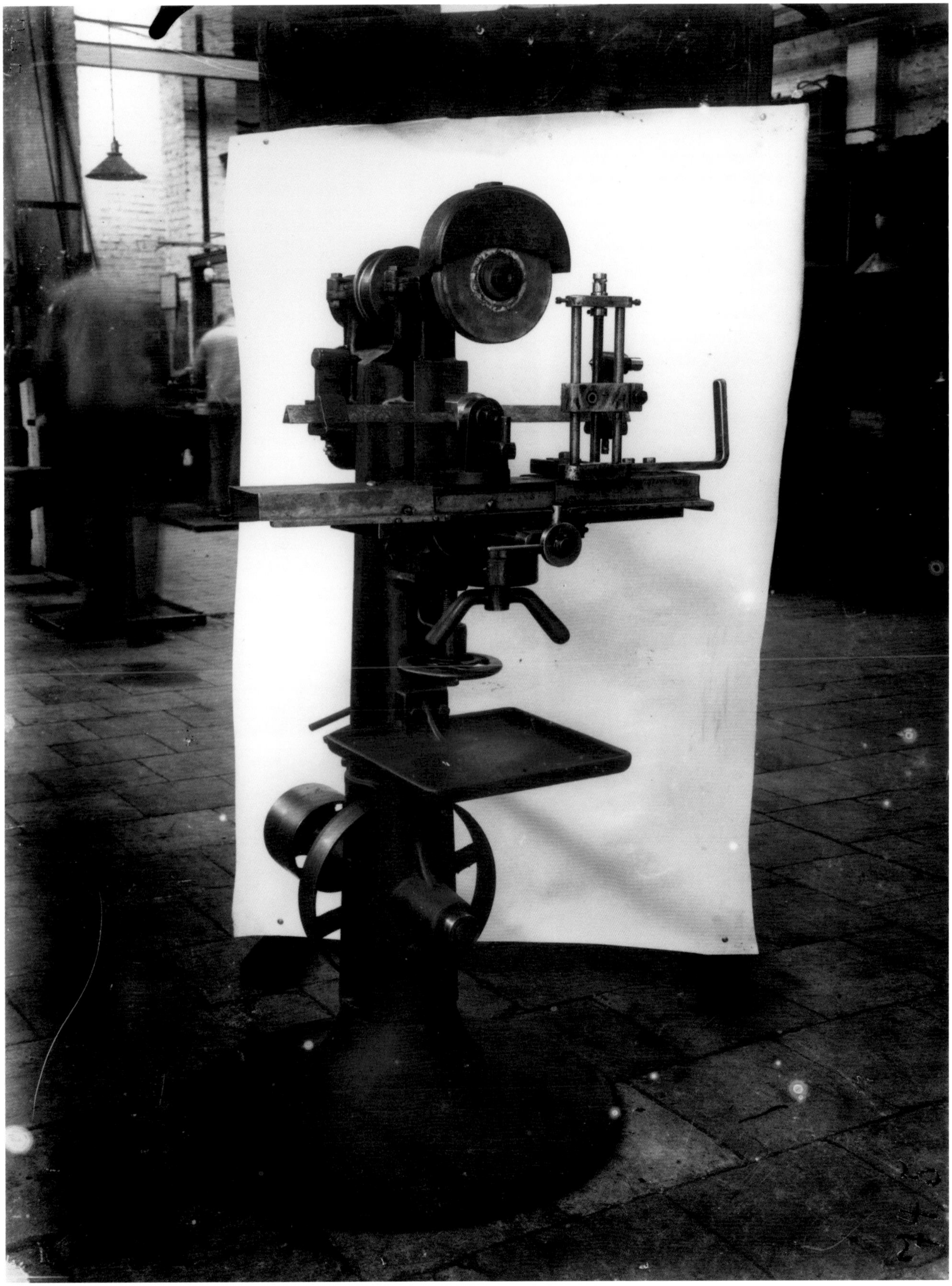

Thomas Ruff, *0745*, 2004

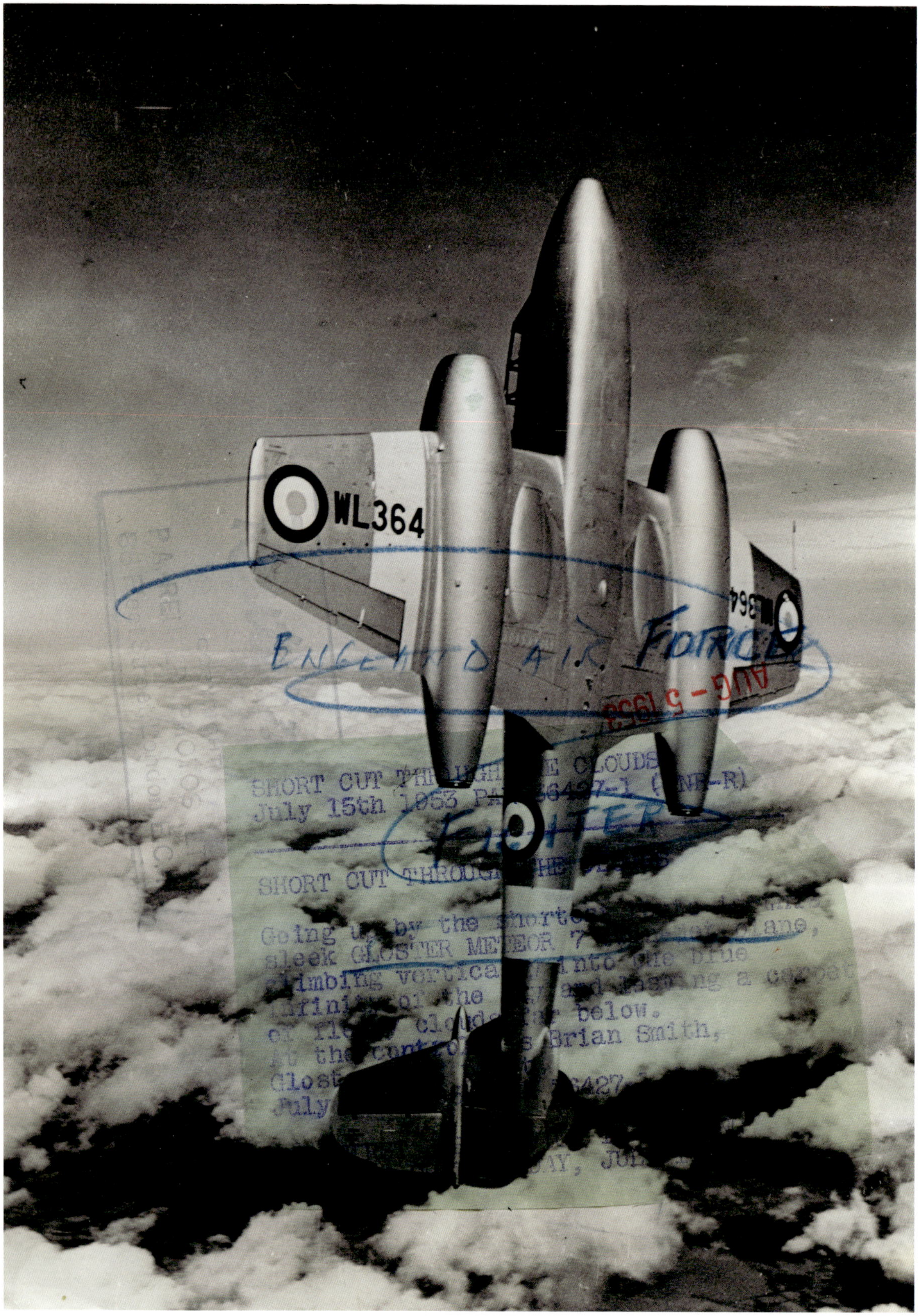

Thomas Ruff, *press++21.11*, 2016

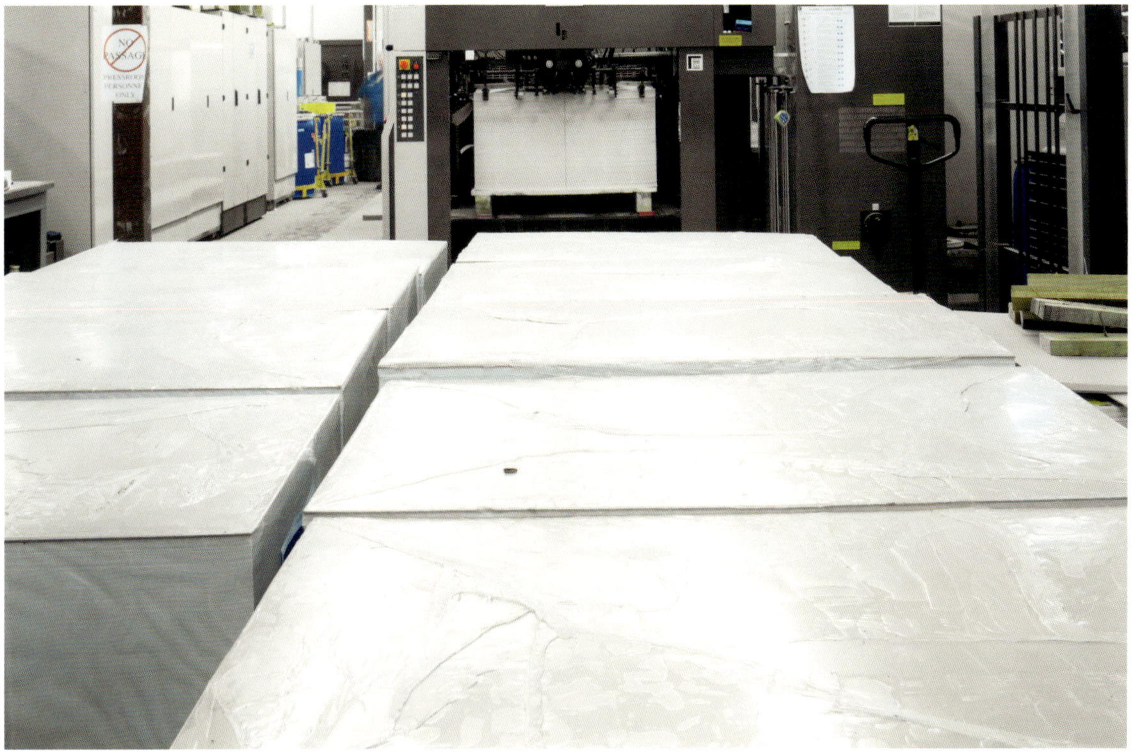

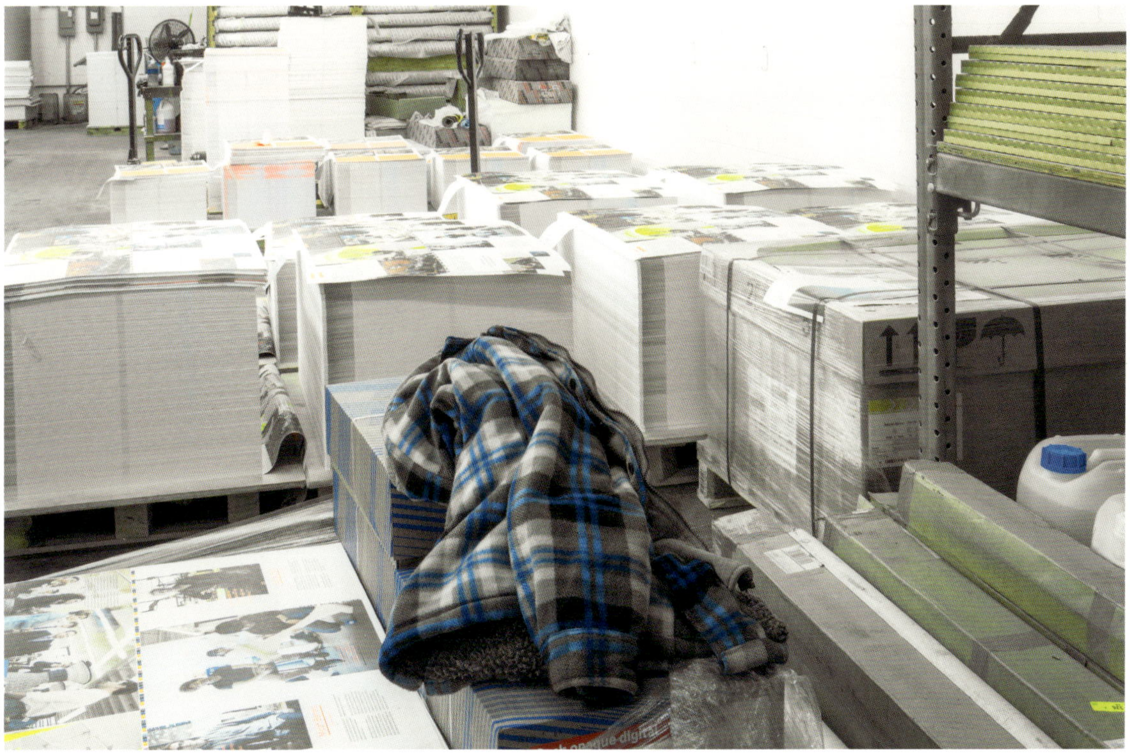

James Welling, *0910*, 2014
James Welling, *0808*, 2014

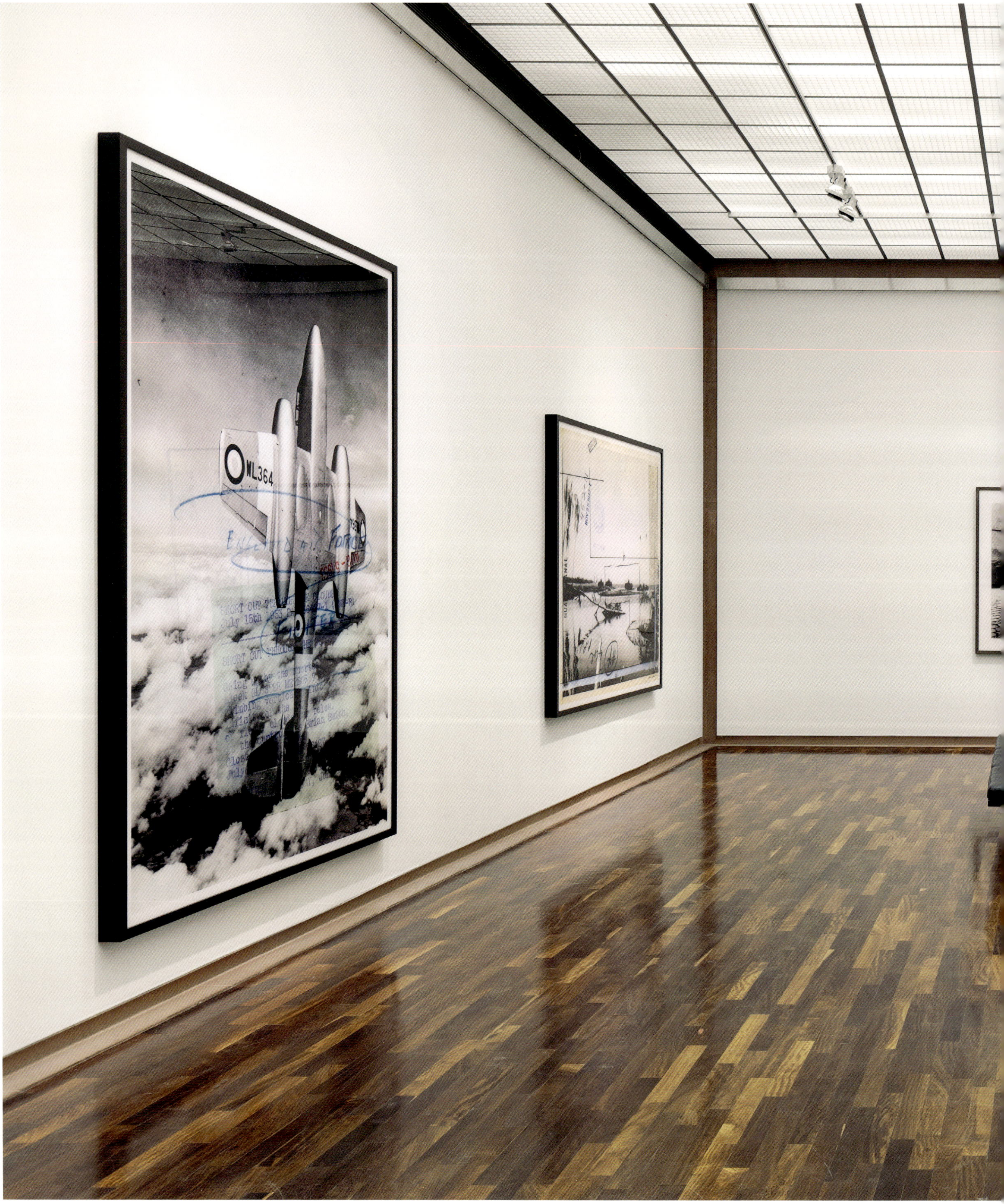
WL364

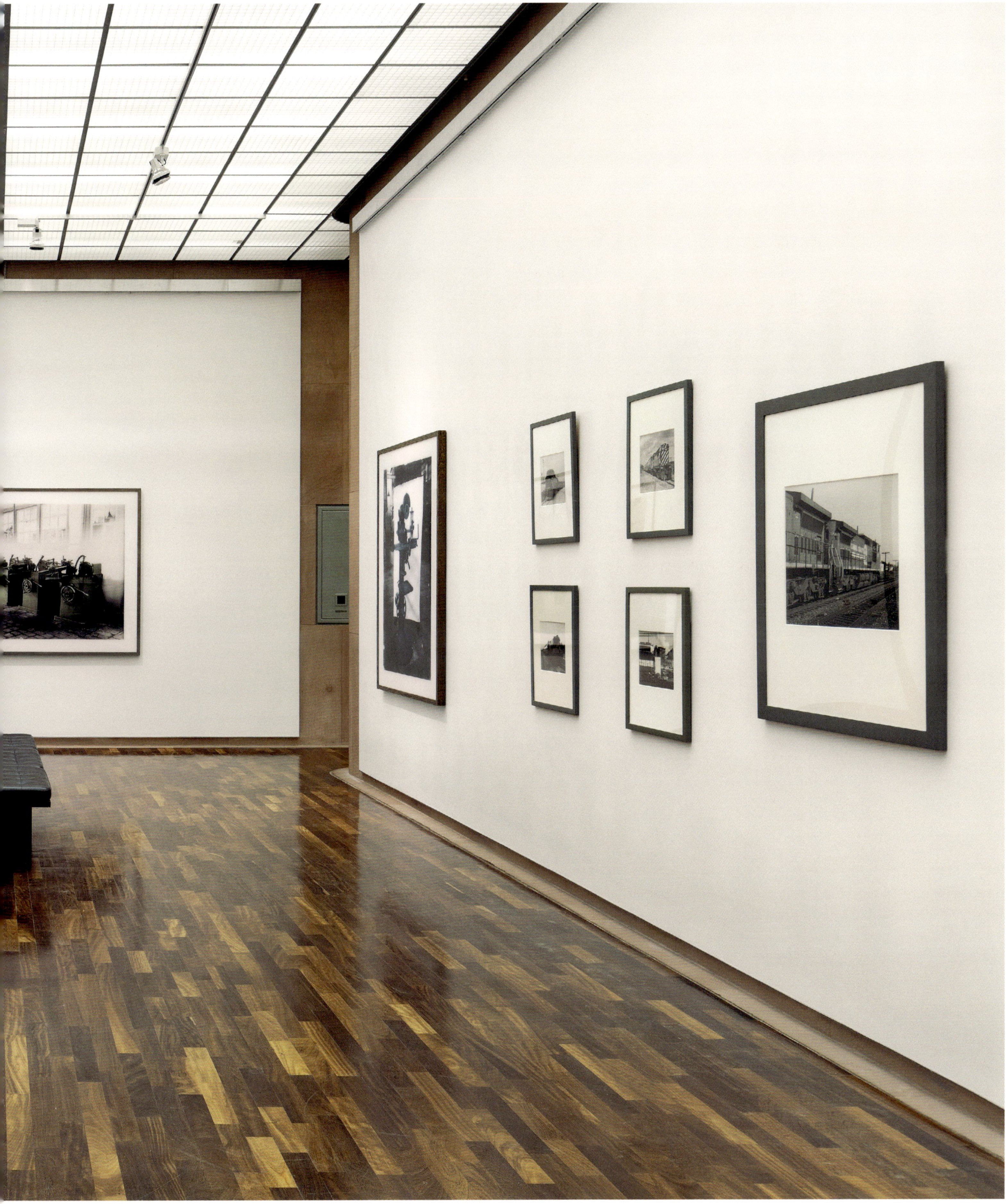

(…) that photography can be used as a prosthetic to make things visible that people cannot see with their bare eyes.

Thomas Ruff

Finally, I want there to be as much ambiguity and intentionality in my photographs as uncertainty and autonomy.

James Welling

The photographic image can make things visible that are invisible to the naked eye. How do we see more through photography? How does what is absent make itself noticeable in an image? Inventions in optics, photography and its many subsequent developments are driven by the impulse to see more than the naked eye can see.

Night vision tools, invented to make it possible to see in the dark, decisively changed warfare, as became clear around 1990 in media images during the Gulf War. Thomas Ruff consequently produced the series *Nächte* (1992–1996), in which he uses this technology for his own purposes. He photographs his own neighborhood, banal locations like courtyards and residential streets in and around Düsseldorf. Viewers become voyeurs of a supposedly military site – at the same time, a feeling of surveillance arises. The visual aesthetics suggest a state of affairs that does not actually exist.

James Welling's approx. 100-part series *Wyeth* (2010–2015) and his film *Seascape* (2018) also deal with absence, although his motivations were different. Welling's works are about the presence of absence against a background of homages to the painter Andrew Wyeth (1917–2009) with whom Welling has been fascinated since his early childhood. The painterly realism Wyeth pursued takes on a different sense through the photographic means Welling employs. Reality is not determinative for the series of images, but by the painter's gaze at the location, as Welling imagines it, the landscape, his color palette and choice of subject. *Seascape* also deals with a form of enlivenment with regards to the original creator. In the 1930s, this black and white film served Welling's grandfather as a reference for his paintings. To match the colorfulness of those paintings, Welling colorized the film. His brother composed a soundtrack with accordion and stones from the sea rolling over a drum. Here, the creation of picture and sound result from the transfer of film to painting, from black and white to color, from past to present, and from generation to generation.

James Welling, *Revenant*, 2010

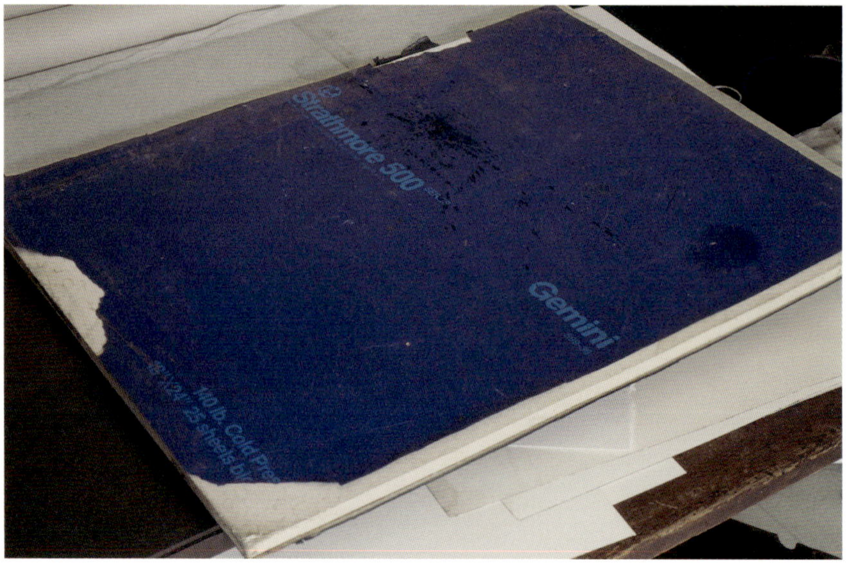

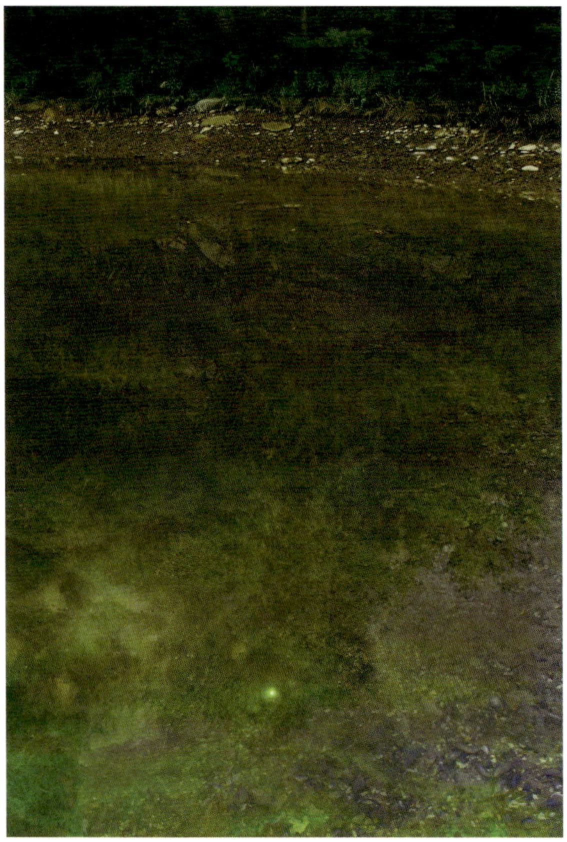

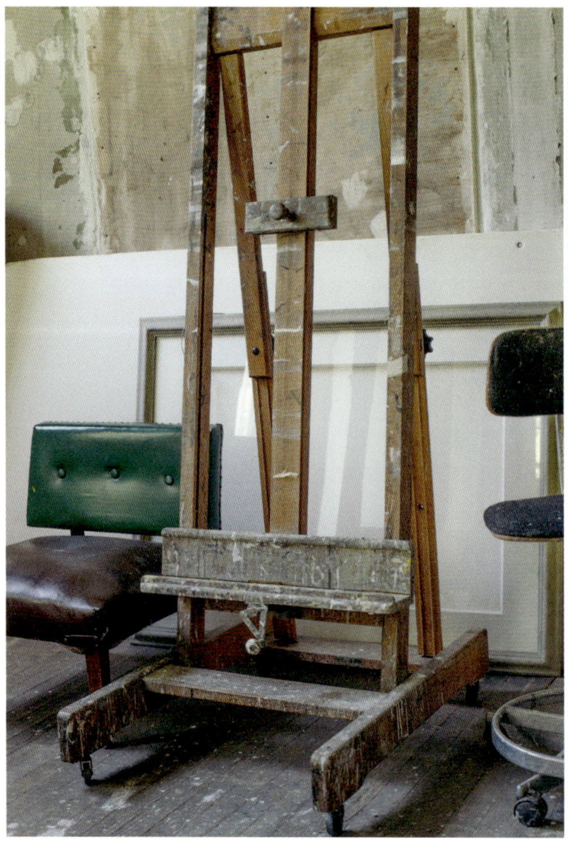

James Welling, *Strathmore Gemini*, 2011
James Welling, *River Cove*, 2010
James Welling, *Easel*, 2011

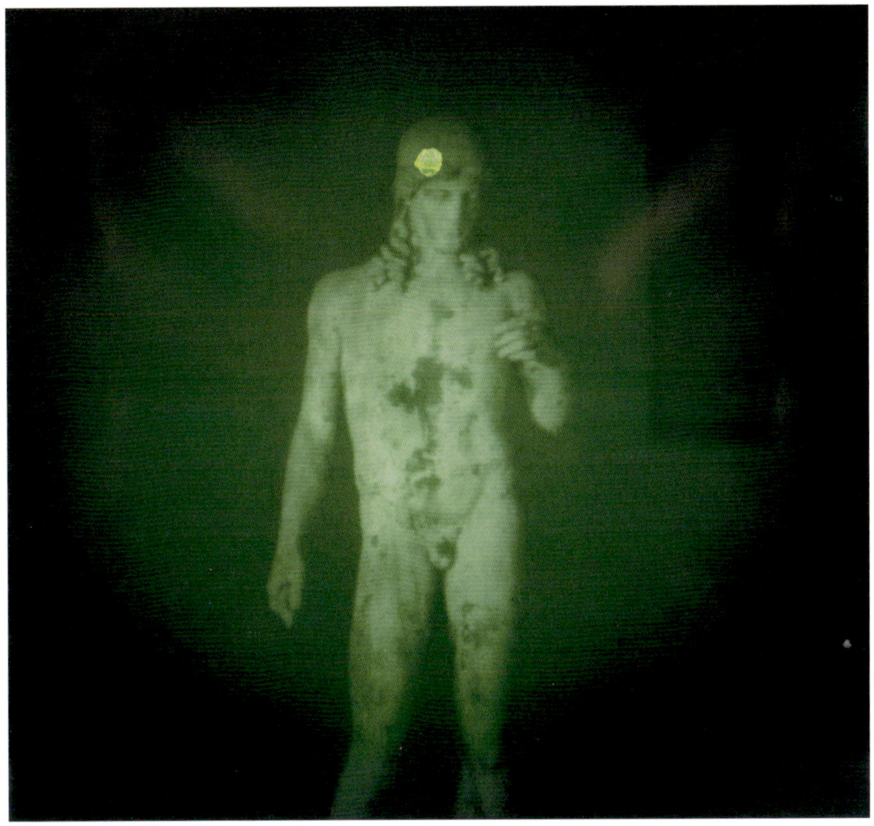

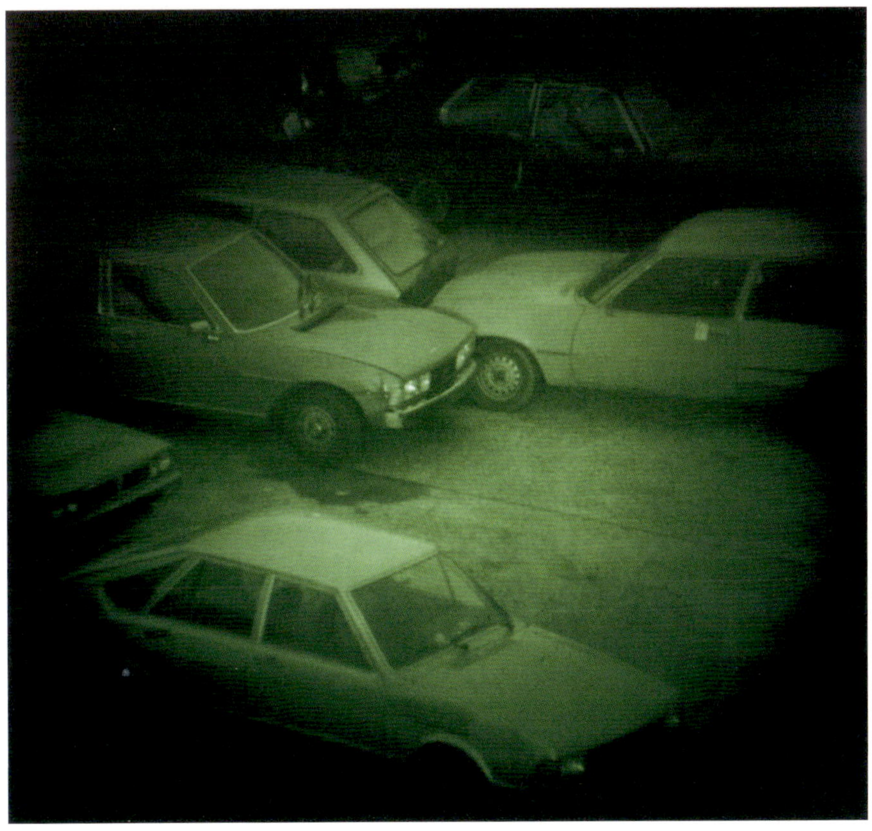

Thomas Ruff, *Nacht 13 III*, 1993
Thomas Ruff, *Nacht 9 II*, 1992

EDITIONS OF YOU
QUESTIONS FOR THOMAS RUFF AND JAMES WELLING

Robert Slifklin

That photography is both an optical technology and an artistic medium no longer seems to be the disconcerting fact that it was for generations of artists and critics who worried over the camera's looming threat to established forms of visual representation and traditional notions of individual agency. Today, when it is hard to think of any creative endeavor that isn't informed by some sort of technological mediation and modification, and digital networks have become the primary platform for the production and dissemination of all sorts of images, what used to be called photography's basis in mechanical reproduction seems almost quaint. Likewise, as various forms of appropriation and sampling constitute the foundation for an array of creative practices across media, photography's ostensibly objective and automatic registration of the world poses no discernable challenge to conceptions of artistic intentionality and imagination predicated on selection, editing, and other modes of postproduction. (Indeed, it could be argued that photography has established the preconditions for such aesthetic strategies in more traditional media such as painting and sculpture.)

Yet if photography's status as a viable – and increasingly valued – art form is largely settled, the matter of making art with a machine remains unsettled and perhaps a little unsettling, as it relates to larger social concerns about the reach of technology into every realm of human life. As numerous writers have argued, photography's crucial role within the contemporary image ecology, serving as the basis for scientific analysis, forensic evidence, commercial enticement, and personal recollection – to name just a few of its manifold functions beyond its more rarefied aesthetic applications – positions it a philosophical object in its own right. It could be argued that photography has radically transformed what used to be called "the social landscape" as much as it has altered the depths of psychological interiority through its formidable mnemonic capacities. Thinking about photography thus necessarily entails thinking about questions of truth, perception, and the very formation of selfhood in an age of ever-increasing technological mediation and control.

It is not surprising, then, that numerous artists have been drawn to photography, not so much because of its remarkable mimetic and reproductive capacities but rather to examine, extend, and just as often destabilize the technological foundations of the medium. Among these artists, Thomas Ruff and James Welling represent two of the leading figures whose sustained engagements with the medium of photography position them as heirs to a long avant-garde tradition which has recognized photography as the principal image technology of the modern age and thus a crucial artistic medium to forge novel ways of perceiving the world by producing unprecedented images, often by using the camera and its attendant apparatus in unconventional ways and pushing the limits of what is considered a photograph.

Such a paradigm is delineated in Vilém Flusser's short, gnomic book *Towards a Philosophy of Photography* (1983), where the philosopher argues for an underlying affinity between what he calls the "black box" of the camera and computers. According to Flusser, photography's "program" enables certain operations while prohibiting others, so that for most users of the technology, those who take snapshots (or, in our current moment, selfies or "reels" that are posted onto various social media platforms), the results are utterly predictable, redundant, and thus uninformative. In opposition to such conventional approaches to the medium, photographers who want to create new sorts of images with their cameras are like hackers, becoming fluent in the language of the medium so as to use it in non-standard ways and even on occasion undermine it. The stakes of such an endeavor for Flusser are substantial. Because the photograph is what he calls a "technical image," it is invested with a degree of actuality and agency that takes on an almost natural quality, allowing it to become a standard arbiter of truth despite its wholly artificial and technological configuration. Thus, the act of jamming or hacking the photographic program, so to speak, can at once reveal the ideological uses of such technical images and establish new realms of experience within what the philosopher considers an increasingly instrumentalized and standardized human environment.

In this regard, both Ruff's and Welling's penetrating examination into what could be seen as the specific characteristics of their primary medium offers not so much a means of distinguishing their remarkably heterogenous practices from the array of non-artistic uses of photography as a powerful means of interrogating the contours of what constitutes human life in an age of seemingly ever-expanding technological mediation. Situating long-held notions of individual artistic expression within a new world still coming into formation in which the agency of individual human actors appears increasingly adrift within ever complex networks of information, these artists' works have repeatedly explored the ways in which the non-human vision of the camera can be made intelligible and even expressive so that the machine might be used against itself to reveal its invisible power over the world and present new ways of living creatively within such a highly mediated environment.

Taking the exhibition's title *Dark Matter*, and its associations of forms of energy invisible to the human eye which nonetheless have significant influence over the world, as a starting point, both artists responded to a series of questions that considered how the dynamics of technological mediation and transformation have informed various facets of their respective practices.

In his essay "Incisions in History/Segments of Eternity," Hollis Frampton wrote that the "photographic machine, simply put, is a device for accumulating energy." Thinking about certain bodies of your respective work that seem to register the effects of energy such as the *Light Sources* and *Stars* as well as the presence of machinery in both of your oeuvres, I wonder if this statement resonates with your own conception of the medium.

Thomas Ruff That's a nice description because it's the photographic process: light coming through the lens, through the shutter, leaving traces on the light-sensitive film. That's a physical phenomenon which is real. If you look at the *Nächte* (Night) photographs, for instance, this process is even amplified by the photocathode, that makes the last few electrons visible. So that's a real, energic process. I don't believe in the metaphysical in photography, but of course I understand that sometimes photography is not reproducing what is on the image itself but just the imagination of the person looking at it.

James Welling I read Frampton when I was in art school and followed closely his ideas about cinema. But the idea of the camera as a machine that accumulates energy didn't register with me then. The machine I did think about in the 1970s was the time machine – the camera as a time machine. This became apparent when I was making the *Diary/Landscape*. I was stunned to see that I was using a machine, a 4x5 inch plate camera, that was invented around the same time as the 1840 diary I was photographing. Right away I was excited by the notion that the history of the camera aligned with my subject.

Another idea about the camera and about photography that precedes this notion was that photography could be a form of ventriloquism. In the CalArts library, I discovered a book about nineteenth-century architecture and ventriloquism. All the revival movements – Greek Revival, Italian Revival, Gothic Revival – had political agendas, a ventriloquism behind them, if you will. So I began to see photography as a form of ventriloquism and when I made *Diary/Landscape*, I thought of the series as speaking with a nineteenth-century voice.

Your works sometimes seem to draw upon more functional, instrumentalized uses for the medium such as the reproduction of architecture and artifacts, passport photos, pornography, and astronomical image-making, as much as they do conventional forms of visual art from the still life to abstraction. Are these modes of non-artistic photography something that you are particularly interested in and have learned from?

JW Architectural photography, dance and performance documentation, photography of fine art, railroad photography, and calendar photography are how I came to know the medium. The books I found formative were not by Walker Evans or Robert Frank; none of their books meant anything to me in terms of building my early visual and photographic education. I was interested in the photographs in the books my father brought home from the printing company he worked for, such as Vincent Scully's *The Earth, The Temple, and the Gods* (1962) or *Literary America* (1952), a photo anthology of writers' habitats. When he brought home *Diaghilev and the Ballets Russes (*1970), my eyes were opened to dance photography. Another book that was important was *The Drawings of Charles Burchfield* (1968); my father and I compared the original drawings with the reproductions in that book. In fact, my first glimpse of a photographic darkroom was in the printing company.

TR When I was a young artist in my late twenties and early thirties making the *portraits*, I was the person pushing the shutter button on the camera. At a certain point I realized, artistic photography is nice but it's not everything. There is a lot of other photography – scientific, vernacular, etc. – which is much more interesting than all the attempts we made as artistic photographers, and that was one of the reasons I went to the scientific negatives to create new work like the *Stars*, and using the night vision, doing the nudes, the press photographs, etc. I think there is not only one way or there's no best way to take photographs, but there are thousands or maybe millions of different ways to take a photograph.

For example, around 1997–98, I thought the genre of the nude was such an important subject in art and the history of photography that I should get involved with it. I decided to do some research on the genre and started looking in the internet by typing into a browser the word *Aktfotografie* (nude photography). What showed up was nude photography by people like Helmut Newton or Peter Lindbergh. For me that was the limited male gaze on the naked, rather boring and very much nineteenth-century photography instead of a contemporary view. I then used the words "sex" and "porn" and teaser thumbnails showed up that made me think, "Wow, these are much more honest images of nudity than all the art nude photographs I've seen so far."

Both of you, to varying degrees, have increasingly been drawn to projects in which you are not the person taking the photographs but are instead selecting preexisting images or hiring other people to take the photographs for you. Do you see this aspect of your practice as a radical departure or more a continuation of certain techniques and strategies?

TR When I was trying to create the *Stars* I had to realize that, even though I'm professionally equipped as a photographer, I cannot take photographs of the desired quality due to light pollution and my own equipment. I needed help from professional astronomers using their large telescopes, lenses, and cameras. But would I still be the author of the photograph if I accepted help? At that time, it was very hard for me to make that decision. But very quickly I realized that if I didn't give up the idea that only the one pulling the trigger of the camera is the author, I couldn't make those photographs. In the end I decided that it was okay to give up authorship, otherwise it wasn't possible to do the work. And maybe that was the first step that also helped me to incorporate the work of other authors in the subsequent series. Creating new work by using the work of other authors makes me the author of the resulting new work. And of course I only pick the best!

JW At CalArts in 1973 David Salle and I were very interested in taking images out of magazines and framing them as our own work. My thesis show consisted of almost all appropriated images – cigarette ads, pictures of famous artists and writers – plus a few photographs I'd printed. When I committed to being a photographer in 1976, appropriating images dropped off. For my Richardson photographs in the late 1980s, I rephotographed archival images of his important buildings that had been destroyed. In *Wyeth* (2009–15), partway into the series I broke my foot, so I sent one of my former UCLA students to Wyeth country to take photographs under my direction. She would upload photographs from her camera, and I'd tell her what to do next. With *Choreograph*, when I photographed in a studio with hired dancers, I always worked with an assistant. We took pictures at the same time as it's easy to miss something. Later, when I couldn't attend performances on the East Coast, I began to send other former students to photograph according to guidelines I gave them.

While so much of the history of photography has been dedicated to capturing movement and dynamic action, in general your work presents a sense of stillness. At the same time, your works often invite what might be described as a durational mode of beholding so that the image reveals itself over time. Is the value of stillness and this sort of dilatory mode of perception something you invite and seek out?

JW When I made *Lock* (1976), my first successful black-and-white Polaroid, I experienced intense pleasure looking at this miniaturized image of a piece of dark wood in deep shadow that I had worked so carefully to make. Contemplating single, stationary things in photographs is one of the reasons I make them.

TR I grew up in a photographic world with TV, magazines, and billboards, and sometimes I think in this world there are just too many images. It didn't seem to make any more sense to look at them. To give a person enough time to look properly at the work or image again, I thought I should pick some images and "freeze" them so time stands still.

Time is continuous but if you take a photograph that very moment is frozen and it's frozen forever and it doesn't follow the continuation of time. We go on living, changing our lives, but the photograph itself shows a very specific moment of that life. It's kind of an absurd situation. Photography is a time trap – even though it goes on, you have this frozen moment on the photograph. But at the same time, I'm trying to make a kind of universal image which should have an infinite life. I want this work of art to live forever.

Photography, unlike more traditional media like painting and sculpture, has always allowed a degree of reproduction and transmission. What is your attitude about the reproduction of your work in books, its translation into ink and the reduction in size? Do you see such projects as a necessary means of transmission or an opportunity to create new versions or new works?

TR The book was a very important medium for photography until the early 1980s since most photographers would produce their work in 18x24 cm prints and being uncertain whether they would ever have the chance to exhibit them in a gallery. And even if they were shown in a gallery, maybe only a few people would see them. But books offered mass distribution and a way to amplify your viewers. Also, most photographic prints were rather small, so the transformation of the size from the original photograph to the size of the book was not that different. I think the interest of that generation of photographers in producing very fine books or having the images printed in a good magazine had to do with the increase in size of an interested audience and a larger public awareness for the photographic work.

When I started with the big portraits, I was very unhappy with the color reproductions of them in books, as they lose the physical presence. There is a kind of uniqueness to my work which is the same as a painting. Maybe you could compare this uniqueness to a concert which is recorded, reproduced to a LP, then transformed into a CD and is now on Spotify. You only get the recorded, compressed version of a live performance. Of course, it's elitist if only the ones who have access to a concert get the "full version," and the original is still the best version – be it music, art, architecture, or nature. But of course, I'm happy if a nice catalog or a well-printed book is published with my work; however it does not have the importance for me that books had for artists using photography in the 1960s or '70s.

JW Most of my publications are catalogs for shows. My first artist book – as opposed to a catalog – was *Usines de Dentelle* (1993). I took my prints to a printer in Paris, l'imprimerie Union, and they made a small, beautifully printed book in simple duotone. *Light Sources* (1996) followed and here I had an editor, Kaatje Cusse, who helped me along with the printer Imschoot in Gent. My only other stand-alone book is the tiny *Meridian* (2017), a book about the printing house Meridian Printing in Rhode Island. None of these three books have much typography; they are all images. One of the things I really love about catalogs is the mix of image and type: essays, captions, bibliographic apparatus. These all contribute to something missing from my artist books. So I have to say that making catalogs is exciting – there are more people involved and usually something unexpected happens.

Considering your reputation as something of a conceptualist or postmodernist who has questioned longstanding notions of the work of art as a vessel of personal expression, it is somewhat surprising how often personal imagery or a personal motivation has played a foundational role in some of your early series (Ruff's *Interiors* and *Portraits*; Welling's *Diary/ Landscape*, for instance). What is your attitude about the presence of personal source material or subject matter in your work?

JW It's interesting to hear you say that conceptual art isn't a vessel of personal expression. A large part of my aesthetic was formed by the incredible conceptual art shows I saw in the 1970s: *Information* at MoMA; the 1971 Guggenheim International; Lucy Lippard's *C. 7,500*; *Air, Fire, and Water* at the Boston Museum of Fine Arts; *Anti-Illusion* at the Whitney; *Software* at the Jewish Museum in New York; *Art and Technology* at LACMA. Much of the activity in these shows, if not "personal," certainly mapped "individual" concerns. Hanne Darboven's work resonated with me personally, as did many of Douglas Huebler's, Vito Acconci's, and Dennis Oppenheim's works. I began to use the family material that would eventually become *Diary/Landscape* in 1972, under the influence of all these landmark shows. Later, one of the reasons I made *Railroad Photographs* (1987–2000) was to continue the excavation of the nineteenth century I began in *Diary/Landscape*. The weight of history was something that I was interested in, and I felt it connected to the shows I was seeing in the early 1970s.

TR In a sense, all my work is autobiographical. I made the interiors when I was twenty and leaving home and my family, who lived in a small town, to study art in the big city of Düsseldorf. The interior pictures were portraits of my surroundings as a kid, the places I knew from my childhood: the houses of my parents, my relatives, and the parents of my friends – totally autobiographical. In Düsseldorf I only knew my generation – my friends and colleagues at the art academy – so those works were also very autobiographical. The next series were the *houses* and that was the environment that my generation grew up in: typical architecture from the 1960s, '70s, and '80s. Probably with *Stars* I became more professional, and started to point out things, while still drawing on my own interests in astronomy. The *newspaper photographs* and the *Night* series show my interest in history, politics, and social life, but of course also draw on the collective memory of my generation. I guess one could say the autobiographical, directly emotional approach changed to a more intellectual one, but it was still autobiographical because these are all things that occupied my life.

You have associated with a generation of artists whose engagement with photography was largely understood as interrogating and even undermining the medium's conventional associations with facticity and evidentiary proof. And it is certainly possible to recognize instances in your respective oeuvres where certain pictorial strategies such as enlargement and artificial colorization are utilized as a way to transform, so to speak, the photograph into a picture; to make its semblance less about what it represents and more about how it looks. Yet do you think that your work also draws upon what might be called a more positive engagement with photography's referential capacity and its enduring rhetoric of credibility? The way, for instance, that

it continues to certify a realm of truth and produce powerful emotional responses in various realms of everyday life, when we see something like a picture of a loved one on social media, or for that matter when our doctor shows us an x-ray of our body? Do these more factual and affective aspects of the medium inform your engagement in certain ways?

TR When I was studying at the Art Academy in Düsseldorf, our heroes were the minimalists. My goal then was to try and take very minimalistic portraits in order to get rid of all the conventions and rules within the genre of portraiture. I tried to bring the portrait back to point zero. When my portrait of Pia was installed in a gallery, some critics said, "Oh, these portraits are anti-individualistic, anonymous photographs." But looking at the portrait of Pia, I think, "No, that's an image of my friend Pia." However, at the same time, this portrait is also dealing with the genre of portraiture and the medium of photography. It's very hard for me to tell what the ratio is between the subject and the medium: Is it 40% portrait of the existing person Pia and 60% thinking about photography, or is it 60% Pia and only 40% thinking about photography?

JW Like everyone, I'm interested in what a photograph refers to. But initially my response to any photograph is to think about the process that brought the image to me – be it a 1960s Kodak Instamatic print in my mother's scrapbook or an echocardiogram on a display device in my doctor's office. I'm always attuned to the making and materiality of photographs. And beyond mere process I'm aware of the sensuous nature of all photographs. The print of *Lock* was my first encounter with a sensuous photograph of my own making. Recently in my *Julia Mamaea* series (2018–2021), people asked, "Why are you photographing her?" or "Why are you working with antiquity?" This series is a perfect example of what draws me to photography. I'm interested in both the material qualities of a photograph, the dyes and gelatin, as much as the subject it's presenting: a second-century Roman noblewoman. I'm as much interested in having my work recreate the sensuous immediacy of what the imagery may refer to as recreating the sensuous experience of standing in front of a photograph.

JAMES WELLING

born / geboren 1951 in Hartford, CT, US
lives and works / lebt und arbeitet in New York, NY, US

Education / Ausbildung

1969–1971 Carnegie Mellon University, Pittsburgh, PA, US
1970–1971 University of Pittsburgh, PA, US
1971–1974 California Institute of the Arts, Valencia, CA, US

Teaching / Lehrstuhl

Seit / since 2012 Lecturer with the status of Professor / Dozent mit Professorenstatus, Visual Art Program at the Lewis Center for the Arts, Princeton University, NJ, US
1995–2016 Professor, Department of Art and the Area Head of Photography, University of California, Los Angeles, CA US

Selected solo exhibitions (since 2000) / Einzelausstellungen (Auswahl seit 2000)

2021 Cento, Musée des Arts Contemporains Grand-Hornu, Hornu, BE
2020 Choreograph, George Eastman Museum, Rochester, NY, US
2017 Metamorphosis, Stedelijk Museum voor Actuele Kunst (S.M.A.K.), Ghent / Gent, BE; Kunstforum Wien, Vienna / Wien, AT
2015 Things Beyond Resemblance: James Welling Photographs, Brandywine River Museum of Art, Chadds Ford, PA, US
2014 Diary of Elizabeth and James Dixon, 1840–1841/ Connecticut Landscapes, 1977–1986, Art Institute of Chicago, Chicago, IL, US
2013 Autograph, Fotomuseum Winterthur, Winterthur, CH
2013 Monograph, Cincinnati Art Museum, Cincinnati, OH, US; Hammer Museum, Los Angeles, CA, US
2012 Wyeth, Wadsworth Atheneum Museum of Art, Hartford, CT, US
2012 The Mind on Fire, MK Gallery, Milton Keynes, GB; Centro Galego de Arte Contemporánea, Santiago de Compostela, ES; Contemporary Art Gallery, Vancouver, CAN
2010 James Welling, Glass House, Minneapolis Institute of Arts, Minneapolis, MN, US
2002 Abstract, Palais des Beaux-Arts, Brussels / Brüssel, BE; Art Gallery of York University, Toronto, CAN
2000 Photographs, 1974–1999, Wexner Center for the Arts, Columbus, OH, US; Baltimore Museum of Art, Baltimore, MD, US; Museum of Contemporary Art, Los Angeles, CA, US

Selected group exhibitions / Gruppenausstellungen (Auswahl)

2021 True Pictures?, Sprengel Museum Hannover, Hannover, DE
2019 Where Art Might Happen: The Early Years of CalArts, Kestner Gesellschaft, Hannover, DE; Kunsthaus Graz, Graz, AT
2018 Shape of Light: 100 Years of Photography and Abstract Art, Tate Modern, London, GB
2015 Light, Paper, Process: Reinventing Photography, The Getty Center, Los Angeles, CA, US
2014 What is a Photograph?, International Center of Photography, New York, NY, US
2000 Voici, 100 ans d'art contemporain, Palais des Beaux-Arts, Brussels / Brüssel, BE
2009 The Pictures Generation, 1974–1984, The Metropolitan Museum of Art, New York, NY, US
2008 Whitney Biennial, Whitney Museum of American Art, New York, NY, US
2003 The Last Picture Show: Artists Using Photography, 1960–82, Walker Art Center, Minneapolis, MN, US; Hammer Museum, Los Angeles, CA, US; Museo de Arte Contemporánea de Vigo, Vigo, ES; Fotomuseum Winterthur, Winterthur, CH
1992 Documenta IX, Kassel, DE

Awards / Auszeichnungen

2016 Julius Shulman Institute Excellence in Photography, Woodbury University, Burbank, California, CA, US
2014 Infinity Award, International Center of Photography, New York, NY, US
2009 Pilara Foundation Distinguished Visiting Photography Fellow, San Francisco, CA, US
2007–2008 International Association of Art Critics Award of Excellence to James Welling/First Place/ Best Show in a Commercial Gallery Nationally for James Welling, Regen Projects, Los Angeles, CA, US
1999 DG BANK-Förderpreis Fotografie, Sprengel Museum Hannover, DE

LIST OF WORKS / WERKLISTE

James Welling

Hands, 1975
from the series / aus der Serie:
Hands (1974–1975)
5 Inkjet prints / 5 Tintenstrahldrucke,
11 1/4 x 9 1/8 inches / 28,6 x 23,2 cm
Courtesy the artist and David Zwirner / Leihgabe des Künstlers und David Zwirner

James Welling

Matt Mullican, 1978
Dorothy Sue Thurman, 1977
David Salle, 1977
Laura Hawkins, 1978
Self Portrait, 1976
Ericka Beckman, 1977
LA - C 135, 1978
LA - C 37, 1977
LA - C 27, 1977
LA - C 22, 1977
LA - C 33, 1977
LA - C 120, 1977
from the series / aus der Serie:
Los Angeles Architecture & Portraits (1976–1978)
Gelatin silver print / Silbergelatine-abzug, 4 3/4 x 3 1/2 inches / 12 x 9 cm / 3 1/2 x 4 3/4 inches / 9 x 12 cm /
Courtesy the artist and Marian Goodman Gallery / Leihgabe des Künstlers und Marian Goodman Gallery

James Welling

9
13
15
16
23
110
119
124
127
137
162
178
219
305
from the series / aus der Serie:
Diary of Elizabeth and James Dixon (1840–41) / *Connecticut Landscapes* (1977–1986)
Gelatin silver print / Silbergelatinea-bzug, 3 5/8 x 4 5/8 inches / 4 5/8 x 3 5/8 inches / 9,2 x 11,4 cm / 11,4 x 9,2 cm
Courtesy the artist and David Zwirner / Leihgabe des Künstlers und David Zwirner

James Welling

Meriden, 1992, 24 5/8 x 16 1/8 inches / 62,5 x 41 cm
Daylight, 1994, 13 3/8 x 16 7/8 inches / 34 x 42,9 cm
Ground Floor Studio, 1994,
21 5/8 x 17 1/2 inches / 55,9 x 44,5 cm
East Rock, 1995, 16 7/8 x 13 1/2 inches / 42,9 x 34,3 cm
Dickson Day, 1995,
16 7/8 x 13 3/8 inches / 42,9 x 34 cm
Dickson Night, 1995,
16 7/8 x 13 3/8 inches / 42,9 x 34 cm
Lisbon, 1995, 13 3/8 x 16 7/8 inches / 34 x 42,9 cm
Gay Head, 1996, 16 1/2 x 13 1/4 inches / 41,9 x 33,7 cm
Paris, 1996, 13 3/8 x 16 1/2 / 34,5 x 42,5 cm
Feb 29 (II), 1996,
16 1/2 x 12 7/8 inches / 42,5 x 33,5 cm
Light Bulb, 1996, 16 7/8 x 13 1/2 inches / 42,9 x 34,3 cm
Windows, Place de la Duchesse, 1996,
16 7/8 x 13 1/2 inches / 42,9 x 34,3 cm
Brussels, 1996, 13 1/8 x 16 5/8 inches / 33,3 x 42,2 cm
Palais, 1998, 15 3/4 x 12 1/2 inches / 40,6 x 32,4 cm
Ravenstein 4, 1998,
16 5/8 x 13 1/8 inches / 42,2 x 33,3 cm
Ravenstein 6, 2001,
17 3/6 x 22 1/6 inches / 44,5 x 55,9 cm
September 10, 2001,
13 1/8 x 13 3/8 inches / 33,3 x 34 cm
from the series / aus der Serie:
Light Sources (1977–2005)
Inkjet print / Tintenstrahldruck
Courtesy the artist and David Zwirner / Leihgabe des Künstlers und David Zwirner

James Welling

January 8, 1980, 3 1/2 x 4 5/8 inches / 8,9 x 11,8 cm
Spiral, 1980, 4 1/2 x 3 5/8 inches / 11,4 x 9,2 cm
2-29 I, 1980, 3 1/4 x 3 3/4 inches / 8,3 x 9,5 cm
2-29 II, 1980, 4 1/2 x 3 5/8 inches / 11,4 x 9,2 cm

Heart of Glass, 1980, 5 x 4 inches / 12,7 x 10,2 cm
August 16A, 1980, 3 5/8 x 4 5/8 inches / 9,2 x 11,8 cm
August 16B, 1980, 4 1/2 x 3 1/2 inches / 11,4 x 8,9 cm
The Wayfarer, 1980, 3 1/2 x 4 5/8 inches / 8,9 x 11,8 cm
Grove, 1980, 3 1/2 x 4 5/8 inches / 8,9 x 11,8 cm
Triptych, 1980, 4 x 3 1/8 inches / 10,2 x 7,9 cm
from the series / aus der Serie: *Aluminum Foil* (1980–1981)
Gelatin silver print / Silbergelatine-abzug
Courtesy the artist and David Zwirner / Leihgabe des Künstlers und David Zwirner

James Welling

 # 5, 2001, 24 x 20 inches / 61 x 51 cm
 # 6, 2001, 24 x 20 inches / 61 x 51 cm
 # 9, 2001, 24 x 17 inches / 61 x 43 cm
 # 11, 2001, 24 x 20 inches / 61 x 51 cm
IOBV, 2002, 24 x 20 inches / 61 x 51 cm
ITBV, 2002, 24 x 20 inches / 61 x 51 cm
from the series / aus der Serie: *Degradés* (1986–2006)
Photogram / Fotogramm
Courtesy the artist and Galerie nächst St. Stephan, Rosemarie Schwarz-wälder, Vienna / Leihgabe des Künstlers und Galerie nächst St. Stephan Rosemarie Schwarzwälder, Wien

James Welling

Conrail N. Bergen Yard, N. Bergen, NJ, 1991, 18 x 22 inches / 45,7 x 55,9 cm
Union Pacific Engine Terminal Cheyenne, WY, 1992, 9 5/8 x 11 3/8 inches / 24,4 x 28,9 cm
LIRR Yard Long Island City, NY, 1991, 8 5/8 x 11 1/2 inches / 21,9 x 29,2 cm
Conrail SD50, Suffern, NY, 1990, 11 3/8 x 9 1/4 inches / 28,9 x 23,5 cm
Conrail C40-8M, # 6097, Beacon Hill Yard, Brookline, MA, 1991, 9 1/4 x 11 inches / 23,5 x 27,9 cm
Hagerstown, MD, 1991, 18 1/2 x 22 1/4 inches / 45,4 x 55,3 cm
Old Saybrook, CT, 1991, 9 1/4 x 11 inches / 23,5 x 27,9 cm
Canadian Pacific Local Freight, Buckingham, Quebec, Canada, 1990, 9 1/4 x 11 1/8 inches / 23,5 x 28,3 cm
from the series / aus der Serie: *Railroad Photographs* (1987–2000)
Gelatin silver print / Silbergelatine-abzug, Courtesy the artist and David Zwirner / Leihgabe des Künstlers und David Zwirner

James Welling

Lavender Mist, 2014
from the series / aus der Serie: *Glass House* (2006–2009)
Inkjet print / Tintenstrahldruck, 50 1/2 x 33 inches / 83,8 x 128,3 cm
Courtesy the artist and Marian Goodman Gallery / Leihgabe des Künstlers und Marian Goodman Gallery

James Welling

0818, 2006, 33 1/2 x 50 3/8 inches / 85,1 x 128 cm
8067, 2008, 33 x 50 1/2 inches / 83,8 x 128,3 cm
9818, 2009, 33 x 49 5/8 inches / 83,8 x 126 cm
from the series / aus der Serie: *Glass House* (2006–2009)
Inkjet print / Tintenstrahldruck
Courtesy the artist and David Zwirner / Leihgabe des Künstlers und David Zwirner

James Welling

9469, 2009
9552, 2009
9407, 2009
9262, 2009
9205, 2009
9567, 2009
9754, 2009
9277, 2009
9345, 2009
from the series / aus der Serie: *Maison de Verre* (2009)
Inkjet print / Tintenstrahldruck, 32 5/8 x 21 5/8 inches / 82,8 x 54,9 cm
Courtesy the artist and Marian Good-man Gallery / Leihgabe des Künstlers und Marian Goodman Gallery

James Welling

G19BC, 2012, 48 x 40 inches / 121,9 x 101,6 cm /
FDGK, 2012, 48 x 40 inches / 121,9 x 101,6 cm
FD4F, 2012, 48 3/8 x 39 1/4 inches / 122,9 x 99,7 cm
FD1M, 2012, 39 1/4 x 33 1/4 inches / 99,7 x 84,5 cm
from the series / aus der Serie: *Fluid Dynamics* (2009–2012)
Inkjet print / Tintenstrahldruck
Courtesy the artist and David Zwirner / Leihgabe des Künstlers und David Zwirner

James Welling *River Cove*, 2010, 42 x 28 inches / 106,7 x 71,1 cm
Easel, 2011, 42 x 28 inches / 106,7 x 71,1 cm
Revenant, 2010, 42 x 28 inches / 106,7 x 71,1 cm
Black Ice, 2010, 15 3/4 x 23 3/4 inches / 40 x 60,3 cm
Strathmore Gemini, 2011, 15 5/8 x 23 1/2 inches / 39 x 59,1 cm
Mussels, Broad Cove, Cushing, ME, 2012, 15 5/8 x 23 1/2 inches / 39,7 x 59,7 cm
Basket and Workbench, 2010, 15 3/8 x 22 1/2 inches / 39 x 57,1 cm
Glass House, 2010, 15 5/8 x 23 1/2 inches / 39,7 x 59,7 cm
Mullein Plant, Thomaston, ME, 2012, 15 5/8 x 23 1/2 inches / 39,7 x 59,7 cm
from the series / aus der Serie: *Wyeth* (2010–2015)
Inkjet print / Tintenstrahldruck
Courtesy the artist and David Zwirner / Leihgabe des Künstlers und David Zwirner

James Welling *0691*, 2014
0737, 2014
0808, 2014
0910, 2014
from the series / aus der Serie: *Meridian* (2014)
Inkjet print / Tintentstrahldruck, 14 x 21 inches / 35,6 x 53,3 cm
Courtesy the artist and Marian Goodman Gallery / Leihgabe des Künstlers und Marian Goodman Gallery

James Welling *6824*, 2014
7690, 2015
1538, 2016
from the series / aus der Serie: *Choreograph* (2014–2017)
Inkjet print / Tintenstrahldruck, 42 x 63 inches / 63 x 42 inches / 106,7 x 160 cm / 160 x 106,7 cm
Courtesy the artist and Marian Goodman Gallery / Leihgabe des Künstlers und Marian Goodman Gallery

James Welling *9947*, 2016
from the series / aus der Serie: *Choreograph* (2014–2017)
Inkjet print / Tintenstrahldruck, 42 x 63 inches / 106,7 x 160 cm
Courtesy the artist and David Zwirner / Leihgabe des Künstlers und David Zwirner

James Welling *Seascape*, 2017
colorized 16 mm film transferred to digital video n/ kolorierter und digitalisierter 16 mm Film, 5:18 min stereo sound (Sound / Ton: Will Welling)
Courtesy the artist and David Zwirner / Leihgabe des Künstlers und David Zwirner

James Welling *Acropolis Museum. Karyatid*, 2019
Propylaia. South Pteron, 2019
Torso of a Youth, 2019
Erechtheion. Western Façade, 2019
from the series / aus der Serie: *The Earth, the Temple and the Gods* (2018–2020)
UV print on Dibond / UV-Druck auf Dibond, 50 3/8 x 33 1/2 inches / 33 1/2 x 50 3/8 inches / 128 x 85 cm / 85 x 128 x cm
Courtesy the artist and Marian Goodman Gallery / Leihgabe des Künstlers und Marian Goodman Gallery

James Welling *Propylaia. Cistern entrance*, 2020
from the series / aus der Serie: *The Earth, the Temple and the Gods* (2018–2020)
UV print on Dibond / UV-Druck auf Dibond, 33 5/8 x 50 1/2 inches / 85,4 x 128,3 cm
Courtesy the artist and David Zwirner / Leihgabe des Künstlers und David Zwirner

James Welling *Julia Mamaea*, 2018
from the series / aus der Serie: *Julia Mamaea* (2018–2021)
18 Gelatin dichromate prints with aniline dye, india ink or oil paint Gelatinereliefdrucke mit Anilinfarbe, Tusche oder Ölfarbe, 14 x 11 inches / 35,6 x 27,9 cm
Courtesy the artist and Marian Goodman Gallery / Leihgabe des Künstlers und Marian Goodman Gallery

James Welling *Curtain Wall*, 2022
Curtain / Vorhang, 156 3/4 x 523 5/8 inches / 398 x 1330 cm
Courtesy the artist / Leihgabe des Künstlers

CATALOG / KATALOG

Editor / Herausgeberin
Christina Végh, Kunsthalle Bielefeld

Concept / Konzept
Christina Végh, Felicitas von Richthofen

*Authors / Autor*innen*
Benedikt Farnschon, Stefan Gronert, Felicitas v. Richthofen, Robert Slifkin, Christina Végh

Editing / Redaktion
Felicitas von Richthofen

Translation / Übersetzung
Michael Ammann (English-German / Engl.-Dt.)
Ted Fendt, Susie Hondl (German-English / Dt.-Engl.)

Copyediting / Lektorat
Sarah Quigley, Denise Bratton (English / Engl.)
Snoeck (German / Dt.)

Design / Grafische Gestaltung
Magnus Neumeyer, Köln

Production / Gesamtherstellung
Snoeck Verlagsgesellschaft mbH, Köln
Nievenheimer Str. 18
50739 Köln
www.snoeck.de

Published by / Erschienen in
Snoeck Verlagsgesellschaft mbH
Köln / Cologne

Printed in Germany

ISBN 978-3-86442-403-8

Front cover / Umschlagabbildung
Thomas Ruff, *d.p.b. 02*, 1999
James Welling, *Lavender Mist*, 2014

ARTWORKS /WERKE

PHOTO CREDITS / FOTONACHWEIS

Installation views / Installationsansichten: Philipp Ottendörfer

GALLERIES / GALERIEN THOMAS RUFF

David Zwirner, New York/London/Paris/Hong Kong
Sprüth Magers, Berlin/London/Los Angeles
Mai 36 Galerie, Zurich/Zürich
Konrad Fischer Galerie, Düsseldorf
Galerie Rüdiger Schöttle, Munich / München
Galleria Lia Rumma, Milan / Naples / Mailand / Neapel

GALLERIES / GALERIEN JAMES WELLING

Marian Goodman Gallery, Paris/New York
David Zwirner, New York/London/Paris/Hong Kong
Galerie Nächst St. Stephan / Rosemarie Schwarzwälder, Vienna / Wien
Regen Projects, Los Angeles
Maureen Paley, London
Galería Marta Cervera, Madrid

QUOTATION CREDITS / ZITATNACHWEIS

EN / DE

10 / 10 Thomas Ruff in: Ronald Jones, „A Thousand Words. Thomas Ruff talks about ‚L.M.V.D.R'", in: *Artforum International*, Vol. 39, No.10, 2001, S. 159.
James Welling in: „James Welling. Glass House", Pressemitteilung der David Zwirner Gallery, New York 2010, https://www.davidzwirner.com/exhibitions/2010/glass-house/press-release

22 / 20 James Welling in: „James Welling. The Earth, the Temple and the Gods", Pressemitteilung der Galerie Marian Goodman, Paris 2020, https://www.mariangoodman.com/usr/documents/exhibitions/press_release_url/363/welling-2020-paris-press-release-5.pdf
Thomas Ruff in: „Tripe | Ruff by Thomas Ruff", Victoria and Albert Museum, London 2022, https://www.vam.ac.uk/articles/tripe-ruff, 2022

26 / 26 Thomas Ruff in: „Meisterklasse – Interview von Alexander Hosch", in: *Architectural Digest*, Nr. 29, Dezember 2001 / Januar 2002, S. 151.
James Welling in: Steel Stillman, „In the Studio. James Welling", in: *Art in America*, Februar 2011, S. 58.

32 / 32 James Welling in: James Welling, „Strange Attractors: Signs of Chaos" (Interview von Laura Trippi), The New Museum of Contemporary Art, New York 1989, o. S.
Thomas Ruff in: Lauren Fournier, „Negative Reversals. Thomas Ruff manipulates the layers and histories of photographic images", 2016, https://www.magentafoundation.org/magazine/negative-reversals/

44 / 44 Thomas Ruff in: Susanne Leeb, „Suchmaschinen. Interview mit Thomas Ruff", in: *Texte zur Kunst*, Nr. 36 (1999), S. 75.
James Welling in: Deven Golden, „James Welling" (Interview), in: *Bomb*, Spring, 2004, S. 49–50.

50 / 48 Thomas Ruff in: „Der Betrachter entscheidet. Thomas Ruff im Gespräch", in: *Kultur Joker*, 9/10. Woche, 4. Jg., März 1994, S. 46.
James Welling in: „On Photography and Influence. James Welling in Conversation with Eva Respini", in: *James Welling. Monograph*, hg. v. James Crump, Kat. Ausst. Cincinnati Art Museum, New York 2013, S. 120.

64 / 64 James Welling in: Steel Stillman, „In the Studio. James Welling ", in: *Art in America*, Februar 2011, S. 58.
Thomas Ruff in: Annette Bosetti, „‚Fotografie ist größte Bewusstseinsveränderungsmaschine'. Interview mit Starfotograf Thomas Ruff", in: Rheinische Post, 22.02.2012, https://rp-online.de/kultur/kunst/fotografie-ist-groesste-bewusstseinsveraenderungsmaschine_aid-13740741

72 / 72 Thomas Ruff in: „Thomas Ruff über Weltraumbilder. Sehen, was nicht zu sehen ist" (Thomas Ruff im Gespräch mit Michael Köhler), Deutschlandfunk, 18.08.2020, https://www.deutschlandfunk.de/thomas-ruff-ueber-weltraumbilder-sehen-was-nicht-zu-sehen-100.html
James Welling in: Hal Forster, „Gespräch mit James Welling", in: Kat. Ausst. *Metamorphosis*, Stedelijk Museum voor Actuele Kunst Ghent, Kunstforum Wien, München 2017, S. 153.

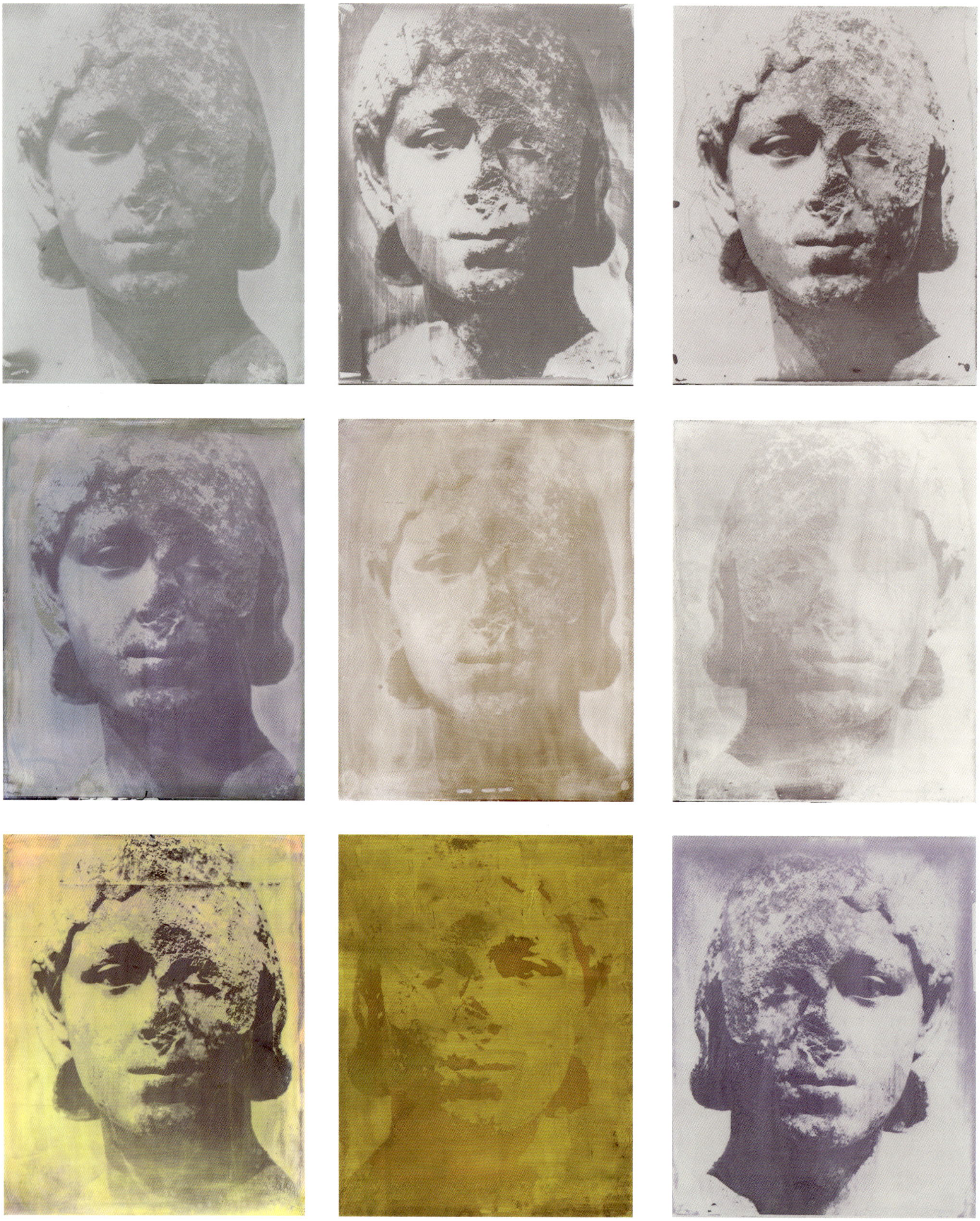

James Welling, *Julia Mamaea*, 2018